EPF ESSAYS No. 05

PSYCHOSOMATIK

ELIZABETH A. WILSON

Herausgegeben von PETER SCHNEIDER. Übersetzt von HERWIG ENGELMANN.

Titel der 2004 erschienenen Originalausgabe:
Elizabeth A. Wilson, *Psychosomatic: Feminism and the Neurological Body.*

This edition is published by arrangement with
Duke University Press, Durham, NC.

1. Auflage

EPF Essays / Edition Patrick Frey, Limmatstr. 268,
CH-8005 Zürich, www.editionpatrickfrey.com

Verlegerische Leitung: Patrick Frey und Andreas Koller
Lektorat und Korrektorat: Miriam Wiesel
Grafisches Konzept und Satz:
Marietta Eugster mit Loan Bottex
Printed in Tallinn (EST)

Umschlagbild
© Ernst Haeckel, *Kunstformen der Natur,* www.BioLib.de
Illustrationen (siehe hierzu Abbildungsverzeichnis S. 263)
© Marietta Eugster Studio

Vertrieb
Schweiz — AVA Verlagsauslieferung, CH-Affoltern am Albis, ava.ch
Deutschland, Österreich — GVA Gemeinsame Verlagsauslieferung,
DE-Göttingen, gva-verlage.de

1. Auflage, 2023
ISBN 978-3-907236-59-8 / eBook: ISBN 978-3-907236-60-4

INHALT

Statt über Natürliches und Unnatürliches oder gar über Natur und Kultur könnten wir doch einfach auch darüber reden, was uns an der Natur am besten gefällt – und warum.

ADAM PHILLIPS, *Darwin's Worms*

NICHT OHNE MEINEN KÖRPER

1. Der Beziehungsstatus zwischen Körper und Seele ist kompliziert. Wenn es sich denn überhaupt bei diesem Verhältnis um das einer *Beziehung* handelt, die ja zwei verschiedene Entitäten voraussetzen würde. Es wird noch komplizierter, wenn man – wie David Napier in einem mit 19 Kolleg:innen verfassten Kommissionspaper – «culture» als dritten Faktor im Verständnis von psychischer und körperlicher Gesundheit und Krankheit anmahnt:

> This Lancet Commission on Culture and Health, thus, underlines the need to understand how wellbeing is socially generated and understood, and how socially constructed domains of meaning – that is, «cultures» – relate or fail to relate to outstanding notions of health and systems of care delivery. Because wellbeing is both biological and social, we are committed to the idea that health providers can only improve outcomes across diverse

> domains of meaning once they accept the need to understand the socio-cultural conditions that make people, or allow people to make themselves, healthier.[1]

Die drei Eckpunkte des geläufigen bio-psycho-sozialen Dreiecks, mit dem die Aspekte der Krankheitsverursachung häufig dargestellt werden, wären somit allenfalls analytische, aber keine (gesicherten) ontologischen Kategorien. Vielleicht sogar auch nur systematische Kategorienverwechslungen? Diese Unklarheiten machen den Begriff der Psychosomatik so schwierig fassbar. In dem Sammelband *Auf der Suche nach einer anderen Medizin. Psychosomatik im 20. Jahrhundert* schreiben die Herausgeberinnen Alexa Geisthövel und Bettina Hitzer über den Wandel dessen, was man unter Psychosomatik versteht:

> Eine allgemein anerkannte Definition von Psychosomatik gab es in der Vergangenheit nicht und gibt es auch heute nicht, was nicht zuletzt damit zusammenhängt, dass sich Vorstellungen darüber, wie Psyche, Geist oder Seele verfasst sind, wie diese mit dem Körper zusammenhängen und ob daneben andere Dimensionen wie etwa das Soziale berücksichtigt werden müssten, kontinuierlich geändert haben.[2]

Psychosomatik als mehr oder weniger «holistische» Disziplin versteht sich in der Regel einerseits als eine Kritik an einem biomedizinischen Reduktionismus; andererseits steht sie mit ihrer Forderung nach «Ganzheitlichkeit» aber auch unter dem Verdacht, esoterische Vorstellungen über Gesundheit und Krankheit zu befördern, wie etwa das Konzept einer «Krebspersönlichkeit». Es gehört schliesslich zum Erfolgskonzept der «modernen» Wissenschaften, ihre epistemischen Objekte zu isolieren, d. h. auf überschaubare Interaktionen mit anderen Objekten zu reduzieren.

Elizabeth Wilsons Buch *Psychosomatik* nun ist ein Plädoyer, diese in der «Verfassung der Moderne» (Bruno Latour)[3] vorgesehenen Trennungen (z. B. von Kultur und Natur) zugunsten einer Art Akteur-Netzwerk-Theorie des Bio-Psycho-Sozialen aufzuheben und auch nichtmenschliche und nichtorganische Akteur:innen einzubeziehen. Dazu greift sie auf die Evolutionstheorie und – wie auch in ihrem Buch *Eingeweide, Pillen, Feminismus*[4] – Psychopharmakologie sowie auf die Psychoanalyse zurück, genauer: auf eine Psychoanalyse, welche die Psychoanalytiker:innen selbst vielfach lediglich für deren Vorgängerin halten.

2. Freuds (zusammen mit Josef Breuer verfassten) *Studien zur Hysterie* von 1895 (GW 1) wurden nach dem Willen der Herausgeber der *Gesammelten Werke* in die sogenannten «Voranalytischen Schriften» eingereiht. Sie folgen damit der offiziellen psychoanalytischen Geschichtsschreibung, dass die Veröffentlichung der *Traumdeutung*

(GW 23) im November 1899 die Geburtsstunde der «eigentlichen» Psychoanalyse sei, wohingegen die früheren Schriften nicht zur eigentlichen Psychoanalyse gehörten. Der «psychische Apparat», den Freud dort entwirft, ist ein virtuelles Gebilde, das Modell einer Maschine, die nichts anderes vermag als zu wünschen. Träume sind der Versuch, den Schlaf störende Wünsche durch imaginäre (entstellte) Wunscherfüllung zu beseitigen. In der Traumtheorie ist der Körper (im Falle des Harndrangs z. B.) mehr Stichwortgeber als Akteur – ganz anders als in den *Studien über Hysterie*, in denen ganz offensichtlich der Körper «spricht».

1905 erscheinen zwei Bücher Freuds, an denen er gleichzeitig gearbeitet hat: *Der Witz und seine Beziehung zum Unbewussten* (GW 6) und die *Drei Abhandlungen zur Sexualtheorie* (GW 5). Nicht nur das Letztgenannte beschäftigt sich (naturgemäss) wieder ausführlich mit dem Körper und seinen erogenen Zonen, allen voran jenen, die mit der Nahrungsaufnahme und der Ausscheidung verknüpft sind. Auch der *Witz* enthält überraschenderweise eine Art Theorie der (als sozialer Austausch gedachten) Konversion, nämlich dort, wo das Lachen als Abfuhr einer «ersparten» Energie gedeutet wird.

> Auf welche Weise gelangen wir aber zum Lachen, wenn wir die Bewegungen eines anderen als übermäßig und unzweckmäßig erkannt haben? Auf dem Wege der Vergleichung, meine

> ich, zwischen der am anderen beobachteten Bewegung und jener, die ich selbst an ihrer Statt ausgeführt hätte. Die beiden Verglichenen müssen natürlich auf gleiches Maß gesetzt werden, und dieses Maß ist mein mit der Vorstellung der Bewegung in dem einen wie im anderen Falle verbundener Innervationsaufwand. […] Hier weist uns die Physiologie den Weg, indem sie uns lehrt, daß auch während des Vorstellens Innervationen zu den Muskeln ablaufen, die freilich nur einem bescheidenen Aufwand entsprechen. Es liegt aber jetzt sehr nahe anzunehmen, daß dieser das Vorstellen begleitende Innervationsaufwand zur Darstellung des quantitativen Faktors der Vorstellung verwendet wird, daß er größer ist, wenn eine große Bewegung vorgestellt wird, als wenn es sich um eine kleine handelt. Die Vorstellung der größeren Bewegung wäre also hier wirklich die größere, d. h. von größerem Aufwand begleitete Vorstellung.[5]

Freuds Verhältnis zur Biologie ist durchaus ambivalent. Doch ist die Distanz, die er zu Chemie und Biologie hält, vor allem eine eher strategische als eine prinzipielle; er hat schliesslich seine eigene neue Disziplin gegenüber fremden Ansprüchen zu verteidigen.

Wilsons Affirmation des Biologischen wiederum bedeutet keinen biologischen Reduktionismus. Sie plädiert vielmehr für eine biologische

Anreicherung des Psychischen oder eine Psychisierung des Körpers, die darüber hinaus die körperlichen Grenzen für die Interaktion mit anderen menschlichen und nichtmenschlichen Wesen (Bruno Latour) in theoretischer Hinsicht durchlässig macht. Ihr Plädoyer schliesst auch eine Reduktion des Psychischen auf das zentrale Nervensystem aus. Ihre Neuro-Psychoanalyse ist also etwas anderes, als man gemeinhin darunter versteht. Der Gegenstand, den sie für ihre Version einer Psychosomatik vorschlägt, ist nicht das Gehirn, sondern ein delokalisiertes[6] nervöses System.

3. Überraschend ist auch Wilsons Positionierung zur Frage, wie weit Darwin Lamarckist gewesen bzw. geblieben ist. Gemeinhin gilt Lamarck mit seiner Behauptung der Vererbung erworbener Eigenschaften als ein überholter und widerlegter Vorgänger der Darwin'schen Evolutionstheorie. Demgegenüber zeigt Wilson, dass sich der Begriff der «Vererbung» auch mit Darwin als ein weit umfassenderes Konzept als ein rein biogenetisches fassen lässt. Wilson schreibt,

> dass die Evolution darin nicht in erster Linie ein biologischer Prozess ist und sich nicht sinnvoll darauf reduzieren lässt. Jeder einzelne von Darwins Texten führt vor, dass der Stoff der Evolution grundsätzlich heterogen ist, d. h. mit Sicherheit biologischer Art, aber auch psychologischer, kultureller,

> geologischer, ozeanischer und meteorologischer. Wir wurden daran gewöhnt, uns die Beziehungen zwischen diesen Kräften der Evolution als recht einseitig vorzustellen (die Wirkungen der Geologie auf die Kultur, des Biologischen auf die Psyche), doch aus einer eingehenderen Beschäftigung mit Darwins Werk ergibt sich ein aus reziproken Verhältnissen gebildetes System.[7]

4. Wem Wilsons kühne Verknüpfungen von Nervenbahnen, Organen, Evolutionstheorie, Hysterie intuitiv «unverdaulich» anmuten, sollte vielleicht die Lektüre des Buches mit einem Abschnitt («Evolution als Differenzierung»)[8] aus dem letzten Kapitel beginnen, in dem sich die Autorin mit Darwins letztem Werk, *Die Bildung der Ackererde durch die Würmer*, beschäftigt.

> Die Welt nach Darwin ist bestimmt durch ein wüstes Hin und Her, einen aktiven Tauschhandel zwischen Arten, zwischen Königreichen, zwischen organischen und anorganischen Formen, zwischen Lebewesen und Geologie und Kultur und Psyche. In Darwins System berührt und vermehrt sich alles mit allem [...] Dieses System der produktiven Differenzierung ist nirgendwo überzeugender beschrieben als in Darwins letztem Buch über die Ackererde und die Tätigkeit der Würmer. Die vielleicht erstaunlichste Behauptung des

Buchs findet sich schon auf den ersten Seiten: «Ich wurde hierdurch zu der Folgerung geführt, daß die ganze Ackererde über das ganze Land hin schon viele Male durch die Verdauungskanäle der Würmer gegangen ist und noch viele Male durchgehen wird.»[9] Fruchtbar wird Boden also erst, nachdem er von Tierkörpern verdaut und ausgeschieden worden ist. Mit dieser schlichten Beobachtung stellte Darwin die bis dahin vorausgesetzte Beziehung zwischen Tier- und Pflanzenreich, Organischem und Anorganischem, Menschenwelt und Würmerwelt auf den Kopf. Die erste dieser Vertauschungen bringt er mit einem Wortspiel auf den Punkt: Obwohl die Erde hauptsächlich aus Pflanzenresten und anorganischer Materie besteht, schlägt er «Tiererde» als treffendere Bezeichnung dafür vor.[10]

In einem Theorieumfeld, in dem neodarwinistische Stellungnahmen bestimmen, was unter dem Namen Darwin gesagt werden darf, ist immer schwerer auszumachen, wie entwicklungsgeschichtliche Argumente politisch, methodisch oder konzeptuell von Nutzen für den Feminismus sein könnten [...] Die Evolutionspsychologie ist eine ausnehmend toxische antifeministische, queerfeindliche Form neodarwinistischer Theorie. Ihr Erfolg lässt sich zum grossen Teil darauf zurückführen, dass sie in Wissenschaft und Populärwissenschaft

> andere Deutungen der Evolution ausblendet oder unverständlich macht.[11]

Wilsons Hinweis auf die Aspekte des Werks Darwins, die vom dogmatischen Postdarwinismus als dysfunktional dethematisiert werden, ist charakteristisch für den Gestus, mit dem sie Theorien und Konzepte, die in der feministischen Diskussion (aus verständlichen Motiven) als reduktionistischer Biologismus abgelehnt wurden, wieder für feministisches Denken fruchtbar macht. Der Modellorganismus ihres Denkens ist der Darwin'sche Wurm.

PETER SCHNEIDER

VORWORT — ENDNOTEN

• 1 Die Lancet-Kommission für Kultur und Gesundheit unterstreicht daher die Notwendigkeit, zu verstehen, wie Wohlbefinden sozial erzeugt und verstanden wird und wie sozial konstruierte Bedeutungsbereiche – d. h. «Kulturen» – mit herausragenden Vorstellungen von Gesundheit und Systemen der Gesundheitsversorgung zusammenhängen oder nicht zusammenhängen. Da Wohlbefinden sowohl biologisch als auch sozial ist, sind wir der Auffassung, dass Gesundheitsdienstleister die Ergebnisse in den verschiedenen Bedeutungsbereichen nur dann verbessern können, wenn sie die soziokulturellen Bedingungen verstehen, die die Menschen gesünder machen oder es ihnen ermöglichen, sich gesünder zu machen. (Übers. v. mir, PS). https://discovery.ucl.ac.uk/id/eprint/1452529/1/Lancet.Culture%20and%20Health-Submission.pdf (zuletzt aufgerufen: 20.10.2022).

• 2 Berlin: Suhrkamp, 2019, S. 12 f.

• 3 Bruno Latour: *Wir sind nie modern gewesen*, Frankfurt a. M.: Suhrkamp, 2008.

• 4 Zürich: Edition Patrick Frey, 2021.

• 5 Sigmund Freud: *Der Witz und seine Beziehung zum Unbewussten*, GW 6, S. 123 f.

• 6 «Im Artikel ‹Lokalisation› im Handwörterbuch der gesamten Medizin schreibt Freud, dieser Terminus sei ‹ein vielumstrittener Begriff der Physiologie des Großhirns. Es handelt sich um die Frage, ob verschiedenen Stellen der Großhirnrinde verschiedene Funktionen zuerkannt werden können. Der Natur der Sache nach muss jedes Rindenelement zunächst als ein Durchgangsort für Nervenerregungen aufgefasst werden. Wegen der Mannigfaltigkeit der Orte, von denen aus der einzelnen Rindenzelle Erregungen zufließen können, und derjenigen, wohin sie Erregungen weitersenden kann, wird der Spielraum der zentralen Prozesse, an denen sich die Zelle beteiligen kann, also auch der Spielraum ihrer Funktion, eine gewisse Breite haben. Die erkennbare Funktion einer Rindengegend wird also nicht eine so engbegrenzte sein können, wie z. B. die Funktion des Sekretionsepithels einer Drüse. Nicht in demselben Sinne, wie man von einer Epithelzelle eines gewundenen Harnkanälchens sagen kann, sie sezerniert Harn, kann man von einer Rindenzelle des Großhirns sagen, sie will eine Bewegung oder sie sieht, sondern nur: sie ist an einem zentralen Prozess beteiligt, dessen Endglied eine Muskelinnervation ist, oder an einem solchen, der durch einen Gesichtseindruck eingeleitet wurde.» (A. Villaret: *Handwörterbuch der gesamten Medizin*, Stuttgart: Enke, 1888 / 1891, S. 231 ff.).

• 7 In diesem Buch FN 7): S. 187 f.

• 8 Ebd., (FN 8) S. 230.

• 9 Charles Darwin, *Die Bildung der Ackererde durch die Thätigkeit der Würmer*, Stuttgart: Schweizerbart, 1882, S. 3.

• 10 In diesem Buch (FN 10) S. 234.

• 11 Ebd., (FN 11) S. 236.

SOMATISCHES ENTGEGENKOMMEN

In einem Brief vom 17. September 1924 an Sigmund Freud berichtet Karl Abraham, er habe über einen Antiquariatskatalog einen 46 Jahre zuvor von Freud verfassten Aufsatz erstanden. Es handelte sich um Freuds dritte Veröffentlichung. Ihr Inhalt war das Nervensystem des Neunauges (Freud 1878). Mit höflicher Koketterie handhabt Freud in seiner Antwort die eigene antiquarische Ehrwürdigkeit: «Es ist eine starke Zumutung an die Einheit der Person, daß ich mich mit dem Autor der Spinalganglien von Petromyzon identisch fühlen soll. Indes, es dürfte doch so sein, und ich glaube, ich war über diesen Fund glücklicher als seither über andere.» (Freud und Abraham 1965, 343).

Die Anfänge der Psychoanalyse werden üblicherweise auf Freuds klinische Arbeit mit hysterischen Patienten in den 1880er- und 1890er-Jahren zurückgeführt. Freud schuf aus der eigentümlichen Gemengelage von Psyche und Soma – Lähmungserscheinungen, Amnesien, abgewürgte Affekte, nervöse Zuckungen und kindliche Fantasien – die Grundlagen der psychoanalytischen Theorie und Methode. Diese Auffassung seines Werks betont den Stellenwert des Körpers für die Psychoanalyse. Anhand der Hysterie wurde überzeugend dargelegt, dass die psychologischen Lehren der Psychoanalyse der somatischen Symptomologie einiges verdanken – dass die Psyche immer schon körperlich, die Seele ein Teil des Leibes ist.

Vielleicht wurde der Körper in der Psychoanalyse aber auch in zu eng gefassten Begriffen verstanden. Insbesondere feministische Texte neigten und neigen dazu, Freuds neurowissenschaftliche und prä-psychoanalytische Körper aussen vor zu lassen. Ich möchte deshalb die somatischen Anfänge der Psychoanalyse etwas weiter zurückverlegen, und zwar sowohl chronologisch als auch phylogenetisch. Der Weg zur Psychoanalyse führt nicht nur, so meine Behauptung, über den hysterisierten Körper des Patienten, sondern auch über die Rückenmarksganglien des Meeresneunauges.

Bevor Freud in den 1880er-Jahren eine medizinische Laufbahn einschlug (was ihn mit seinen späteren hysterischen Mitverschwörern Fließ, Charcot und Dora bekannt machte), arbeitete er sechs Jahre lang als wissenschaftlicher Forscher im Labor des Wiener Physiologischen Instituts unter Leitung von Professor Ernst Brücke (Bernfield 1949, 1951; Freud 1952*a*). Sein erstes Forschungsprojekt in diesem Labor war eine Untersuchung des Rückenmarks beim Neunauge. Das Neunauge

(Petromyzon) ist ein urtümliches fischähnliches Tier ohne Kiefer und Knorpelskelett. Es verfügt über ein Saugmaul und ähnelt mit seiner schuppenlosen, schleimigen Haut äusserlich einem Aal. Ein Ergebnis von Freuds Forschung war der Nachweis morphologischer Kontinuitäten – auf Zellebene – zwischen dem Neunauge und den höher entwickelten Fischen. Primitive und fortgeschrittene Nervensysteme unterscheiden sich voneinander nicht in den Zellenelementen als solchen, so Freuds Schlussfolgerung, sondern in der Art und Weise ihres Aufbaus.

Oliver Sacks (1998b) erläutert Konsequenzen dieser Verbindungen zwischen niedrigen und höheren Tieren für die Evolutionslehre: «Schon in Freuds frühester Forschung zeigte sich ein an Darwin anknüpfendes Verständnis der Evolution, wonach die Natur mit den bewährtesten Mitteln (d. h. den anatomisch immer gleichen Zellbausteinen) immer komplexere Nervensysteme hervorbringt.» (222) Freuds histologische Forschung beschränkte sich in ihrer Tragweite also nicht auf den schlichten Körper des Neunauges. Sie ist relevant auch für andere (höhere) Fischarten und in weiterer Folge für alle Nervensysteme von Wirbeltieren. Wie Bernfield (1949) meint, wirft Freuds Aufsatz über die Spinalganglien sogar schon psychologische Fragen auf: «Mit dem Problem der Struktur des Nervengeflechts geht die interessante Frage einher, ob das Nervensystem von höheren Tierarten oder zumindest von Wirbeltieren aus anderen Elementen zusammengesetzt ist als das niederer Tiere, bzw. ob einfache und komplexe Systeme aus den gleichen Einheiten bestehen… Sind Unterschiede im Geist höherer und niedrigerer Tierarten demnach nur eine Sache des Komplexitätsgrades? Unterscheidet sich der Geist des Menschen dann noch grundlegend von dem irgendeiner Molluske?» (176).

Abraham gegenüber äusserte Freud, dass das Petromyzon und die von ihm damit unternommene Forschungsarbeit der Einheit seiner Persönlichkeit mehr als vierzig Jahre später viel abverlange. James Strachey vermutet, dass Freud ungefähr zur Zeit dieses Briefwechsels mit Abraham auch an seinem Aufsatz über die «Widerstände gegen die Psychoanalyse» (1925e) geschrieben hat.[1] Darin datiert Freud die Anfänge der Psychoanalyse auf den Moment nicht seiner Arbeit am Neunauge, sondern seiner Begegnung mit Breuer, Charcot und der Hypnose. Er schilt hier auch seine Ärztekollegen für ihre mangelnde Berücksichtigung psychogener Faktoren in der Ätiologie der Hysterie und ihre «Hochschätzung anatomischer, physikalischer und chemischer Momente» (102). 1924 betrachtete Freud Anatomie, Physiologie und Chemie vor allem als Einsprüche – Widerstände – gegen die Psychoanalyse. Als er den Brief von Abraham empfing, hätte das Nervensystem des Neunauges seinen Gedanken nicht ferner liegen können.[2]

Dennoch verhallten die stummen Forderungen des Neunaugenleibs nicht durch Freuds zeitliche Entfernung vom physiologischen Labor der 1870er-Jahre, und sie stellen sich auch uns Heutigen noch. Einzelne Fasern dieses Leibs finden sich überall in Freuds Werk und ebenso durchgängig in allem, was seither in Berührung mit der Psychoanalyse gekommen ist oder sich ihr verweigert hat.[3] Diese Fasern haben es in sich. Sie enthalten die ganze Wucht des Anspruchs, durch die Freud die Einheit seiner Person 1924 einer Spannung ausgesetzt sah, und sie erschüttern nicht weniger heftig die Kohärenz zeitgenössischer Darstellungen von Verkörperung und Materialität. Das Neunauge stellt zwei Ansprüche an heutige Analysen des Körpers: Es fordert eine Auseinandersetzung mit der Biologie und mit dem Reduktionismus. Vielen Feministinnen gelten beide als ein und dasselbe: Biologie, die Körpernatur, wäre demnach blosser Stoff ohne die Leben einhauchenden Wirkungen der Kultur und Geselligkeit. In einem Theoriegeschehen, das sich instinktiv auf Korrektur und Umkehrung des Reduktionismus der Biologie oder auf Widerstand gegen seinen mächtigen Einfluss einschwört, hat uns der Leib von Freuds Urfisch nichts mehr zu sagen. Sein Biologismus und sein Reduktionismus bleiben stumm und geben uns nur noch zu verstehen, dass Komplexität anderswo oder später stattfindet. Der kalte, tote Leib des Neunauges und unsere Distanzierung von ihm gelten als Massstab nicht nur für Freuds theoretische Weiterentwicklung, sondern auch für unseren eigenen kritischen Scharfsinn.

Mir scheint nun allerdings, dass diese Verbannung des Fischartigen in die Vergangenheit – seine Einordnung in das, was historisch und analytisch hinter uns liegt – selbst ein Handstreich des Reduktionismus ist. Sie setzt voraus, dass uns das Nervensystem des Petromyzon über den Seziertisch oder über das Jahr 1878 hinaus nichts mitzuteilen hat. In diesem Buch folge ich dem Gedanken, dass einige biologisch-reduktionistische Geltungsansprüche unsere Theorien des Körpers in wichtigen, vielversprechenden und manchmal sogar erheiternden Hinsichten erweitern könnten. Meine erste Hypothese lautet: Die Stellen, an denen Freud sich am meisten auf biologische oder reduktionistische Behauptungen stützt, sind nicht immer auch solche, an denen seine Argumentation auf der Stelle tritt, sich in Widersprüche verstrickt oder kritischen Potenzials entbehrt. Das Gegenteil ist der Fall: Ebendiesen Momenten biologischer Reduktion entspringen häufig Freuds treffendste Beschreibungen der Natur des Körpers und des Charakters der Psyche. Diese These vom Erklärwert einfachen biologischen Geschehens erprobe ich im vorliegenden Buch mit Hinweis auf neurologische Theorien nicht nur von Freud, sondern auch von Charles Darwin, Oliver Sacks, Simon LeVay, Paul MacLean und Joseph LeDoux.

Welche neuen Beschreibungen des Körpers ergeben sich, wenn es uns gelingt, den Körper des Neunauges im Sinn zu behalten? Welche neuen Arten von Verkörperung erschliessen sich einer

Deutung, wenn biologischer Reduktionismus toleriert und erkundet wird? Um Antworten auf diese Fragen zu geben, will ich hier zunächst auf das vertrautere Gebiet der Hysterie (und des Feminismus) zurückkehren und das Nervensystem in Begriffen der Biologie und des Reduktionismus beschreiben.

Ein seltsames Symptom der Hysterie

Der hysterische Körper ist seit Langem ein vorrangiger Ansatzpunkt für feministische Beschreibungen des Körperlichen. Der hysterische Körper des 19. Jahrhunderts wurde eingehend für frühe feministische Diskussionen des Körpers und seines Verhältnisses zur Kultur genutzt.[4] In ihren seltsamen zeitgenössischen Erscheinungsformen (Essstörungen, chronisches Erschöpfungssyndrom, kollektive Trauer, psychosomatische Endemien) entkräftet die Hysterie anhaltend die Mutmassung, wir durchschauten heute den Körper und hätten seine Fähigkeiten und Grenzen erkannt. Trotz einer grossen Vielfalt feministischer Methodologien ohne direkte Anbindung an die Psychoanalyse hat die Hysterie als körperliche Offenbarung psychischer und kultureller Konflikte umgekehrt nach wie vor unsere politische und kritische Vorstellungskraft im Griff.

Allerdings war es nicht so sehr die Hysterie insgesamt, für die sich feministische Theoretikerinnen des Körpers bislang interessierten. Unter den verschiedenen Formen, die Hysterie annehmen kann (wie Angsthysterie, Hysteroepilepsie usw.), schien vor allem eine ihrer Ausprägungen feministische Anliegen mit Nachdruck zu verdeutlichen: die Konversionshysterie. Lähmungserscheinungen, Gesichtsneuralgien, Verlust der Sehfähigkeit oder Stimme, Zuckungen, körperliche Schmerzen und chronische Muskelkrämpfe waren häufige Symptome der Konversionshysterie im 19. Jahrhundert. Insbesondere die frühen Schriften von Joseph Breuer und Sigmund Freud (Breuer und Freud 1895d, 46) schürten das feministische Interesse an hysterischen Symptomologien. Indem Breuer und Freud behaupteten, Konversionshysterikerinnen litten nicht an Verfallserscheinungen, sondern an unterdrückten Gedanken und abgeschnürten Affekten, lieferten sie eine Beschreibung psychosomatischer Pathologie, die sich für feministische Körpertheorien als enorm fruchtbar erwies. Ihre berühmtesten Konversionshysterikerinnen, Anna O. und Dora, wurden zu Paradebeispielen verkörperter Unbotmässigkeit (Appignanesi und Forrester 1992; Bernheimer und Kahane 1990).

Dennoch kam es in dem Mass, in dem die Konversionshysterie zum Inbegriff der Hysterie überhaupt wurde, gleichzeitig zu einer Verengung ihres Charakters. Insbesondere vollzogen die meisten feministischen Darlegungen eine Abgrenzung gegenüber der Biologie der Konversionshysterie. Einzelheiten der Muskeln, Nerven und Organe in ihren hysterischen Zuständen wurden kaum untersucht, und manche wichtige Frage zur Hysterie blieb ungestellt. Das gilt etwa für die von Breuer und Freud dokumentierten Konversionshysterien. Anna O. litt nach dem Tod ihres Vaters an akuten hysterischen Anfällen. Während dieser «bestand hochgradige Gesichtsfeldeinengung. Von einem Blumenstrauß, der sie sehr erfreute, sah sie immer nur eine Blume zugleich. Sie klagte, daß sie die Menschen nicht erkenne» (1895*d*, 46). Miss Lucy R.s verlorener Geruchssinn regenerierte sich, nachdem sie sich zwei vergessene, mit ihrem Arbeitgeber zusammenhängende Traumata in Erinnerung gerufen hatte. Frau Emmy von N. konnte Freud in der Hypnose «[die [hysterischen] Magenschmerzen durch einige Striche über das Epigastrium weg[nehmen]» (117). Im Grossen und Ganzen wurde die Bio-Logik dieser Verwandlungen in feministischen Auslassungen zur Hysterie übersehen. Was bedeutet schon die Neurologie einer vorübergehenden Gesichtsfeldeinengung? Welche körperlichen Abläufe können schon im Spiel sein, wenn die Magenschmerzen dadurch verschwinden, dass der Analytiker seine Hand auflegt? Noch weiter verkompliziert wird die Biologie dieser Symptome durch die Tatsache, dass die somatische Konversion in der Regel Folge eines zeitverzögerten Handelns, einer «Nachträglichkeit» ist. Die Symptome treten erst nach einiger Zeit auf. Ein Ursprungstrauma reicht normalerweise nicht aus, um die Konversionssymptome auszulösen. Die Biologie der Hysterie geht über eine einfache Logik der Räumlichkeit (Welcher

Körperteil?) hinaus. Sie beinhaltet auch eine zeitliche Logik (Wann? In welcher Aufeinanderfolge?).

Im Gefolge Breuers und Freuds neigen Feministinnen dazu, vor der Biologie der Hysterie zurückzuschrecken und diese in ihren Theorien als überwiegend im Bewusstsein angesiedelt zu beschreiben. So gut wie alle feministischen Autorinnen auf dem Gebiet sind sich darüber einig, dass das politisch und theoretisch Interessanteste an der Hysterie jene komplexe Verdichtung und Verschiebung von Bewusstseinsinhalten sei, die hysterische Anfälle auslösen. Auf welchen verschlungenen Wegen diese Bewusstseinsstrukturen danach in körperliche Symptome umgewandelt werden, hat weniger Aufmerksamkeit auf sich gezogen, als man vielleicht erwarten könnte. Merkwürdigerweise ist ausgerechnet der Mechanismus der Konversion (von Psyche zu Soma) der bisher am wenigsten untersuchte Aspekt der Konversionshysterie. Wir sind inzwischen wohl ziemlich gut in der Lage zu sagen, warum bei Hysterikerinnen Konversionen auftreten, aber allesamt sprachlos, sobald es um die Frage geht, wie ebendies vonstatten geht.[5] Das oft bemühte Axiom von Breuer und Freud, «der Hysterische leide größtenteils an Reminiszenzen» (1895*d*, 75), wurde vielleicht zu einseitig in Anschlag gebracht. Hysterische leiden sehr wohl an Reminiszenzen, aber ebenso leiden sie an körperlichen Symptomen: Sie sind gelähmt, geblendet, erleiden Schmerzen, husten unablässig, haben Atemnot. Der vielleicht offenkundigste

Aspekt der Hysterie – die körperliche Einschränkung – wurde in feministischen Darstellungen hysterischer Symptomologie bislang kleingeredet.

Diese Präferenz für Analysen der Verwindungen des Bewusstseins zulasten solcher der biologischen Konversion legt die Vermutung nahe, dass die Frage des Körpers erst noch in der umfassenden Art und Weise gestellt werden muss, die ihr eigentlich zukäme. Mir scheint, dass Neurologie, Physiologie oder Biochemie der hysterischen Symptomologie nur in einem Theoriemilieu derart vernachlässigt werden können, das die Körpernatur für inert hält – dass trotz seiner erklärten Bemühungen, den Körper neu oder anders zu denken, immer noch daran festhält, dass die Mikrostruktur des Körpers nichts zum Spiel der Verdichtung, der Verschiebung und des zeitverzögerten Ausagierens beiträgt, die wir inzwischen gewohnheitsmässig der Kultur, der symbolischen Ordnung oder sozialen Faktoren zuschreiben. Der Körper mag ersichtlich Sitz und Ort dieser schwer durchschaubaren Vorgänge sein – dennoch kommt die Körpernatur als Quelle solcher Vorgänge kaum je in Betracht.

An der Beschreibung der Hysterie durch Elaine Showalter (1985) lässt sich diese Tendenz und die Art und Weise, in der die Distanzierung von der Körpernatur schon in frühen feministischen Erkundungen der Hysterie zur naturhaften Selbstverständlichkeit gemacht wurde, beispielhaft nachvollziehen.[6] Showalter bietet eine kurze

Schilderung von Augustine, einer der berühmtesten Hysterikerinnen von Jean-Martin Charcot. Augustine kam im Alter von fünfzehn Jahren in Charcots Abteilung an der Salpêtrière. Sie gewöhnte sich schnell und mit einiger Begeisterung an Charcots Verfahren, seine Patient:innen in ihren Momenten akuter Hysterieanfälle zu fotografieren. Die Fotos von Augustine in verschiedenen Posen hysterischer Verzückung sind vermutlich die am weitesten verbreiteten und bekanntesten Illustrationen der Hysterie im 19. Jahrhundert (Copjec 1987; Didi-Huberman 1982). So beschreibt Showalter Augustines Verhalten und seine Folgen:

> Zu [Augustines] Begabungen gehörte die Fähigkeit, sich ihre hysterischen Darbietungen zeitlich gut einzuteilen und sie ihn Szenen, Akte, Bilder und Pausen zu gliedern, auf Zuruf und gleichzeitig mit dem Auslöser des Fotoapparats in Aktion zu treten.
> Doch Augustines fröhliche Bereitschaft, ihrem Publikum zuliebe gleich welche gewünschte Pose einzunehmen, lastete schwer auf ihrer Seele. In der Zeit, als sie wiederholt fotografiert wurde, bildete sie ein merkwürdiges Hysteriesymptom aus: Sie sah mit einem Mal alles schwarz-weiss. (1985, 154).

Ein merkwürdiges Symptom, allerdings. Doch Showalter ist so eilig beflissen, ihre Abscheu vor Charcots medizinischer Schaubühne zu bekunden, dass sie sich mit der aussergewöhnlichen Natur dieser Konversion nicht aufhält. Gleich im nächsten Satz heisst es bei ihr: «1880 begann [Augustine], gegen das Anstaltsregime aufzubegehren. Phasenweise wurde sie gewalttätig, zerriss ihre Kleider und zertrümmerte Fenster. Während solcher Wutausbrüche wurde sie mit Äther oder Chloroform betäubt. Im Juni desselben Jahres gaben die Ärzte ihren Fall auf, und sie wurde in eine verriegelte Zelle gesteckt.» (154).

Einerseits klagt Showalter nun, dass Charcot nicht aufmerksam genug für die Hysterikerinnen unter seiner Obhut gewesen sei, dass er sie bloss als Exponate in seiner lebenden pathologischen Sammlung betrachtet habe. Andererseits übergeht Showalter selbst Augustines Leiden in seinen Einzelheiten. Ihre eigene Vignette ist nicht weniger sensationslüstern, nicht zugewandter der Patientin gegenüber als Charcots Inszenierung von Bildern. Insoweit Charcot Augustine auf einen Inbegriff und eine Verkörperung der Hysterie reduziert hat, zwängt auch Showalter sie in das Korsett einer eindimensionalen Erzählung vom (fotografierten, betäubten, eingesperrten) Opfer. Nicht nur handelt sie die Symptome der Sehstörung von Augustine als selbsterklärend ab (sie erscheinen als Augustines tragische Kapitulation vor Charcots psycho-fotografischem Regiment), sondern nicht einmal der schiere Mechanismus dieser optischen Konversion ist ihr eine Erläuterung wert. Welche Art körperlichen Materials (Netzhaut, Sehnerven, Sehrinde) verhindert eigentlich die Verarbeitung von Farbeindrücken unter dem Einfluss einer fotografischen Verführung? Warum richtet sich das Erstaunen über Augustines Symptome nur auf Charcot und nicht auch auf die bemerkenswerten hysterischen Launen von Augustines Augen und Hirn?[7] Ohne Zweifel ist es doch ausgesprochen eigenartig an Augustines Symptomen, dass ihr Nervensystem sich in seinem Funktionieren darauf einstellen konnte, «Szenen, Akte, Bilder und Pausen zu gliedern und auf Zuruf und gleichzeitig mit dem Auslöser des Fotoapparats in Aktion [zu] treten».

Etwa um dieselbe Zeit unternahm Monique David-Ménard (1989) eine sehr viel differenziertere Beschreibung der Hysterie und des Körpers, in der körperliche Konversionssymptome aufs Engste mit dem Begehren verbunden sind. David-Ménard wendet sich gegen eine konventionelle psychosomatische Erklärung der Konversionshysterie, wonach der organische Körper psychischen Übergriffen ausgesetzt sei (Vorstellungen, Gedanken, Erinnerungen), die dazu führen, dass es ihm schlecht geht. Das Problem mit derartigen Erklärungen ist, dass sie mit zwei verschiedenen, interagierenden Kategorien hantieren: Geist und Körper. Egal, wie akribisch wir bei der Deutung von Hysteriesymptomen als Wechselwirkungen zwischen Seelischem und Leiblichem vorgehen: Wir setzen doch stets eine ontologische Trennung voraus, die David-Ménard begrifflich unhaltbar und klinisch unangemessen findet. Ein solches psychosomatisches Modell der Konversionshysterie nimmt in Freuds frühen Schriften Form an, wurde jedoch von ihm selbst bald durch eine ausgeklügeltere Theorie ersetzt, bei der die Erotogenizität des Körpers im Mittelpunkt steht: «Später fand er eine bessere Art, den fraglichen Körper zu benennen, indem er behauptete, Hysteriesymptome und -krisen stellten eine Pantomime der sexuellen Lust dar.» (3). Nach David-Ménard fordert der hysterische Körper von uns, in anderen als rein psychologischen oder physiologischen Kategorien zu denken. Ihre Analyse «bringt eine andere Wirklichkeitsordnung ans Licht, die dem psychisch-physischen Entweder-Oder entgeht und die wir eine Ordnung des Lust-Körpers nennen wollen» (28).

David-Ménards Erläuterung des Lust-Körpers und der Hysterie ist scharfsinnig. In vieler Hinsicht erübrigt ihre Erörterung von Freuds Fall des Fräuleins Elisabeth meine unten folgenden Kommentare zu dieser frühen Analyse einer Konversionshysterie. Zugleich vollführt David-Ménard dieselben theoretischen Gesten, die ich schon mit Bezug auf Showalter umrissen habe: Ausdrücklicher noch als diese scheut sie vor der Körpernatur zurück. Schon auf den ersten Seiten ihres Buchs erklärt David-Ménard die Hysterie für «nicht vertraut mit der Anatomie des Nervensystems» (2) und sagt, dass «der physiologische Körper hier nicht Teil des Geschehens» sei (3). Bekanntlich halten sich Hysteriesymptome nicht an die konventionelle Logik der Anatomie. So entspricht die Lähmung eines Armes beispielsweise nicht den biomedizinischen Karten der Muskeln und Bänder, sondern folgt einer anderen Logik: der Art und Weise, in der ein Arm üblicherweise bekleidet und gebraucht wird. Wie ist nun aber aus dieser andersartigen Ausprägung der Anatomie ein pauschales Verwerfen der Anatomie geworden? Wie soll eine Neurose nicht mit dem Nervensystem vertraut sein?

Vicki Kirby (1997) zeigt anhand einer sinnfälligen Anekdote, wie bereitwillig nicht nur die Körpernatur im Namen des Feminismus verfemt, sondern wie sehr ebendiese Verfemung auch im Mittelpunkt selbst durchdachterer Auffassungen des Körpers steht und wie wenig Letztere ohne deren Voraussetzung überhaupt verständlich werden. Kirby beteiligte sich an einer Tagung zu feministischer Philosophie auf dem Höhepunkt der insbesondere unter den so genannten «französischen», d. h. von Postmoderne und «Dekonstruktion» geprägten, Feministinnen häufiger anzutreffenden Aufregung über den Essenzialismus. Ähnlich wie David-Ménard legte bei dieser Tagung eine Teilnehmerin, die über die französische Psychoanalytikerin und Kulturtheoretikerin Luce Irigaray sprach, grössten Wert auf Betonung des sinnbildlichen, libidinösen und suggestiven Charakters Irigaray'scher Verkörperung im Gegensatz zu jeder naiv anatomischen oder von biologischem Denken geleiteten. Damit hatte Kirby ihre Schwierigkeiten:

> Anscheinend sollte das Publikum mit diesen Bemerkungen beschwichtigt werden, wofür es solcher vorbereitender Klarstellungen bedurfte, damit der Vortrag überhaupt ernst genommen wurde. Aber ich zweifelte danach, welche Gefahr durch den Ausschluss der Biologie eigentlich gebannt worden war.... Als ich eine Frage stellte, die ebendies zum Ausdruck brachte, begegnete ich einem spürbar unbehaglichen Unverständnis. Dann kam die Sprecherin vermutlich zu dem Schluss, dass ich immer noch in einem vorkritischen Verständnis des Körpers befangen sein musste, und verhöhnte mich mit einer verräterischen, theatralen Geste. Wie um die schiere Absurdität meiner Frage deutlich zu machen, kniff sie sich selbst und bemerkte: «Nun ja, ich rede mit Sicherheit nicht von diesem Körper.» Und wie es schien, war mit dieser so selbsterklärenden, keiner weiteren Erklärung bedürftigen Handlung die Sache ein für alle Mal entschieden und erledigt. (70).

Indem sie die Neurophysiologie übergehen, weichen Showalter und David-Ménard einigen der dringendsten Fragen zur Konversionshysterie aus und erwecken damit leider auch den Eindruck, dass Gegebenheiten der Biologie ausserhalb des Geltungsbereichs feministischer Analyse liegen. Showalters Beschreibung von Augustines Hysterie macht aus deren Netzhaut, Sehnerv und Gehirn psychisch inaktive Materie und erklärt sie für politisch unfruchtbar, mithin zu blossen Chiffren einer Komplexität, die anderswo zu finden sei. Ebenso wie die Vortragende in Kirbys Anekdote beeilt sich David-Ménard, den Körper der Neurophysiologie gleichsam naturgemäss als ein *soma non gratum* jeder anspruchsvollen Diskussion der Hysterie zu markieren.

Die folgenden Analysen in diesem Buch sind mein Versuch, den Absagen an die Körpernatur in manchen feministischen Texten über den Körper ein wenig Einhalt zu gebieten. Als Testfall dafür nehme ich das Nervensystem. Meine Präferenz für die neurologische Analyse bedeutet nicht, dass ich kulturelle, gesellschaftliche, sprachliche, literarische oder historische Analysen als irgendwie nachgeordnet betrachte. Mir geht es darum, dass kultur- und gesellschaftskritische, linguistische, literaturtheoretische und historische Analysen, wie sie heute in der feministischen Theorie das Geschehen bestimmen, sich gegen den Geltungsbereich der Biologie abzuschotten versuchen – oder sich konstitutiv gegen diese richten. Eigenartigerweise sind feministische Theorien des Körpers in dieser Hinsicht oft stilbildend. Trotz intensiver Auseinandersetzung mit dem Körper in der feministischen Theorie und darüber hinaus in den Geistes- und Sozialwissenschaften während der vergangenen zwei Jahrzehnte bleiben grundlegende Aspekte des Körpers, der Körpernatur und -materialität immer noch aussen vor. Wie viele feministische

Beschreibungen des magersüchtigen Körpers befassen sich ernsthaft mit den Körperfunktionen von Magen, Mund oder Verdauungstrakt? Wie viele feministische Analysen des Körpers in Angstzuständen werden in Kenntnis neurologischer Daten durchgeführt und von diesen erhellt? Wie viele feministische Debatten über das Körpergeschlecht sind in einer Sprache der Biochemie gehalten? Ich bin der Auffassung, dass die Körpernatur – die Muskeltätigkeiten des Körpers, die Funktionen der inneren Organe, die Biophysik des Zellstoffwechsels, die Mikrophysik von Kreislauf, Atmung, Verdauung und Ausscheidung – einen grösseren Stellenwert und Einfluss in feministischen Theorien des Körpers erhalten muss.

Der Fall des Fräuleins Elisabeth v. R.

Fräulein Elisabeth v. R. kam zu Freud wegen anhaltender Schmerzen in ihren Beinen, die es ihr unmöglich machten, auch nur einigermassen beschwerdefrei zu gehen oder zu stehen. Auch das Liegen bescherte ihr kaum Erleichterung. Freud beschrieb ihre Symptome wie folgt:

> Der Schmerz war unbestimmter Natur, man konnte etwa entnehmen: eine schmerzhafte Müdigkeit. Eine ziemlich große, schlecht abgegrenzte Stelle an der Vorderfläche des rechten Oberschenkels wurde als der Herd der Schmerzen angegeben, von dem dieselben am

> häufigsten ausgingen und wo sie ihre größte Intensität erreichten. Dort war auch Haut und Muskulatur ganz besonders empfindlich gegen Drücken und Kneipen. Nicht bloß an dieser Stelle, sondern so ziemlich im ganzen Umfang beider Beine war dieselbe Hyperalgesie der Haut und der Muskeln nachweisbar. Die Muskeln waren vielleicht noch schmerzhafter als die Haut; unverkennbar waren beide Arten von Schmerzhaftigkeit an den Oberschenkeln am stärksten ausgebildet. (Breuer und Freud 1895*d*, 153 f.).

Freuds Analyse – seine erste vollständige – des Fräuleins Elisabeth entdeckte eine Reihe von belastenden Momenten, die diese körperlichen Schmerzen begünstigten. Elisabeths Vater war über viele Monate bettlägerig gewesen und an seiner Krankheit schliesslich gestorben. In dieser Zeit hatte Elisabeth ihn aufopfernd gepflegt und umsorgt, auch auf Kosten der Fortsetzung ihrer Beziehung zu einem potenziellen Liebhaber. Die Stelle des körperlichen Schmerzes in ihrem rechten Bein erwies sich als diejenige, auf der ihr kranker Vater jeden Morgen seinen Fuss abgestützt hatte, während Elisabeth seinen Verband am Bein wechselte. Die Schmerzen in ihrem linken Bein liessen sich auf eine uneingestandene Liebe zum Ehemann ihrer Schwester zurückführen, die durch Elisabeths Zuneigung für ihre Schwester nicht einfacher wurde. Auf den Tod der Schwester reagierte

Elisabeth – noch an deren Totenbett – mit der Eingebung, dass der geliebte Gatte ja nun frei war und sie selbst seine Frau werden konnte.

Auf eine weitere Erörterung der psychischen Mechanismen, die diese besonderen Schmerzen auslösten, möchte ich hier verzichten, denn die Konflikte zwischen Familienbanden und erotischem Begehren sind nun wirklich sattsam bekannt. Was sich mir in dieser Fallgeschichte als sinnfälliger aufdrängt und zugleich einer heutigen feministischen Leserschaft weniger vertraut sein wird, ist die Biologie von Fräulein Elisabeths Konversion. Welche körperlichen Mechanismen gestatten es den Oberschenkelmuskeln, unterschiedlich zu funktionieren: als Reaktionsbildung auf ihren Vater im rechten Oberschenkel, auf ihren Schwager im linken? Wie sind die Muskeln naturgemäss beschaffen, dass sie seelisch so hellhörig sein können? Freud hilft uns kaum weiter, wenn es um die physischen Mechanismen körperlicher Konversion geht: «Allerdings eine Anleitung dazu, wie man bei sich eine solche Konversion herstellt, kann ich nicht geben; man macht das offenbar nicht so, wie man mit Absicht eine willkürliche Handlung ausführt; es ist ein Vorgang, der sich unter dem Antrieb des Motivs der Abwehr in einem Individuum vollzieht, wenn dieses die Eignung dazu in seiner Organisation – oder derzeitigen Modifikation – trägt» (Breuer und Freud 1895*d*, 119).

Entscheidend ist aber, dass Freud nicht Zuflucht beim zentralen Nervensystem sucht. Weder im Gehirn noch in den höheren Hirnrindenarealen vermutete er eine mögliche Erklärung für die Konversion – als habe er angenommen, dass psychische Konflikte zu untergeordneten Körperregionen hin verlagert würden, wie auch im vorliegenden Fall die psychische Abwehr eher muskulär als zerebral vonstatten ging: Die Muskelfasern, Nerven, Blutgefässe des linken Beins sowie die Muskelfasern, Nerven und Blutgefässe des rechten erfuhren unter dem Einwirken einer psychischen Abwehr eine Differenzierung, die nicht zwingend im Gehirn zentralisiert war und die ganz sicher nicht auf Fräulein Elisabeth allein beschränkt blieb. Ihre Beinmuskeln brachten nicht nur ihre eigenen seelischen Konflikte zum Ausdruck, sondern standen in Wechselwirkung mit anderen Personen: ihrem Vater, ihrer Schwester, ihrem Schwager und, sicher nicht zuletzt, mit Freud.[8] Zu letzterem Punkt trägt Freud eine frappante klinische Beobachtung bei:

> Ferner fingen die schmerzhaften Beine an, bei unseren Analysen immer «mitzusprechen». Ich meine folgenden merkwürdigen Sachverhalt: Die Kranke war meist schmerzfrei, wenn wir an unsere Arbeit gingen; rief ich jetzt durch eine Frage oder einen Druck auf den Kopf eine Erinnerung wach, so meldete sich zuerst eine Schmerzempfindung, meist so lebhaft, dass die Kranke zusammenzuckte und mit der Hand nach der schmerzenden

> Stelle fuhr. Dieser geweckte Schmerz blieb bestehen, so lange die Kranke von der Erinnerung beherrscht war, erreichte seine Höhe, wenn sie im Begriffe stand, das Wesentliche und Entscheidende an ihrer Mitteilung auszusprechen, und war mit den letzten Worten dieser Mitteilung verschwunden. Allmählich lernte ich diesen geweckten Schmerz als Kompass gebrauchen; wenn sie verstummte, aber noch Schmerzen zugab, so wusste ich, dass sie nicht alles gesagt hatte, und drang auf Fortsetzung der Beichte, bis der Schmerz weggesprochen war» (101).

Die eigentliche Aussagekraft von Fräulein Elisabeths Verfassung liegt darin, dass die Physis ihrer Oberschenkelmuskel (deren Streck- und Beugefähigkeit; die innige Verbindung zum peripheren Nervensystem) nicht von Krankheit und Tod des Vaters oder auch von den Worten ihres Analytikers zu trennen ist. Die Intersubjektivität ihrer Analyse wird nicht nur durch Worte, Eingebungen und Affekte auf den Weg gebracht, sondern ebenso von Nerven, Blutgefässen und Haut. Das Gespräch zwischen Fräulein Elisabeth und Freud verläuft verbal, zwischenmenschlich und auf körperlicher Ebene. Die Hysterisierung ihrer Oberschenkel ist nur eine besondere Konstellation dieses Zusammenwirkens (Muskeln-Reminiszenzen) auf einem Terrain, das aus nichts als derartigen intersubjektiven, biologisch hellhörigen Komplizenschaften besteht (… Muskeln-Haut-Beine-Vater-Schwester-Hände-Worte-Schmerzen-Analytiker …). Betrachten wir die auffällige Tatsache, dass Elisabeth ihre Geschichte weitererzählte, bis die Schmerzen weggesprochen waren; der bekannte Einwand, solche Schmerzen hätten nur in ihrem Kopf existiert, erklärt anscheinend nichts, sondern formuliert das Rätsel nur anders, anstatt es zu sezieren. Nimmt man ihn wörtlich (vereinfachend), so bringt er uns dem Wesen der Sache womöglich doch ein wenig näher. Wenn die Schmerzen tatsächlich alle nur in Elisabeths Kopf existieren, ergeben sich daraus mehrere reziproke ontologische Verwindungen: dass ihr Oberschenkel ihr Kopf ist, dass ihr Geist muskulär ist und dass Freuds Worte der Natur ihres Nervensystems angehören.[9]

Biologische Eignungen

Für Freud ist die hysterische Konversion «ein Vorgang, der sich … in einem Individuum vollzieht, wenn dieses die Eignung dazu in seiner [biologischen] Organisation … trägt» (Breuer und Freud 1895*d*, 233). In seinem bekanntesten Fall einer Konversionshysterie, nämlich im Fall Dora, nennt Freud (1905*e*) diese Eignung ein «somatisches Entgegenkommen». Bei Vorliegen einer Konversionshysterie begünstigt eine bestehende organische Verfassung die Bildung von Symptomen (hysterische Symptome treten, mit anderen Worten, nicht willkürlich und unabhängig von der

Körpernatur auf). Die Begünstigung kann erblicher oder kontingenter Art sein. Fräulein Elisabeth beispielsweise erschöpfte sich selbst emotional und körperlich durch einen langen Spaziergang in den Bergen mit ihrem heiss geliebten Schwager und begünstigte dadurch, dass ihre Beine sich ihrer noch unausgeprägten Hysterie fügten.

Während Freud im Fall Dora daran festhält, dass «jedes hysterische Symptom des Beitrages von beiden Seiten» bedarf (d. h. der somatischen und der psychischen; Freud 1905*e*, 199), neigt er doch erklärtermassen zur psychologischen Erklärung: «Für die Therapie sind die im akzidentellen psychischen Material gegebenen Bestimmungen die wichtigeren; man löst die Symptome, indem man nach der psychischen Bedeutung derselben forscht.» (200). Je mehr Freud sich den Einzelheiten der psychologischen Erklärung zuwandte, umso weniger interessierte ihn der Anteil des Körpers an der Hysterie, und er unternahm auch in weiterer Folge nie den Versuch, das Entgegenkommen der somatischen Natur theoretisch konsequenter zu beschreiben. David-Ménard entschied sich dafür, in ihrer Auseinandersetzung mit dem Spätwerk Freuds über diese Schwierigkeiten hinwegzugehen, um darin den Lust-Körper zu entdecken. Ich selbst muss auf meinem Weg zu seinen frühen, reduktiven Schriften zurückkehren, weil mir daran gelegen ist, die Biologie der hysterischen Konversion in der Fülle ihrer Einzelheiten aufzusuchen. 1894 machte Freud die Körpernatur zum Kern und Ausgangspunkt seiner Ätiologie der Hysterie: «Wir erkennen demnach das für die Hysterie charakteristische Moment nicht in der Bewusstseinsspaltung, sondern in der Fähigkeit zur Konversion, und dürfen als ein wichtiges Stück der sonst noch unbekannten Disposition zur Hysterie die psychophysische Eignung zur Verlegung so großer Erregungssummen in die Körperinnervation anführen.» (1894*a*, 64). Ohne Zweifel geraten wir mit dieser erneuten Hinwendung zur Biologie der Hysterie, zum somatischen Entgegenkommen oder zu einer psychophysischen Eignung für die Hysterie in unangenehme Nähe zu bestimmten Vorstellungen von Degeneration aus dem 19. Jahrhundert. Dessen ungeachtet generiert die zentrale Bedeutung der Körpernatur für die Ätiologie der Psychopathologie eine Vielzahl biologischer Ontologien. Anstatt nun Freud ausser Acht zu lassen, wann immer er die Biologie ins Spiel bringt, ist unserem Zweck vielleicht eher gedient, wenn wir uns mit den von ihm dargelegten Sachverhalten eingehender befassen.

Ein wichtiges, möglicherweise prägendes Ereignis in Freuds früher biologischen Forschung war die Entdeckung der männlichen Hysterie. Nach seiner Rückkehr von seinem Aufenthalt an der Salpêtrière hielt Freud in der Wiener Medizinischen Gesellschaft einen theoretischen Vortrag über die männliche Hysterie, mithin über eine der diagnostischen Entdeckungen, für die Charcot berühmt-berüchtigt war. Der Vortrag kam nicht gut an, und Freud wurde aufgefordert, einen Fall von männlicher Hysterie beizubringen, den man vor der Gesellschaft präsentieren konnte. Sein Aufsatz von 1886 über eine hysterische Hemianästhesie (einseitige Empfindungslosigkeit des Körpers) bei einem Mann dokumentierte diese klinische Präsentation. Strachey bemerkt dazu, dass diese Fallgeschichte noch aus der Zeit vor Freuds aufkommendem Interesse an der Psychologie stammte. Sie erörtert daher hauptsächlich die körperlichen Merkmale der Hysteriesymptome bei dem betreffenden Patienten. Stracheys Herausgeberkommentar gibt zu verstehen, dass sie wegen dieser empirischen Schwerpunktsetzung, also der Konzentration auf körperliche Einzelheiten, für den psychoanalytisch orientierten Leser nur von beiläufigem Interesse sei.

Ich möchte dennoch kurz innehalten, um diese körperlichen Erscheinungen etwas eingehender zu betrachten. In seiner Darlegung des Falles beschreibt Freud die körperlichen Einschränkungen des Mannes peinlich genau. Ein Beispiel: «Übergehen wir nun zur Untersuchung des Rumpfes und der Extremitäten, so finden wir auch hier, zunächst am linken Arme, eine absolute Anästhesie. Ich kann, wie Sie sehen, eine spitze Nadel durch eine Hautfalte stoßen, ohne dass der Kranke dagegen reagiert. Auch die tiefen Teile, Muskeln, Bänder, Gelenke, müssen ebenso hochgradig unempfindlich sein, denn ich kann das Handgelenk verdrehen, die Bänder zerren, ohne daß ich irgendwelche Empfindung bei dem Kranken hervorrufe.» (1886*d*, 61).

Freuds körperliche Untersuchung macht deutlich, wie tief die Hysterie in den Körper des Mannes eingriff. Die halbseitige Empfindungslosigkeit des Kranken umfasste seine gesamte linke Leibeshälfte. Es wurden beispielsweise die Muskeln, Bänder und Gelenke im linken Arm und Bein hysterisiert, ebenso die Sehfähigkeit des linken Auges, der Würgereflex an der linken Seite des Schlundes und der linke Samenstrang. Unausweichlich bringen Erläuterungen dieser Art die Biologie der Hysterie eindringlich zur Geltung, und aus Sicht von Feministinnen der kultur-, gesellschafts- oder sprachwissenschaftlichen Schulen bietet sich hier kaum etwas an, aus dem man eine kritische Beschreibung der Hysterie oder Körperlichkeit gewinnen könnte. Freuds Darstellung scheint zu sehr der unmittelbaren Realität verhaftet. Wenden wir uns jedoch allzu eilig von dieser Szene ab, um anderswo Aufschluss über das Wesen dieser Symptome zu suchen, so entgeht uns das Bemerkenswerteste daran: die Beschreibung eines somatischen Entgegenkommens. Aus der nüchternen Beschreibung entsteht ein Bild vom entgegenkommenden, mitwirkenden Charakter des Körpers dieses Mannes. Dass die Schleimhäute im Rachen eine Konversion zur Anästhesie vollführen können, und das nur auf der linken Seite, nicht auch auf der rechten, erweist die Körpernatur als natürlicherweise launisch und mehr in sich un- oder übernatürlich, als wir ihr gemeinhin zugestehen würden. Entgegen der verbreiteten feministischen Vorliebe für kultur- oder gesellschaftskritische Erklärungen der Zustände dieses Mannes würde ich in diesem Fall den Blick vor allem auf den Körper selbst richten wollen: auf die Nerven, Blutgefässe und Muskeln, während Freud seine Nadel durch eine Hautfalte sticht. In diesem Geschehen halten sich die merkwürdigen Verwindungen der Hysterie in den Grenzen körperlicher Einzelheiten. Weit entfernt, dadurch die Natur der Hysterie zu mindern, erlaubt es diese Beschränkung im Gegenteil, in der Körpernatur eine innere Vielfalt zu erkennen, die gewöhnlich nur den unkörperlichen Bereichen zugestanden wird.

Die Enthüllung von Hysteriesymptomen in einem männlichen Körper war ein entscheidender Moment in der Geschichte der Psychoanalyse. Sie machte den Weg frei für eine allgemeine Theorie neurotischer Konversion, die die bis dahin übliche Zuweisung der Hysterie an den Körper der Frau korrigierte. Mit der Entdeckung der männlichen Hysterie war diese nicht länger an die Gebärmutter oder den weiblichen Körper überhaupt gebunden. Sie gehörte von da an zu den Fährnissen der menschlichen Körpernatur überhaupt. Die medizinische Vorstellung von der Hysterie als einer wandernden Gebärmutter gilt seit Langem als Gewalt gegenüber dem weiblichen Körper. Dennoch erfordert die Frage der Organwanderung eingehendere Betrachtung, bevor sie als Ätiologie in Bausch und Bogen verworfen wird. Im Gedanken einer Gebärmutter auf Abwegen ist die Vorstellung einer streuenden, streunenden, von ihrem rechten Platz abweichenden organischen Materie enthalten. Vielleicht wandert ja sogar alles Körperliche.[10] So betrachtet wird die hysterische Abweichung dem Schlund, den Beinen oder den Augen nicht von aussen aufgezwungen, sondern sie ist von vornherein Teil des natürlichen Repertoires der biologischen Materie.

Aus der eingehenderen Untersuchung der Biologie der Hysterie könnten wir die Fähigkeit zur Einsicht gewinnen, dass die Eignung zur Konversion (Abweichung, Perversion) unseren Systemen der Biochemie, der Physis, der Nerven angeboren ist.

In diesem Abriss der Hysterie ging es mir darum, den Nutzen des biologischen Reduktionismus für feministische Beschreibungen des Körpers deutlich zu machen, insbesondere was das Nervensystem angeht. Ich habe dargelegt, warum es wichtig ist, die Peripherie des Nervensystems im Hinterkopf zu behalten, wenn wir uns über den nervösen Körper Gedanken machen; auch dass das Nervensystem von Tieren für Beschreibungen menschlicher Körper von einigem kritischen Nutzen sein könnte. Beide Behauptungen erörtere ich in den folgenden Kapiteln. Insgesamt interessiert mich in dem vorliegenden Buch, das Potenzial der Neurowissenschaften für neue Sichtweisen und Transformation zu erkunden. Allzu lange waren diese Wissenschaften Ziele feministischer Rügen, obwohl sie die feministische Wissenschaft voranbringen und erneuern könnten. In den vergangenen 20 Jahren haben Feministinnen wegbereitende Körpertheorien hervorgebracht. Sie haben gezeigt, wie sich Körper von einem kulturellen Kontext zum anderen unterscheiden, wie das soziale Geschlecht sie auf sehr genau bestimmbare Arten fabriziert, wie sie einem Wandel auch durch technologische Neuerungen erliegen. Dennoch haben sich diese feministischen Theorien in aller Regel einer Auseinandersetzung mit biologischen Gegebenheiten entzogen. Sie halten an einem wütenden Antibiologismus fest, der für die zweite Welle des Feminismus kennzeichnend war, und schüren ihn weiter. Der Grossteil feministischer Forschung über den Körper verlässt sich auf Theorien der sozialen Konstruktion; in trotziger Verweigerung gegenüber Erklärungsmustern der Biologie erkundet diese Forschung, wie kulturelle, gesellschaftliche oder sprachliche Zwänge aus unseren Körpern das machen, was sie sind. Dieses Buch wählt eine andere Herangehensweise. Es vertritt die Auffassung, dass der Feminismus sich mit biologischen Deutungen aufs Engste und Beglückendste verbünden, dass feministische Beschreibungen des Körpers den neurobiologischen Daten deutlich mehr Zuneigung entgegenbringen könnten. Die folgenden Kapitel behandeln Themen der Psychopharmakologie,

Neuro-Gastroenterologie und Evolutionstheorie, der Hypothalamus-Strukturen, reptilischen Temperamente und Neurowissenschaften der Affekte. Mein Buch geht von der Haltung aus, dass ernsthaftes Interesse an Einzelheiten der Körpernatur eine strukturelle Veränderung in feministischen Körpertheorien bewirken werden – dass uns ein Erkunden der Verwicklungen von Biochemie, Affektivität und physischer Beschaffenheit der Innenorgane uns mit neuen Zugängen zum Körper versehen wird. Aufmerksamkeit für neurologische Details und eine gewisse Bereitschaft, reduktive Formulierungen hinzunehmen, werden es der feministischen Forschung ermöglichen, sich aus ihrer Abhängigkeit vom Sozialkonstruktivismus zu lösen, und lebendigere, mehr auf die Körpernatur abgestimmte Beschreibungen des Körpers hervorbringen.

EINFÜHRUNG — ENDNOTEN

• 1 Zur gleichen Zeit schloss er wahrscheinlich die Arbeit an der «Notiz über den Wunderblock» (1925*b*) ab. Siehe Cilliers (1998) und E. A. Wilson (1996) für eine Analyse der Bedeutung dieses Aufsatzes und Freuds früher neurologischer Arbeit für zeitgenössische Lesarten der Neurowissenschaften.

• 2 Berüchtigt sind Freuds Vorbehalte bezüglich des Verhältnisses zwischen Psychoanalyse und biologischen Wissenschaften, und auch seine Leser waren geteilter Meinung darüber, ob er seine neurologischen Interessen ganz aufgab oder einfach sublimierte (Derrida 1972; Geeradyn 1997; Lane 1997; L. Miller 1991; Pribram und Gill 1976; Sacks 1998*b*; Solms und Saling 1990; E. A. Wilson 1998). Auch in jüngster Zeit wird die Verbindung von zeitgenössischer Neurowissenschaft und Psychoanalyse mit Interesse erörtert (Bilder und LeFever 1998; Guttmann und Scholz-Strasser 1999; Kaplan-Solms und Solms 2000; Schore 1999; siehe auch http://www.neuro-psa.com).

• 3 «Ich möchte von dem Eindruck sprechen, den Freud hinterlassen hat, durch das Ereignis, das diesen Familiennamen trägt, den gleichsam unvergesslichen und unabweislichen, unleugbaren Eindruck (unleugbar selbst und vor allem für diejenigen, die ihn ableugnen), den Sigmund Freud auf jedweden gemacht haben wird, der nach ihm von ihm oder zu ihm spricht und sich folglich, ob er es akzeptiert oder nicht, weiß oder nicht, auf diese Weise markieren lässt ... In welcher Disziplin auch immer, man kann nicht mehr, man sollte nicht mehr können, man hat also nicht mehr das Recht noch die Mittel dazu, davon sprechen zu wollen, ohne zuvor auf die eine oder andere Weise von diesem Freudschen Eindruck geprägt worden zu sein.» Derrida 1997, 58.

• 4 Frühe und massgebliche feministische Auffassungen der Hysterie finden sich bei Copjec (1987), David-Ménard (1989), Gallop (1982), Grosz (1989), Hunter (1985), Irigaray (1985) und Showalter (1985).

• 5 Es gilt festzustellen, dass auch neuere Literatur über Neurowissenschaften und Psychoanalyse in dieser Hinsicht kaum weiterhilft. Trotz umfangreicher neurowissenschaftlicher Kenntnisse steht eine schlüssige Theoretisierung biologischer Einzelheiten der Hysterie noch aus. Die zentrale Bedeutung des Gehirns (insbesondere der Hirnrinde) in der neuropsychoanalytischen Literatur verschiebt die Ätiologie der Hysterie vom Körper zum Gehirn, erklärt aber weder hier noch dort die Mechanismen der Konversion. Diese Verschiebung hat den weiteren Nachteil, den nervösen Körper auf das Gehirn einzugrenzen (diesem Problem widme ich mich in Kapitel 2 im Zusammenhang mit der nervösen Innervation des Darms).

• 6 Die wesentliche Argumentation von Showalter in *The Female Malady* (1985) findet sich auch in ihrem jüngsten Werk über die Hysterie (1997) wieder.

• 7 Die neurologiegesättigten Erzählungen von Oliver Sacks (1995, 1996) vermitteln ein genaueres Verständnis der Psychologie des Farbensehens. Auf den Nutzen von Sacks' Werk im Umgang mit der Neurologie komme ich in Kapitel 5 ausführlicher zu sprechen.

• 8 Zwei wesentliche körperliche Verbindungen gab es zwischen Freud und Fräulein Elisabeth: Erstens hatte Freud seine Hypnoseversuche bereits aufgegeben, übte aber immer noch Druck mit seinen Händen auf den Kopf der Patientin aus: «In solcher Notlage geriet ich auf den Einfall, jenen Kunstgriff des Drückens auf den Kopf anzuwenden... Ich führte ihn aus, indem ich die Kranke aufforderte, mir unfehlbar mitzuteilen, was in dem Moment des Druckes vor ihrem inneren Auge auftauche. (Breuer und Freud 1895*a*, 409). Zweitens hatte Freud selbst an der gleichen Art von Muskelschmerzen gelitten, die er nun bei Fräulein Elisabeth behandelte: «1895 [veröffentlichte Freud] eine Abhandlung über eine ungewöhnliche Kompressionsneuropathie (Meralgia paresthetica), die zu Schmerzen und Empfindlichkeit in den Oberschenkeln führte—eine Krankheit, an der er selbst litt und die er bei mehreren Patienten unter seiner Obhut beobachtet hatte.» (Sacks 1998*a*, 122).

• 9 V. S. Ramachandrans Experimente mit Phantomgliedern verdeutlichen, wie ein Körper sich mitunter selbst faltet, schematisiert und neu verortet (Ramachandran und Blakeslee 1998). Einige Patienten mit Phantomgliedern berichten, dass das fehlende Glied auf einen anderen Teil des Körpers projiziert wird (eine fehlende Hand etwa häufig auf die Gesichtshaut, ein fehlender

Fuss auf die Genitalien). Wenn das Schema im Gesicht einem Reiz ausgesetzt wird, spürt der Patient die Phantomhand; ebenso kann Sex einen Phantomfuss zum Jucken bringen. Ramachandran erklärt diese Erscheinungen mit dem sensorischen Homunkulus: Füsse und Genitalien, Hände und Gesicht sind in angrenzenden Bereichen der Hirnrinde repräsentiert; die Reizung der Genitalien oder der Gesichtshaut aktiviert anscheinend Empfindungen in den dort benachbarten Händen oder Füssen. Mit der Tendenz, solche körperlichen Phänomene («Heureka! Das Rätsel ist gelöst», 38) nur mit dem Kortex zu erklären, verschliesst man sich einem umfassenderen Verständnis der Daten nicht nur in Bezug auf den Körper, sondern auch auf das übrige Nervensystem. Dessen ungeachtet lässt uns Ramachandran an einem Gespräch des Körpers mit sich selbst teilhaben.

• 10 Vicki Kirby hat mich auf den Nutzen dieser anscheinend altertümlichen Formulierung aufmerksam gemacht. Siehe die akribische Deutung des bemerkenswerten hysterischen Körpersubstrats in Kirby (1997).

FREUD, FLUOXETIN UND DIE MELANCHOLISCHE NEUROLOGIE

Eine der wichtigsten Fallgeschichten in Peter Kramers Bestseller *Listening to Prozac* von 1993 ist die einer jungen Frau namens Lucy. «Ihre Lebensgeschichte wird von einem einzigen Ereignis beherrscht. Als Lucy zehn Jahre alt war und in einem Dritte-Welt-Land lebte, in dem ihr Vater stationiert war, kam sie eines Tags nach Hause und fand ihre Mutter tot: erschossen von einem jungen Hausdiener – einem geschätzten und zuverlässigen Angehörigen des Haushalts, der verwirrt und gewalttätig geworden war. Lucy zeigte keine unmittelbare Reaktion auf dieses furchtbare Geschehen. Sie war weiterhin ein fleissiges, allseits beliebtes Mädchen.» (67).

Erst als erwachsene Frau entwickelte Lucy eine hochgradige Empfindlichkeit für Verluste und Zurückweisungen. Sie suchte Kramer auf, um mit dieser lähmenden Überempfindlichkeit fertigzuwerden. Ihre Behandlung durch ihn umfasste sowohl Psychotherapie als auch den Einsatz der SSRI-(selektiven Serotonin-Wiederaufnahmehemmer-)

Antidepressiva Fluoxetin und Sertralin. In der zusammenfassenden Darstellung ihres Falls verweist Kramer auf Lucys Körperlichkeit: «Lucy hatte in sich einen Kern von Verletzlichkeit bewahrt, an den die Psychotherapie nicht herankam. Es war, als habe das seelische Trauma – der Tod der Mutter und das jahrelange Ringen Lucys und ihres Vaters mit dem Verlust danach – körperliche Folgen gezeitigt, denen sich am direktesten durch einen physischen Eingriff abhelfen liess. Wie aber kommt es zur Übersetzung eines seelischen Traumas in einen funktional eigenständigen, der Körpernatur eingeschriebenen Charakterzug? Wie kann aus dem Tod einer Mutter eine Veränderung der serotonergen Pfade werden?» (107).

Auf diese zweite Frage – wie kann aus dem Tod einer Mutter eine Veränderung der serotonergen Pfade werden? – kommt es für mich an, nicht nur in Kramers Arbeit, sondern auch in den einschlägigen kritischen und politischen Debatten der Gegenwart. Mit seiner Frage bringt Kramer einige seit Langem geführte Auseinandersetzungen über das Verhältnis von Seele und Körper ins Spiel. Aus Sicht vieler Kritiker deutet der unmittelbare Bezug zwischen dem Tod einer Mutter und serotonergen Pfaden, den Kramer herstellt, auf eine gefährliche Neigung zu neurologischem Determinismus hin. Nicht wenige unter uns meinen auch, dass sie die Antwort auf Kramers Frage schon kennen. Unweigerlich, so mutmassen wir, gerät das vielschichtige seelische Trauma einer getöteten Mutter hier unter den Einfluss von Synapsen, Neurotransmittern und kortikalen Pfaden. Diesen Vorgang nennt Kramer selbst «den erstaunlichen Imperialismus des Biologischen» (105).[1]

In diesem Kapitel zeige ich, wie Kramers Hypothesen zur Neuropsychologie der Depression biologisch wie analytisch betrachtet in verschiedene Richtungen führen. Mich interessiert Kramers Deutung der Depression als einen nervlichen Schwächezustand. Indem ich *Listening to Prozac* mit Freuds Theorien zur Neurasthenie (Nervenschwäche) korreliere, kann ich diese Schnittstelle zwischen Nervensystem und Psyche eingehender betrachten. Denn obwohl das Verhältnis zwischen Nervensystem und Psyche einhellig für komplex befunden wird, steht eine genaue Untersuchung der beteiligten Komponenten bisher noch aus. Haben wir es mit zwei getrennten Kräften zu tun, die ein zwar komplexes, aber doch wesentlich einfaches Kausalverhältnis eingehen? Oder ist ihr aufeinander Bezogensein ihnen irgendwie wesensmässig eigen? Welche Wirkungsverhältnisse bestehen zwischen zwei so komplexen Gebieten?

Innerhalb des Begriffsrahmens nervlicher Schwäche, den Kramer und Freud vertreten, erscheinen Kräfte des Einwirkens und der Prägung wechselseitiger verstrickt, als Kritikerinnen des neurologischen Determinismus das bislang wahrhaben wollen. Eben das unterscheidet beider Darstellungen nicht nur von anderen, sondern macht sie auch besonders lehrreich. Anknüpfend an meine Argumentation in der Einführung behaupte ich, dass akribische Aufmerksamkeit für neurologische Details nicht auf Kosten kritischer Erneuerung und politischer Schlagkraft gehen müssen. Die Art und Weise, in der Kramer und Freud neurologische Kenntnisse in Anschlag bringen, ist aufschlussreich für eine kritische Einschätzung der Neurowissenschaften, denn sie lassen die inzwischen gewohnten Anschuldigungen, neurologische Theorien seien per se politisch gefährlich und imperialistisch und die Biologie nur ein perfider Diskurs, sowie das Dogma, dass die Gesellschafts- oder Kulturanalyse immer das letzte Wort zu jedem psychobiologischen Geschehen haben müsse, in anderem Licht erscheinen. Entscheidend ist nun, dass diese andere Inszenierung nicht durch das Nachbeten der immer gleichen altbekannten Axiome wider den Determinismus zustande kommt, sondern gerade durch ein Aufgreifen reduktiver neurologischer Hypothesen.

Nervenschwäche

Neurasthenie heisst «Nervenschwäche». Es handelt sich um eine Störung, die gewöhnlich in engem Zusammenhang mit der verfeinerten Kultur des ausgehenden 19. Jahrhunderts gesehen wird (Burke, Fribush und Stearns 2000). Klinisch gesprochen meint Neurasthenie eine Schwächung der Nerven als Ursache von Erschöpfung, Kopfschmerzen, Verdauungsstörungen, Verstopfung,

Lustlosigkeit und verminderter sexueller Aktivität. Den Begriff hat der amerikanische Arzt George Beard 1869 aufgebracht (Gosling 1987). Er schrieb ausführlich über die Symptome der Neurasthenie, deren Ursache er in der spezifisch amerikanischen Modernisierung des Alltagslebens während des ausgehenden 19. Jahrhunderts sah: «schlechte Lebensgewohnheiten, exzessiver Lebenswandel, Tabak, Alkohol, Sorgen und besonderer Nervenkitzel und sogar das Klima allgemein – wobei all diese sattsam bekannten Überreizungen zurücktreten gegenüber der einen vorherrschenden Ursache: der Zivilisation» (Beard 1895, 15). Das moderne Leben verursache eine «Anfälligkeit und Unstetigkeit der Nerventätigkeit», und dies wiederum erzeuge im Einzelnen eine «übergrosse Empfindlichkeit und Reizbarkeit» (Beard in Goodall 1996, 65).

Mit Beginn der 1880er-Jahre interessierte auch Freud sich zunehmend für die Neurasthenie, fasste sie jedoch viel enger als Beard.[2] Er vertrat die Ansicht, dass Neurasthenie nicht von Überanstrengung, Überarbeitung oder dem modernen Leben herrührte. Für Freud war die Neurasthenie immer und ausschliesslich eine sexuelle Neurose.[3] Überarbeitung und der Druck der Modernisierung konnten unter Umständen Neurasthenien auslösen, doch dies setzte eine bestehende Nervenschwäche infolge sexueller Dysfunktionen voraus: «Sexuelle Abnützung kann für sich allein Neurasthenie provozieren; wo sie allein dazu nicht hinreicht, hat sie das Nervensystem so weit disponiert, daß jetzt körperliche Erkrankung, depressiver Affekt und Überarbeitung (toxische Einflüsse) nicht ohne Neurasthenie vertragen werden. Ohne sexuelle Abnützung sind aber alle diese Momente nicht im Stande, Neurasthenie zu erzeugen, sie machen normal müde, normal traurig, normal körperschwach, aber sie liefern immer nur den Beweis, was ‹an diesen schädlichen Einflüssen ein gesunder Mensch vertragen kann›». (Freud 1893, 78).

Freud ordnete die Neurasthenie (wie auch die Hypochondrie und die Angstneurosen) der Kategorie der Aktualneurosen zu, die man heute vielleicht psychosomatische Erkrankungen nennen würde. Die Aktualneurosen unterschieden sich hinsichtlich ihrer Herleitung von den Psychoneurosen (Hysterie, Melancholie, Zwangsneurosen usw.). Freud war der Auffassung, die Ursachen der Aktualneurosen seien schlicht im Mangel an angemessener sexueller Befriedigung zu suchen. Die Kennzeichnung der Neurasthenie als eine solche Aktualneurose ermöglicht uns, zweierlei über ihre Ätiologie festzuhalten:

1. Die Neurasthenie entspringt den Besonderheiten im Leben des Patienten, wie es sich in der Gegenwart gestaltet, nicht Ereignissen aus seiner Kindheit oder verdrängten Konflikten. Das «Aktual-» im Begriff «Aktualneurose» bezieht sich auf Aktualität im zeitlichen Sinn eines Hier und Jetzt (Laplanche und Pontalis 1972). Insbesondere löst

Freud die Masslosigkeit bei der Selbstbefriedigung oder die fortgesetzte Praxis des Coitus interruptus als Verhaltensursachen der Neurasthenie heraus. Oder zumindest gilt das für Männer. Bei Frauen wird die Neurasthenie nur selten unmittelbar von der Masturbation ausgelöst, öfter dagegen von unzureichendem Geschlechtsverkehr mit einem neurasthenischen Ehemann: «Das Mädchen ist normalerweise frisch, nicht neurasthenisch. Auch die junge Frau ist es trotz aller sexuellen Traumen dieser Zeit. In selteneren Fällen zeigt sich Neurasthenie bei Frauen und alten Mädchen rein, und ist dann als spontan entstandene, auf die gleiche Art entstandene Neurasthenie anzusehen. Weit häufiger ist die Neurasthenie der Frauen von der der Männer abgeleitet oder mit ihr zugleich erzeugt.» (Freud 1893, 79). Das Überspringen der Neurasthenie vom Mann zur Frau ist nicht in erster Linie psychischer oder kultureller Art, sondern somatischer. Ein sexuell unbefriedigter Körper erzeugt den zweiten.

2. Symptome der Neurasthenie sind somatischer oder körperlicher Herkunft, nicht psychischer, und entziehen sich daher dem Einfluss der Psychoanalyse. «Das Wesentliche meiner seinerzeit aufgestellten und heute verteidigten Lehren über die Aktualneurosen liegt in der auf den Versuch gestützten Behauptung, daß deren Symptome nicht wie die psychoneurotischen analytisch zu zersetzen sind. Also daß die Obstipation, der Kopfschmerz, die Ermüdung der sog. Neurastheniker nicht die

historische oder symbolische Zurückführung auf wirksame Erlebnisse gestatten, sich nicht als sexuelle Ersatzbefriedigungen, als Kompromisse entgegengesetzter Triebregungen verstehen lassen wie die (eventuell selbst gleichartig erscheinenden) psychoneurotischen Symptome.» (Freud 1912*f*, 339). Die Mechanismen der Symptombildung bei der Neurasthenie sind unmittelbar somatisch, keine psychischen Kompromissbildungen, sondern wir begegnen ihnen in den «direkten somatischen Folgen der Sexualstörungen» (Freud 1916–17*a*, 403). Hier nun bezieht sich «aktual» auf die Unmittelbarkeit des Symptoms. Es gibt weder bei der Neurasthenie noch bei der Angstneurose eine Bedeutung zu entdecken und zu interpretieren. Freud war überzeugt, dass die Aktualneurosen eigentlich in das Gebiet der biomedizinischen Wissenschaft fielen.[4]

Freud (1895*b*) bietet eine Beschreibung der Symptombildung bei der Angstneurose (einer der Aktualneurosen), in der die Ätiologie deutlich ausformuliert ist. Im geschlechtsreifen Erwachsenen, so Freud, wird fast unablässig somatische Sexualerregung erzeugt. Sie sammelt sich an und erreicht irgendwann einen Grad, von dem an sie die Psyche beeinträchtigt. Insbesondere äussert diese Erregung sich «als Druck auf die mit Nervenendigungen versehene Wandung der Samenbläschen», der imstande sei, «den Widerstand der eingeschalteten Leitung bis zur Hirnrinde zu überwinden und sich als psychischer Reiz zu äußern» (334). Dies führt zur Besetzung oder Libidinisierung einer Reihe von sexuellen Vorstellungen in der Psyche. Es erzeugt dadurch eine Spannung, die nach Aufhebung verlangt. Die entsprechende Entlastung der libidinalen Spannung ist möglich nur durch einen «komplizierten spinalen Reflexakt, der die Entlastung jener Nervenendigungen zur Folge hat, und in allen psychisch zu leistenden Vorbereitungen für die Auslösung dieses Reflexes» (334). Freud nennt das die «spezifische oder adäquate Aktion», d. h. eine, die gleichzeitig zur Entlastung von somatischer und psychischer Spannung führt. Alles, was dahinter zurückbleibt, hat nur zur Folge, dass die angestaute somatische Erregung weiterhin die subkortikalen Widerstände durchbricht, sich in psychische Erregung umsetzt. Einen ähnlichen Ablauf vermutet Freud bei Frauen: «Es ist auch bei der Frau eine somatische Sexualerregung anzunehmen und ein Zustand, in dem diese Erregung psychischer Reiz wird, Libido, und den Drang nach der spezifischen Aktion hervorruft, an welche sich das Wolllustgefühl knüpft.» Angstneurosen treten bei Männern wie bei Frauen auf, wenn die somatische Erregung psychisch nicht verarbeitet werden kann. Neurasthenie entsteht, wann immer die adäquate Entlastung von der Erregung «durch eine minder adäquate ersetzt wird, der normale Koitus unter den günstigsten Bedingungen also durch eine Masturbation oder spontane Pollution» (334). Im Fall der Masturbation werden die Nervenenden nicht richtig entladen, und die somatische Spannung bleibt ungemindert. Sie erzeugt dadurch die Symptome der Neurasthenie.

Beard verortete den Ursprung neurasthenischer Empfindlichkeit und Reizbarkeit in Umständen der Kultur, die Druck auf Leib und Seele der Menschen ausübten. Freud unterstellte einen andersartigen neurasthenischen Mechanismus. Bei ihm ist es das Fleisch selbst, das die ätiologische Bürde der Neurasthenie zu tragen hat. Während die toxischen Einwirkungen körperlicher Erkrankungen, melancholischer Stimmungen oder Überarbeitungserscheinungen zu einer allgemeinen Ermattung beitragen können, entstehen die Symptome der Neurasthenie erst dann und nur dann, wenn das Nervensystem die aufgestaute somatische Spannung nicht durch eine adäquate sexuelle Aktion abbauen kann. Freud bemüht hier keine krude Biologie, sondern provoziert mit der Behauptung, ein sexualisiertes Nervensystem brüte neurasthenische Symptome aus. Den Nervenenden der Samenbläschenwandungen kommt entscheidende Bedeutung für eine zuträgliche Wanderung und Entladung somatischer und psychischer Erregung zu. Entsprechend wichtig sind sie für ein gewisses Mass an körperlichem und geistigem Wohlbefinden.

Anstatt nun kritische Warnungen vor einer Theorie auszugeben, die einen Penis-Hirn-Reflexbogen in den Mittelpunkt eines psychologischen Modells stellt, möchte ich ein wenig genauer erkunden, welche ontologischen Schlussfolgerungen diese Hypothese nach sich zieht. Anders gesagt geht es mir darum, die üblicherweise unter bestimmten kritischen oder politischen Geistern durch eine derartige Junktimierung von Nerven, Penis, Kortex und Psyche hervorgerufene Empörung, den einschlägigen Hohn und das ungläubige Staunen bewusst zu unterlassen. Ich will versuchen, genauer hinzuhören, ob uns eine solche Junktimierung möglicherweise nützliche kritische und politische Ansätze an die Hand gibt. Ist Freuds Kreislauf der Nerven-Penis-Kortex-Psyche eine Zusammenschaltung selbstständiger Komponenten zu bestimmbaren Ursache-Wirkungs-Beziehungen? Oder ergibt sie eine psychosomatische Ökonomie, in der jedes Element (Nerv, Penis, Kortex, Psyche) sich als Ergebnis dieser ökonomischen Strukturbildung darstellt? Falls Letzteres zutrifft (wie ich meine), so lässt sich die Identität von Penis und Kortex nicht im Voraus oder ausserhalb ihrer kreisläufigen Erregungsbeziehung ermitteln. Ebenso wenig ist dann die Differenz zwischen Körpernatur (Penis und Kortex) einerseits und Psyche andererseits zu bestimmen, insofern wir ja nicht mit Bestimmtheit sagen können, ob die Junktimierung von Samenbläschen und Psyche so zu verstehen ist, dass der erste Begriff den zweiten bestimmt und subsumiert. Wenn der Psyche von vornherein eine Kreisläufigkeit eignet, die Kortex, Nerven und Penis mit umfasst, so haben wir es mit einem System wechselseitiger Konstituierung zu tun, in dem sich kein einzelnes Element als der ursprüngliche Term und die anderen als Ableitung von ihm herauslösen lassen. In einem solchen Netz ist die Psyche tatsächlich kortexhafter, nervlicher, samenhafter Art, doch umgekehrt sind auch die Samenbläschen wesentlich psychisch konstituiert, ist auch der Kortex irreduzibel sexualisiert. Die Vorwürfe neurologischen Determinismus' greifen hier einfach zu kurz: Sie erfassen nur unzureichend die ontologische und relationale Komplexität, die mit diesem Modell Freuds einhergeht.

Hier gebietet sich eine theoretische Vorbemerkung, was die Relationalität angeht. Die Struktur, die ich bei Freud freilege, könnte man ein relationales oder dezentrales Netz nennen, jedoch nur, wenn bestimmte ontologische Voraussetzungen gegeben sind. Mir scheint, dass die Logik der Dezentralität nur dann von kritischem Wert ist, wenn sie sich einer Derrida'schen Vorstellung von Dissemination oder *différance* annähert – wenn also solche Dezentralität oder Relationalität konstitutiv für die einzelnen Komponenten ist (E. A. Wilson 1998). Die Verteilung auf vorstehend intakte Einheiten (Penis, Kortex, Psyche) im Sinne von Bestandteilen oder Untereinheiten ist nicht das, was sich aus meiner Interpretation von Freud ergibt. Diese zweite, problematische Auffassung weicht der eigentlichen Schwierigkeit aus, indem sie die einzelne, lokalisierte Instanz (Penis, Kortex, Psyche) sekundär auf Fragmente, Netze oder bewegliche Konstellationen verteilt. Stattdessen muss die Verteilung ursprünglich und konstitutiv für die Einzelelemente gedacht werden. Freud war sich im Klaren über die Erfordernis, die nervliche Verteilung mit Bedacht zu formulieren. Seine Bedenken äusserte er in einer wenig gelesenen, aber hoch gelobten Monografie «zur Auffassung der Aphasien» (1891*b*), in der er sich entschieden gegen Wernickes Theorie wendet, Aphasie sei eine Störung der Sprachzentren. Eine solche Theorie, so Freud, beruhe auf unzureichender Abkehr von den überholten Tendenzen zur Lokalisierung von geistigen Funktionen in Gehirnarealen aus der Zeit der Phrenologie: «Gegenüber der Neigung früherer medizinischer Epochen, ganze Seelenvermögen … an bestimmte Bezirke des Gehirns zu lokalisiren, mußte es als großer Fortschritt erscheinen, wenn Wernicke erklärte, daß man nur die einfachsten psychischen Elemente, die einzelnen Sinnesvorstellungen lokalisiren dürfe … Im Grunde aber begeht man nicht denselben prinzipiellen Fehler, ob man nun einen komplizierten Begriff, eine ganze Seelentätigkeit oder ob man ein psychisches Element zu lokalisieren versucht?» (165 ff.). Freuds anschliessende, unveröffentlichte Überlegungen zur Neurasthenie erproben diese Hypothese über die Verkettung von Vorgängen im Nervensystem, Assoziationen und Einflussnahmen auf weniger orthodoxem Gebiet.

In einem Manuskript, das zum Briefwechsel mit Wilhelm Fließ gehört, erweitert Freud (1895*a*) sein Modell der Neurasthenie über die Aktualneurosen hinaus, um damit auch die Psychoneurose der Melancholie zu erklären. Er postuliert eine «neurasthenische Melancholie», bei der exzessive Masturbation zu «bleibender Verarmung an somatischer Sexualspannung» geführt hat. Diese Schwächung des somatischen Systems resultiere in einer «Schwächung der psychischen Sexualgruppe», die als Melancholie erlebt wird. Ätiologie und Verlauf der Symptome neurasthenischer Melancholie werden in ihrer Eigentümlichkeit in einem Schaubild als Kreisbewegung der Erregung von Soma zu Psyche und zurück dargestellt. Endorgan, Spinalnerv, Ich und Sexualobjekt sind durch die Bewegung der Sexualspannung und der «Wolllustempfindung» über die Grenze zwischen Soma und Psyche hinweg verbunden. Das Schaubild in Abb. 1 ist eine Karte der psychosomatischen Struktur, wie sie in Fällen von Neurasthenie gestört wird.

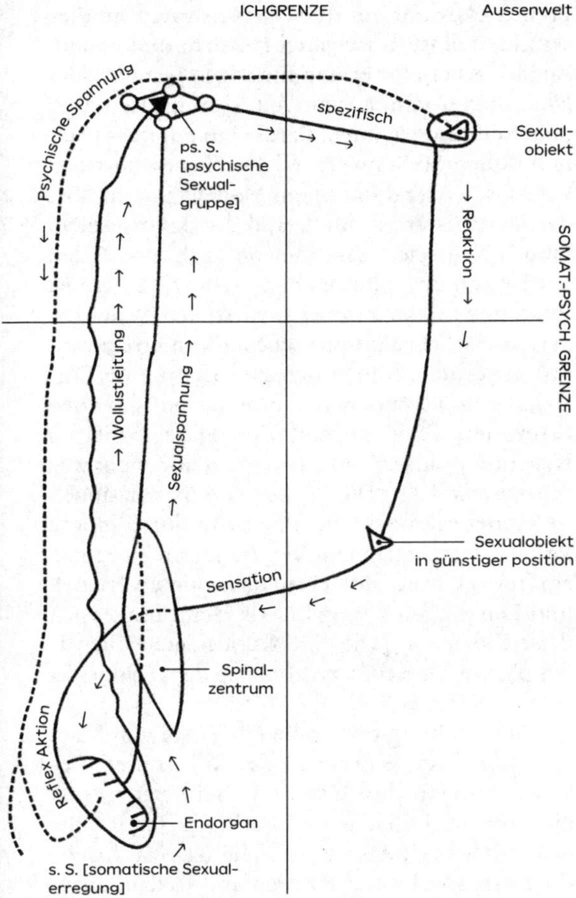

Schematische Abbildung der Sexualität.
Aus den Anfängen der Psychoanalyse. Geringe somatische Spannung im Endorgan (verursacht durch unmässiges Masturbieren) führt zu einer melancholischen «psychischen Hemmung,
[1] Triebverarmung und Schmerz darüber».

Freuds Umgang mit dem Nervensystem in diesem Modell ist in zweierlei Hinsicht interessant. Zunächst verleiht er den niedrigen Gefilden der Neurologie – dem peripheren Nervensystem und dem Reflexbogen (mehr darüber in Kapitel 4) – einen hohen Stellenwert. Nicht alles ist kortikal, kognitiv, wissend in seinem Modell. Zweitens ist das Nervensystem durch und durch körperlich. Freuds Neuronen funktionieren mehr wie Zellen aus Fleisch und Blut, nicht so sehr wie zerebrale Einheiten: «Man kann sich vorstellen, wenn die psychische Sexualgruppe sehr stark an Erregungsgröße verliert, bildet sich gleichsam eine Einziehung im Psychischen, die auf die anstoßenden Erregungsgrößen saugend wirkt. Die assoziierten Neuronen müssen ihre Erregung abgeben, was Schmerz erzeugt. Die Lösung von Assoziationen ist immer schmerzlich. Gleichsam durch innere Verblutung entsteht eine Verarmung an Erregung, am freien Vorrat, die sich an den anderen Trieben und Leistungen kundgibt. Als Hemmung wirkt diese Einziehung wie eine Wunde (siehe Theorie des physischen Schmerzes) analog dem Schmerz.» (Freud 1895*a*, 117).

Schwächung des Soma (als Folge von Masturbation bei Männern oder kulturellen Beschränkungen der Sexualität bei Frauen) löst eine melancholische Schwächung der Psyche aus – nicht weil das Somatische das Psychische dirigiert, sondern weil Soma und Psyche ontologisch ein Ganzes bilden. Schwäche in einem Teil dieses psychosomatischen Systems greift mit der Zeit auf den anderen über. Das entsprechende Symptom haben wir bereits in der Einführung kennengelernt: Die Konversionshysterie ist eine vom psychischen Trauma initiierte somatische Schwächung. Nicht zufällig entstanden die *Studien über Hysterie*, in denen Freud erstmals die Konversionshysterie untersuchte, ungefähr zur selben Zeit wie seine Arbeit zur Neurasthenie. In allen diesen Frühschriften entwirft er (mal mehr, mal weniger überzeugend) eine neurologisch basierte psychosomatische Struktur, wobei der Bezug zwischen deren Elementen eher denn die Elemente als solche die Beschaffenheit der Struktur bestimmen. Was wir Psyche, Kortex, Melancholie, Penis oder Reflex nennen, geht daraus als vernetzte Wechselwirkung hervor. Neuronen sind libidinal aufgeladen; Nervensysteme spielen einander Pathien zu; Neurosen schliessen bisweilen Systeme der Vorstellung kurz; Sexualität zirkuliert nicht nur zwischen den Endorganen, sondern auch durch das Ich und die Aussenwelt; ein kultureller Habitus verdankt sich der Körpernatur und diese der Psyche. Meine Einleitung und das vorliegende Kapitel berufen sich auf diese frühen Freud'schen Kartierungen, um zu zeigen, dass der Stoff der Nerven seiner selbst sicherer, flexibler, resilienter und forscher ist, als viele Kritikerinnen es sich bisher eingestehen wollten.[5] Das Bild eines energischen (aber nicht diktatorischen) Nervensystems wird in den folgenden Kapiteln mit Bezug auf Sexualität, Gefühlshaushalt und Evolution ausgestaltet.

Die entscheidende Aufgabe einer kritischen Deutung von Freuds Theorien zur Neurasthenie besteht nicht darin, Freud des Rückfalls in biologische Deutungsmuster des Psychischen oder kultureller Symptome zu überführen, sondern in einer Untersuchung, welche ontologischen Strukturen Freud vorschweben, wenn er mutmasst, dass Neuronen ihre Erregung an die Psyche «abgeben müssen». Welcher Art ist eine psychosomatische Struktur, wenn darin Soma und Psyche einander verpflichtet und nicht einseitiger Steuerung unterworfen sind? Während der Gedanke der wechselseitigen Verpflichtung eher in eine Richtung führt, die Bande zwischen Menschen oder, allgemeiner gesprochen, zwischen Akteuren beschreibt, verwendet Freud das «abgeben müssen» hier nicht in Anspielung auf menschliches oder bewusstes Handeln. Wir haben es nicht mit einer Verpflichtungsmetapher zu tun, jedenfalls soweit die Metapher in ihrem engeren Sinn die Bedeutung «Verpflichtung» von ihrem eigentlichen Geltungsbereich (der Sozialbeziehungen) auf die psychosomatische Aktion überträgt. Freuds Einbringen der «Verpflichtung» auf einer Ebene des neuropsychischen Verkehrs entnaturiert die menschen- und bewusstseinszentrierte Bedeutung, die sie ansonsten hat. Die Folge davon ist nicht, nervliche Aktion im Sinne eines «Müssens» zu deuten, sondern dieses Müssen durch seine Assoziation mit der Mikrobiologie interessant zu machen.[6] Das Müssen der Nerven ist dann eine von mehreren Möglichkeiten, das Verhältnis von Psyche und Soma so zu verstehen, dass es wechselseitige Einflussnahme zulässt, und zwar als eine konstitutive und prinzipiell unabgeschlossene Wechselseitigkeit. Nach Freud ergibt es wenig Sinn zu sagen, dass Neuronen den Bereich des Psychischen von vornherein bestimmen, da ja diese Neuronen selbst bereits zur Psyche in einem Verhältnis des Müssens stehen. Ebenso wenig kann die Psyche über das Nervensystem herrschen, wenn psychische Wirkungen von der Bewegung nervlicher Erregung abhängen.

Freud entwirft eine melancholische Ontologie des Schmerzes, des Blutens und der Verwundung, in der psychische und somatische Kräfte konstitutiv aneinandergebunden sind. Das System, auf das er hier anspielt, ist ein Kreislauf auf Basis einer Logik der Übertretung (Derrida 1978). Darin entsteht die Identität der Komponenten (Neuron, Psyche, Melancholie) und die Beschaffenheit des Kreislaufs selbst aus einer gewaltsamen, schmerzhaften Wechselbeziehung. In einer solchen Struktur wurde das entscheidende Problem des Determinismus als solches verschoben: Die Anklage, psychische Kräfte seien dem Soma unterworfen, ergibt keinen Sinn mehr, wenn das Soma selbst bereits psychisch, kognitiv und affektiv ist. Die Vektoren der Steuerung (was bestimmt was?) sind hier vollends und in alle Richtungen gestreut – was aber nicht heisst, sie seien nicht mehr nachzuvollziehen (als unsystematisches Aneinander zufallsbestimmter Verbindungen), sondern nur, dass man sie mit den überkommenen Parametern von Ursache und Wirkung, Ursprung und Herleitung nicht mehr eingrenzen kann. Das Einwirken der Nerven (Ursprung) auf die Psyche (Ergebnis) wird von Freud in eine Rechtfertigungspflicht des Ursprungs gegenüber dem Ergebnis umgeleitet. In einer solchen Struktur finden kritische Ängste vor (und orthodoxes Streben nach) einem unzweifelhaften Determinismus keinen Ansatzpunkt mehr.

Für Freud sind neurasthenische Symptome somatischer Natur; noch genauer könnten wir sie vielleicht nervöser Art nennen. Sie verraten eine Reizbarkeit und Überempfindlichkeit, die psychobiologisch und als solche nicht weiter zerlegbar ist. Ebendies erkannte Kramer in Lucy. Ausgehend von Freud will ich zeigen, wie rein kulturelle Erklärungsmuster der Neurasthenie (oder Depression) ausgerechnet den biologischen Starrsinn hervorbringen können, den sie eigentlich bekämpfen wollen. Neurasthenie oder Depression allzu vereinfachend kulturellen Zwängen zuzuschreiben hat zwangsläufig einschränkende Wirkung auch auf die Nervosität. Es wird die Nerven auf die Rolle eines Substrats reduzieren, an das eine von vornherein ängstliche Psyche andockt bzw. worauf ein erschöpfendes kulturelles Umfeld aufsetzt. Es schafft eine Struktur, in der die Nerven ein Stoff ohne Affekte und Nervosität und Melancholien immaterielle psychische Zustände ohne jegliche Anbindung nicht nur an das Nervensystem, sondern auch an Verdauung, Kreislauf und Ausscheidung sind. Tatsächlich offenbaren Angst und Schmerz – zwei vorrangige Themen in Freuds Schriften der 1890er-Jahre – (oft äusserst eindringlich) die enge Verwandtschaft zwischen dem System des Psychischen, der Verdauung, des Kreislaufs und der Ausscheidung. Diese Kreisläufigkeit wird im folgenden Kapitel eingehender erörtert.

Anhand einer heiklen biologischen Erläuterung der Neurasthenie gelingt es Freud, den biologischen Determinismus gründlicher aus den Angeln zu heben als die meisten nichtbiologischen Hypothesen. Die Leistungsfähigkeit des Freud'schen Modells würde ich dabei nicht dem Hereinnehmen kulturellen, metaphorischen oder diskursiven Handelns zuschreiben, sondern seinem genauen, nicht nachlassenden Aufmerken auf die formbare Aktualität der Nervenmaterie. Dem kritischen Potenzial einer solchen biologischen Durcharbeitung will ich nun in Kramers Erörterung des Zusammenspiels von Nervensystem und Depression weiter nachgehen.

Stress und neurologische Anregung

Wir befinden uns mitten in einer neurasthenischen Epidemie von der Art, wie Beard sie dokumentierte: der Stress-Epidemie. Und auf ähnliche Weise wie in Beards Thesen zur Neurasthenie wird Stress gewöhnlich der Überreizung und Überarbeitung, den Sorgen und Entbehrungen einer spätkapitalistischen, technikfixierten, informationsgierigen Kultur angelastet (Griggers 1997). Genau wie die Symptome der Neurasthenie sind auch jene des Stresses nicht einfach nur weit verbreitet, sondern zu einem für selbstverständlich genommenen Teil des Alltagslebens geworden (Goodall 1996; Martin 1997; Showalter 1997).

In einem der mittleren Kapitel von *Listening to Prozac* unterbreitet Kramer (1993) einige Thesen zur Beschaffenheit der Depression, die sich auf die Allgegenwart von Stress berufen. Kramer stellt uns Robert Post als einen Biologen vor, der auf die Chemie des Neurons spezialisiert ist, aber auch das Verhalten klinisch depressiver Patienten erforscht. Insbesondere interessiere sich Post für manisch-depressive (bipolare) Patienten, bei denen sich ein schneller Verlauf ausgebildet hat. Das sind Menschen, deren «Stimmung anscheinend jegliche Anbindung an gleich welche psychischen Reize verloren hat» und bei denen «sich die Gemütsregungen völlig von ihrem Erleben des Alltags abgekoppelt haben» (108). Post fand heraus, dass im Verlauf einiger Jahre bei allen diesen Patienten die Zeiten zwischen den depressiven Phasen immer kürzer wurden und dass jeder Depressionsschub von immer geringeren psychischen Anlässen ausgelöst wurde. Irgendwann hatte die Depression eine Eigendynamik entwickelt: Sie setzte ein und endete ohne erkennbaren Zusammenhang mit

Ereignissen der Aussenwelt, hatte also «funktionale Eigenständigkeit» ausgebildet.

Auf der Suche nach einer Erklärung für diese Art funktionaler Eigenständigkeit bei Patienten mit schnellen manisch-depressiven Verläufen sah sich Post von einem traditionellen Modell der Epilepsie angezogen. Im Tierversuch wurde nachgewiesen, dass man in gesunden Tieren epileptische Anfälle auslösen kann, indem man sie einer Abfolge geringer, anfangs untraumatischer Stromstösse aussetzt. Der erste Stromstoss löst keinen Anfall aus, doch mit der Zeit reagiert das Tier ohne Steigerung des Elektroschocks mit Anfällen, die zunächst klein und lokal begrenzt, am Ende aber schwerer und umfassender ausfallen. Ist das Gehirn einmal entsprechend «entfacht», so lösen immer schwächere Stromstösse die Anfälle aus. Hinzu kommt, dass dieses «Entfachen» im Gehirn Spuren hinterlässt. Das Anlegen elektrischer Spannung verändert die synaptischen Verbindungen im Gehirn. Diese Veränderungen der neuralen Anatomie lassen sich nachweisen, noch bevor die eigentlichen Anfälle auftreten.

Post folgend schlägt Kramer ein «Entfachungsmodell» auch für Ätiologie und Verlauf der Depression vor:

> Die manische Depression, und vielleicht jede Depression, … ist eine fortschreitende, wahrscheinlich lebenslange Störung. Sie kann auch bei Gesunden eingeleitet werden. Dieses

> Einleiten kann durch eine Abfolge minderer Reize geschehen, von denen zunächst keiner manifeste Symptome bewirkt. Die Latenzzeit bis zur vollständig zum Ausdruck gelangten Krankheit kann lang sein, und das Ausbleiben offenkundiger Symptome ist keine Garantie dafür, dass der zugrundeliegende Prozess nicht bereits begonnen hat. Ist die Krankheit einmal zum Ausdruck gelangt, so kann sie auf immer geringere Reize ansprechen und sich mit der Zeit ganz unabhängig von jeglichen Reizen machen. Auch wird der Ausdruck der Störung mit der Zeit komplexer. Schon die anfänglichen Reize werden in anatomische, kaum rückgängig zu machende Veränderungen im Gehirn übersetzt. Unterschiedliche Behandlungsweisen sind verschiedenen Stadien der Krankheit angemessen. Frühes und dauerhaftes Eingreifen ist entscheidend (1993, 114).

Vielleicht wurden die Gehirne traumatisierter Menschen Belastungen ausgesetzt, die sie wehrlos nicht gegen Anfälle, aber gegen Depressionsschübe gemacht haben. Ein schweres Trauma in der Kindheit (im Fall Lucys der gewaltsame Tod ihrer Mutter) kann unter Umständen schon ausreichen, um das Nervensystem so sehr zu schwächen, dass die betreffende Person im späteren Leben, ausgelöst von einem relativ milden Trauma, zu Depressionen neigt.[7] Vielleicht noch beunruhigender: Das Entfachen der Depression im Gehirn kann allein durch Belastungen des Alltags geschehen. Elizabeth Wurtzel zieht in ihrem autobiografischen Bestseller *Prozac Nation* dieses Modell des Entfachens zur Erklärung ihrer eigenen Depression heran: «Es ist nicht einfach so, dass eine von vornherein vorhandene Unausgeglichenheit zu Depressionen führt – sondern jahrelange exogene Depression (ein von äusseren Ereignissen verursachtes Unwohlsein) können die eigene innere Chemie einfach so sehr durcheinanderbringen, dass man ein Medikament braucht, damit sie wieder so funktioniert, wie sie soll. Wäre ich am Beginn meiner Depression von einem kompetenten Therapeuten behandelt worden, so hätte das Entfachen allein sie nicht in ein alptraumhaftes psychisches Fegefeuer verwandelt, und ich wäre ein Jahrzehnt später nicht so weit gekommen, dass ich Medikamente brauchte, um einfach nur morgens aus dem Bett zu kommen.» (346).

Wie die Neurastheniepatienten ist auch die depressive Patientin ein Opfer der Nervenschwäche. Und ebenso wie Freuds Modell der Neurasthenie verortet Kramers Entfachungsmodell die Depression psychopathologisch direkt (oder «aktual») in der somatischen Prägung. «Was diese Sicht der Depression etwa von traditionellen psychoanalytischen Modellen unterscheidet, ist die Einsicht, dass Narben nicht oder nicht nur im kognitiven Gedächtnis zurückbleiben – dass es dabei nicht nur um innere Konflikte geht .... Die Narbe besteht in einer veränderten Anatomie und Chemie im Gehirn. Ein Teil dieser Veränderungen im Gehirn ist das Gedächtnis: Vermutlich erinnerte Gedanken und Gefühle sind darin eingeschrieben auf eine Art, die Ähnlichkeiten mit dem Modell des Entfachens hat.... In diesem Sinn gehören sowohl die Hemmung in Gesellschaft als auch die Empfindlichkeit für Zurückweisungen dem Gedächtnis an. Das heisst, sie rühren nicht von der (kognitiven, emotional aufwühlenden, konfliktbehafteten) Erinnerung an ein Trauma her, sondern sie vertreten oder *sind* schlicht Traumaerinnerungen.» (1993, 123 f.).

Kramer vermutet eine unmittelbare neurokognitive Vernarbung bei einigen deprimierten Patienten, die andere Wege geht als die üblichen des Zeichengebens und der Symptombildung. Derartige Symptome der Depression (wie auch jene der Neurasthenie) erschliessen sich den Deutungsstrategien psychotherapeutischer Verfahren nicht: Sie symbolisieren weder etwas, noch rühren sie von unbewussten oder kindlichen Erlebnissen her.[8] Daher gibt es für Kramer an der Nützlichkeit von Fluoxetin als therapeutischer Intervention bei derartigen Fällen von Depression keinen Zweifel.

Neurologische Determinierung

Eine somatisch fundierte Beschreibung der Depression (wie Kramers Modell des Entfachens) würde normalerweise eine Theorie begünstigen, in der das Soma die Psyche bestimmt. Beispielsweise erläutert Kramer, wie die von Fluoxetin ausgelösten Verhaltensänderungen seine eigenen Ansichten vom Wesen der Depression verändert haben: «Diese Tatsache habe ich ‹auf Fluoxetin hören› genannt. Als ich darüber nachzudenken begann, wurde mir allmählich klar, wie weit mein eigenes Hören auf das Fluoxetin bereits ging. Meine Zeit mit Patienten, die auf Fluoxetin ansprachen, hatte meine Vorstellung, was Menschen zu dem macht, was sie sind, bereits verändert. Inzwischen sah ich angeborenes, biologisch vorherbestimmtes Temperament, wo ich zuvor einen langsam erworbenen, geschichtsbelasteten Charakter vermutet hatte.» (1993, xv).

Diese Stelle wird in Rezensionen und Kommentaren oft als Beleg für Kramers biologischen Determinismus angeführt. Demgegenüber meine ich, dass in diesen frühen, einführenden Erläuterungen eher Kramers Überdenken seines eigenen intuitiven Bekenntnisses zu rein psychologischen Modellen von Depression und Subjektheit zum Ausdruck kommt.[9] *Listening to Prozac* setzt nicht einfältig einen biologischen Determinismus an die Stelle eines psychologischen oder kultursoziologischen. Das Buch geht behutsamer vor, indem es das Wesen der Determinierung (d. h. die darin mitschwingende Gewissheit, Abgeschlossenheit, Entschlossenheit) als solches hinterfragt.[10] Wie Kramers klinische Fälle und empirische Beispiele zeigen, folgt die biochemische Determination (wie das Gemüt als solches) einer mehrdeutigen Logik:

Manche Menschen fühlen sich «besser als gut», wenn sie Fluoxetin nehmen, andere stellen fest, dass ein vertrauter, ihnen ans Herz gewachsener Charakterzug dadurch gemindert wird; manche erleben diese Veränderung als Verlust, andere stellen erleichtert fest, dass dadurch ihre Aufmerksamkeit auf andere Teile ihrer selbst gelenkt wird; manche Menschen reagieren auf bestimmte Dosen von Fluoxetin mit starker innerer Aufwühlung, andere sprechen darauf so gut wie nicht an, stellen aber fest, dass ein anderes SSRI-Antidepressivum ihnen unschätzbare Dienste leistet; und alle diese verschiedenen Reaktionen können auch bei derselben Person zu verschiedenen Zeiten auftreten. Sogar die am meisten gefürchteten Nebenwirkungen von Fluoxetin – verminderte Libido und verzögerter Orgasmus – treten in verschiedenen Formen auf, die belastend, kaum merklich, einigermassen hinnehmbar, unkontrollierbar oder leicht beherrschbar sein können. In einigen Fällen treten sie auch gar nicht auf.[11] Nirgendwo in *Listening to Prozac* wird das Nervensystem – ob mit oder ohne pharmazeutische Helfer – als alleinige Determinante der menschlichen Psyche in Anschlag gebracht. Im Gegenteil läuft Kramers feinsinniges Vernähen klinischer, experimenteller und chemischer Darstellungen des Nervensystems darauf hinaus, verschiedentlich analytische Bewegung in biologische und kultursoziologische Gewissheiten zu bringen: «Mein Ziel war nicht, eine moralische Auseinandersetzung beizulegen.

Ich wollte deutlich machen, dass eine solche Auseinandersetzung unausweichlich, beunruhigend und schwer zu einem Ende zu bringen ist.» (1997*a*, 318).

Wesentlich für die Argumentation, die ich hier verfolge, ist die Art und Weise, in der Kramer die unausweichlichen und beunruhigenden Ungewissheiten rund um das Wesen des Nervensystems zur Sprache bringt: nämlich anhand genauer, empirischer Betrachtungen dieser Nerven und ihrer Funktionsweisen. Wie übrigens auch Freud. Bei beiden wird das kritische Gespür durch neurologische Details angeregt und verstärkt. Das sorgfältige Herauslösen nervlicher Wirkungszusammenhänge (Welche Art Beeinflussung? Wann? Unter welchen Begleitumständen? Mit welchen Einschränkungen?) hebt den klassischen neurologischen Determinismus aus den Angeln. Das gilt sogar dort, wo ein Grossteil des neurologischen Detailwissens veraltet ist, wie bei Freud. Kramer und Freud gemeinsam zu betrachten ist insofern aufschlussreich, als beide zeigen, dass der neurologische Determinismus durch nichts so sehr infrage gestellt wird wie durch enge Vertrautheit mit der Neurologie und ihrem Gegenstand.

Kritische und politische Reaktionen auf *Listening to Prozac* waren dagegen sehr viel weniger angeregt von, oder auch nur interessiert an, neurologischem Detailwissen.[12] Ein Beispiel für solche Stellungnahmen ist die Kritik von Camilla Grigger (1997) an der Psychopharmakologie und Psychiatrie (sowie insbesondere an Kramers Buch). Ihre an Deleuze geschulte Antipsychiatrie geht einer eingehenderen Befassung mit neuro-psychischem Geschehen aus dem Weg; insbesondere dehnt sie den Begriff des Nervensystems weit über den Stoff der Neurologie hinaus auf das von Michael Taussig postulierte allgemeine «Nervous System» aus. Wie Taussig nennt sie das Nervensystem «ein System, das sich selbst mit der Illusion eines Nervenzentrums und einer hierarchischen Steuerung innerhalb des einzelnen Selbst beschirmt – das sich die Hermeneutik zueigen macht, während es diese zugleich als im Besitz des einzelnen Subjekts projiziert. Das Nervensystem ist das historische Ergebnis eines Erbes unorganisierter Gewalt, die sich als organisiertes Voranschreiten zu einem geordneten maschinischen Sozius gemäss der Ideologie der Moderne maskiert. Als solches treibt es nunmehr das postmoderne Regime der Willkür und Planung in der Nachkriegs-Rekonfiguration von Staat, Markt und Weltkonzernen an» (107).

In Griggers' daran anknüpfender Analyse bezieht sich der Ausdruck «Nervensystem» unterschiedslos auf ein biologisches System und eine Geschichte zirkulierender Gewaltverhältnisse. Zweck dieser Unbestimmtheit ist es, die konventionelle Absonderung biologischer Systeme von historischen, sozialen und ökonomischen zu durchbrechen. Mit dieser rhetorischen Geste wird das Nervensystem seinen historischen, sozialen und ökonomischen Determinanten erschlossen, doch finden sich die Sprengwirkungen dieser

Unbestimmtheit von Griggers nur in bestimmte Richtungen gelenkt, nämlich von den historischen, sozialen und ökonomischen Kräften hin zu den biologischen. Zwar legt Griggers ausführlich dar, was die Neurologie der Geschichte, Kultur und Wirtschaft zu verdanken hat, doch die entsprechenden Anleihen der Geschichte, Kultur und Wirtschaft bei den Nerven bleiben ungenannt. Da Griggers dem Axiom verpflichtet bleibt, dass neurologische und pharmazeutische Prägungen begrenzt und eingrenzend seien, verstellt sie sich selbst den Blick auf förderliche Wirkungen der Neurologie und Chemie auf Geschichte, Kultur und Wirtschaft – oder vielleicht genauer: Sie nimmt sich selbst die Möglichkeit, diese zur Sprache zu bringen. Da sie nicht geneigt ist, neurologische Einzelheiten genauer zu betrachten (denn diese «reterritorialisieren den Zusammenbruch als Individualität»), geraten ihr die Besonderheiten, Modulationen und natürlichen Wechselfälle des Nervlichen aus dem Blick. Und so findet sich trotz sorgfältig gepflegter terminologischer Vieldeutigkeit das Nervensystem als ein biologisches System aus den Kreisläufen ontologischer Streuung entfernt. Historische, soziale und ökonomische Determinanten werden derart vor tiefer liegenden Wirkungsverhältnissen in Schutz genommen, die Vorstellung des Nervengeflechts als einer dürren stofflichen Grundlage dagegen zementiert.

Um nun zu Kramers Problematik der serotonergen Pfade und des Todes einer Mutter zurückzukehren: Griggers führt vor, wie kortikale Bahnen mitunter von nicht neurologischen Gewalten durchbrochen werden (serotonerge Pfade können durch psycho-kulturelle Traumata wie den Tod einer Mutter gestört werden), doch die Streuwirkung des Nervensystems ist unterbunden. (Kann historisches, kulturelles oder ökonomisches Geschehen überhaupt serotonerger Art sein?) Griggers zufolge wirken Psychopharmazeutika in erster Linie unterdrückend, und eine serotonerge Geschichte ist immer die einer Normalisierung. In diesem Sinn fordert sie das weibliche Subjekt auf, einseitig die Kontrolle über seine serotonergen Determinierungen zu gewinnen: «Ob die Frau psychotrope chemische Behandlungen einsetzt, [um Begehren und Subjektbildung zu deterritorialisieren] ist nicht die entscheidende Frage. Entscheidend ist, ob die psychopharmakologische Maschine die Frau lenkt, oder ob die Frau diese Maschine in irgendeiner Weise zu einer geschichtsbewussten kollektiven Auffassung dessen hinführt, was eine sinnvolle gesellschaftliche Reaktion auf die Unterwerfung und das Frau-Werden unter dem aufgekratzten Nervensystem der postmodernen Kultur wäre.» (1997, 133).

Genau diese Gestalt von Lenkung und Kontrolle versuche ich zu unterlaufen. Anhand von Freud und Kramer nähere ich mich einer weniger katastrophisch doktrinären Vorstellung von nervlicher und serotonerger Determinierung. Denn mir erschliesst sich nicht, warum die beste Begründung für das (wichtige) Argument, «pharmazeutische Behandlung allein kann und sollte nie an die Stelle eines bewussten Verstehens der Sozialgeschichte der Gewalt und unseres jeweiligen Bezugs zu dieser Geschichte treten» (Griggers 1997, 144), darin bestehen soll, serotonerge Pfade der der historischen und sozialen Determinierung zu unterstellen. Das Register des Müssens, der wechselseitigen Verpflichtung, so meine Behauptung, wäre als Methode vielleicht ergiebiger, um Ordnung in das Verhältnis zwischen serotonergen Pfaden und dem Tod der eigenen Mutter zu bringen.

Indem Kramer in seinem Text entlang des neurologischen Determinismus vorgeht (nicht gegen diesen), zeigt sich in *Listening to Prozac* die ganze Fülle dessen, was neurologisches Denken zu leisten vermag. Kramers Modell des Entfachens bringt psychische Wirkungen in engen Bezug zu den anatomischen Konfigurationen des Nervensystems und erhellt so eine bestimmte Form nervlicher Ausdrucksbefähigung. Ebenso wie die Depression nervlicher Natur ist, ist auch die nervliche Natur depressiv. Das nervliche Substrat bewirkt nicht einfach nur Depression, es kann selbst geschwächt, neurasthenisch, depressiv werden: Das Nervensystem steht nicht neben seinen eigenen Wirkungen. Die Neurologie in diesem Sinn fällt bisweilen in sich zusammen. Sie braucht Worte und Chemikalien und affektive Einstimmung, um zu funktionieren. Eine dermassen geschwächte und deprimierte nervliche Konstitution unterstreicht das unvermittelte und manchmal melancholische Wesen der Körpernatur allgemein.

Politische Auseinandersetzungen mit einer so verstandenen Neurologie werden sich anders gestalten als jene, an die wir in der feministischen, antipsychiatrischen und sozialkonstruktivistischen Literatur gewöhnt sind. Ein sprechendes, wechselseitig verpflichtetes, libidinisiertes Nervensystem könnte sich als ergiebige Quelle für theoretische Erkundungen erweisen, nicht nur als gefahrvolles und lebloses Substrat, gegen das die Kritik mit voller Wucht ankämpfen muss. Eines der grössten Hindernisse in dem Bemühen, die Neurologie kritisch nutzbar zu machen, war bislang die Tendenz, das Nervensystem mit dem Zentralnervensystem und dieses mit der – entsexualisierten, berechnenden, autokratischen – Kognition gleichzusetzen. Um nun ein kritisch-empathisches Bündnis mit der Neurologie herbeizuführen, wechsle ich in den folgenden Kapiteln nicht nur zwischen Zentralnervensystem und peripherem Nervensystem, sondern auch zwischen Kognition, Affekt und Unbewusstem hin und her.

KAPITEL 1 — ENDNOTEN

• 1 In ihrer Rezension von *Listening to Prozac* von 1995 meint Judith Kegan Gardiner, Kramer vertrete eine ziemlich einfache Variante des biologischen Determinismus: «Er behauptet, dass [Fluoxetin] mehr leiste, als kranken Menschen wieder ihr früheres Selbst zurückzugeben; es mache sie ‹besser als gesund› und beweise so das Überwiegen physischer gegenüber psychischen Faktoren bei der Bildung des Charakters.» (503). Ähnlich: «Kramer zufolge beweist Fluoxetin, dass die Psychoanalyse falsch liegt, wenn sie das Elend von Erwachsenen auf seelische Traumata aus der Kindheit zurückführt. Er bevorzugt demgegenüber biologische und selbst evolutionstheoretische Argumente bezüglich der Funktionen von Stimmungen und Chemikalien im Gehirn.» (505 f.). Auffällig an dieser Einschätzung (sie erscheint mir typisch für viele feministische

Stellungnahmen zu *Listening to Prozac*; siehe auch Griggers 1997 und Zita 1998), ist der eilfertige Befund eines Biologismus bei Kramer. Falls «biologische und soziale Aspekte des menschlichen Charakters sich wechselseitig konstituieren» (512), wie Gardiner sagt: Warum wird Kramers Text dann nicht als ausgesprochen fesselnde Darstellung ebensolcher wechselseitigen Konstitution erkannt? Liegt es daran, dass Gardiner (wie so viele Feministinnen) diese konstitutive Wechselseitigkeit nur zulassen will, wenn die Gesellschaft auf den Leib des Einzelnen einwirkt, nicht aber umgekehrt? Warum sollte die Beschreibung einer wechselseitigen Konstitution nicht mit biologischen oder auch evolutionsbiologischen Argumenten untermauert werden? Ist nicht die Evolutionstheorie als solche eine Erklärung der wechselseitigen Konstitution von Organismus und Umwelt? (Diese Behauptung erörtere ich in den Kapiteln 4 und 5 eingehender.) In solchen Momenten offenbart sich das Bekenntnis des Feminismus zu einer Position der *gegenseitigen* Konstitution als unaufrichtig. Derartige feministische Analysen fallen zurück in einen Kulturdeterminismus, der ebenso engstirnig ist wie der biologische Determinismus, den er zu bekämpfen vorgibt. Mit meiner Lektüre von *Listening to Prozac* will ich zeigen, dass Kramer tatsächlich eine These der wechselseitigen Hervorbringung entfaltet, dass diese ein grosses Potenzial für feministische Politik enthält.

• 2 «Es ist schwierig, etwas Allgemeingültiges von der Neurasthenie auszusagen, solange man diesen Krankheitsnamen all das bedeuten läßt, wofür Beard ihn gebraucht hat. Die Neuropathologie, meine ich, kann nur dabei gewinnen, wenn man den Versuch macht, von der eigentlichen Neurasthenie alle jene neurotischen Störungen abzusondern, deren Symptome einerseits untereinander fester verknüpft sind als mit den typischen neurasthenischen Symptomen (dem Kopfdruck, der Spinalirritation, der Dyspepsie mit Flatulenz und Obstipation), und die anderseits in ihrer Ätiologie und ihrem Mechanismus wesentliche Verschiedenheiten von der typischen neurasthenischen Neurose erkennen lassen.» (Freud 1895*b*, 315).

• 3 Diese Hypothese deckt nur die Fälle erworbener Neurasthenie ab, in denen Vererbung oder familiäre Disposition als Ursache der Nervenschwäche ausgeschlossen werden können: «Daß Neurasthenie eine häufige Folge abnormen Sexuallebens ist, darf als bekannt gelten. Die Behauptung aber, die ich aufstellen und an den Beobachtungen prüfen möchte, ist die, daß die Neurasthenie überhaupt nur eine sexuelle Neurose ist.» (Freud 1950, 76).

• 4 «Die Probleme der Aktualneurosen, deren Symptome wahrscheinlich durch direkte toxische Schädigung entstehen, bieten der Psychoanalyse keine Angriffspunkte, sie kann nur wenig für deren Aufklärung leisten und muß diese Aufgabe der biologisch-medizinischen Forschung überlassen.» (Freud 1916–17*a*, 404).

• 5 In seinem Vorwort zum Buch *Living With Prozac* (Elfenbein 1995) nennt Kramer Selbstvertrauen, Flexibilität, Resilienz und Selbstbehauptung als mögliche Wirkungen von Fluoxetin auf ein melancholisches Temperament. Dieselbe Art struktureller Robustheit würde ich unserer nervlichen Ausstattung als solcher zuschreiben. Allzu oft, scheint mir, wird dieses für autokratisch, streng, patrarchisch gehalten. Sowohl Freud als auch Kramer haben einen feiner gestimmten, empathischen Bezug zu den Nerven.

• 6 Auch Derrida ist Freuds ausgesprochen sinnfälliger Umgang mit Metaphern aufgefallen (hier mit Bezug zur Metaphorik des Schreibens): «Freud handhabt sicher keine Metaphern, wenn das Handhaben von Metaphern Anspielung von Bekanntem auf das Unbekannte hin meint. Durch die Beharrlichkeit seiner metaphorischen Zernierung bewirkt er im Gegenteil, dass das, was man mit dem Begriff der Schrift zu kennen glaubt, rätselhaft wird.» Derrida, «Freud und der Schauplatz der Schrift», in: ders. 1972, 305.

• 7 Obwohl die Belastung durch elektrischen Strom und durch psychische Traumata dem Wesen nach verschieden sind, können beide ähnliche neuropsychische Wirkungen hervorrufen. Kramer (1999) erörtert Versuchsergebnisse, denen zufolge ein psychisches Trauma Veränderungen im endokrinen System bewirken kann, sodass sich die Verkabelung des Gehirns ebenfalls ändert. Diese Stressoren «können chemische und anatomische Veränderungen hervorrufen, deren Auswirkungen auf das Verhalten unter Umständen über einige Zeit unbemerkt bleiben». (118). Sexueller Missbrauch ist eine Form solcher Belastungen bei Menschen. Kramer zitiert eine Studie der U.S. National Institutes of Health, die auf Folgen sexuellen Missbrauchs in der Kindheit für das System der Stresshormone hinweist. Vier bis fünf Jahre nach dem sexuellen Missbrauch wiesen Mädchen, die solchem Missbrauch ausgesetzt waren, höhere Cortisolspiegel auf als die Vergleichsgruppe. Auch zeigte sich eine weitgehende Korrelation dieser Störungen im System der Stresshormone mit Depressionen. Kramer vermutet, dass unter Umständen das ursprüngliche Trauma selbst keine Depression hervorruft, diese Mädchen aber auf dem beschriebenen Weg anfälliger für Depressionen macht. Eine ähnliche Auffassung hat bereits Freud unter der Bezeichnung «Nachträglichkeit» entwickelt. Auch die aufkommende psychoanalytisch orientierte Literatur zur Nanobiologie des Traumas (z. B. Schore 1999) stützt dieses Modell des Psyche-Soma-Bezugs.

• 8 Selbstverständlich kann man auch glaubwürdig argumentieren, dass diese Symptome kultureller Dysfunktion entspringen. So werfen Griggers (1997) und Zita (1998) Kramer auch vor, nicht die kulturellen Strukturen zu benennen, die in Frauen Depressionen hervorrufen und nähren: «Kramer und andere Vertreter der Biopsychiatrie verstehen die Veränderung des Körpergedächtnisses nicht als Unterdrückung der Geschichte und Lebenserfahrung bestimmter gesellschaftlicher Gruppen und deren schädliche Folgen für die langfristige Heilung dieser Gruppen.» (Griggers 1997, 132); «Während Kramer solche [kulturellen] Probleme in *Listening to Prozac* aufwirft, verliert er die Schlussfolgerungen daraus aus dem Blick, sobald die lächelnden und glücklichen Gesichter seiner chemisch ‹wie neugeborenen› Gesichter seiner Klienten ihm die eigenen Zweifel und Hintergedanken vertreiben.» (Zita 1998, 70). Häufig spielen Stellungnahmen, die auf dem Primat einer Kulturanalyse der Depression insistieren, die Bedeutung therapeutischen Eingreifens auf verschiedenen Ebenen (der intrapsychischen, der mikrobiologischen) und mit unterschiedlichen Zeithorizonten (in diesem Leben; wenn möglich innerhalb weniger Wochen) herunter. Ich behaupte, dass solches Eingreifen nicht nur legitim, sondern unerlässlich ist. Was das angeht, setze auch ich mich mit der kulturellen Dimension wenig auseinander. Diese Haltung beziehe ich, um die Aufmerksamkeit der Kritik–wenigstens für einen Moment–auf die Vorteile neurologischer Analysen von Depression und Neurasthenie zu lenken.

• 9 Jede Unterstellung einer antipsychologischen oder antipsychoanalytischen Stossrichtung bei Kramer erwies sich spätestens mit seinem folgenden Buch (Kramer 1997*b*) als falsch, denn dieses stützt sich auf eine traditionelle (nichtbiologische) psychotherapeutische Literatur.

• 10 «Determinierung» im Sinne eines Setzens oder Umreissens von Grenzen, eines Abzirkelns, Definierens, Festlegens von Ausmass, Verortung oder Identität einer Sache.

• 11 Die Erlebnisberichte über Fluoxetin lassen diese Bandbreite erkennen: (Elfenbein 1995; Slater 1998; Wurtzel 1995). Metzl (2001) bietet eine nützliche und erfrischende Analyse der Erzählstrukturen, die solchen autobiografischen Berichten zugrunde liegen.

• 12 Jacqueline Zitas (1998) Analyse von Kramer, Fluoxetin und Feminismus wischt neurologische Details beiseite. Was sie an biochemischen Einzelheiten zu Fluoxetinhydrochlorid anführt, verbannt sie in die Anmerkungen, als sei es nebensächlich für jegliche noch zu entwickelnde kritische Standpunkte. Hewitt, Fraser und Berger (2000) sind da direkter: «Eine Erläuterung, wie Fluoxetin den Prozess der Neurotransmission beeinflusst, überschreitet die Möglichkeiten dieses Essays und ist in vieler Hinsicht auch unerheblich.» (164). Eines der bemerkenswertesten Details in Zitas makellos recherchiertem Artikel verbirgt sich in einer Fussnote und wird nicht kritisch aufgearbeitet: «Serotonin findet sich im Serum, in der Darmschleimhaut und im Zentralnervensystem; dabei enthält das Gehirn nur ein bis zwei Prozent des körpereigenen Serotonins.» (236). Zita argumentiert im Wesentlichen ausgehend vom Zentralnervensystem gegen Fluoxetin, obwohl der Wirkstoff zu 98 Prozent anderswo zu finden ist. Wie wichtig die Darmschleimhaut für ein Verständnis von Depression, Nervensystem und Körper gleichermassen ist, erörtere ich im folgenden Kapitel.

DAS GEHIRN IN DEN EINGEWEIDEN

Als Freud Frau Emmy von N kennenlernt, ist sie deprimiert, leidet unter Schlaflosigkeit, Halluzinationen und chronischen Schmerzen. Frau Emmy hat im Lauf von vierzehn Jahren zahlreiche hysterische Leiden durchgemacht und sich erfolglos verschiedenen Behandlungen unterzogen. Glücklicherweise lässt sie sich leicht hypnotisieren, und so wird sie zur ersten Patientin, die Freud nach der neuen therapeutischen Methode von Breuer behandelt: Massagen, Hypnose, Abreaktion.

Freud überweist Frau Emmy in ein Sanatorium und besucht sie dort zweimal täglich (morgens und abends). Bei jedem Besuch massiert er ihren ganzen Körper und hypnotisiert sie. Zu Beginn nutzt er ihre hypnotischen Zustände hauptsächlich dafür, sie einschlafen zu lassen und allgemeine Vorschläge zu machen, um die hysterischen Symptome zum Verschwinden zu bringen. «Sie ist ausgezeichnet zur Hypnose geeignet. Ich halte ihr einen Finger vor, rufe ihr zu: Schlafen Sie! und sie sinkt mit dem Ausdruck von Betäubung und Verworrenheit zurück. Ich suggeriere Schlaf, Besserung aller Symptome u. dgl.» (Breuer und Freud 1895*d*, 102 f.).

Einige Tage nach Beginn der Behandlung verfeinert Freud seine Technik. Er ermutigt Frau Emmy, unter Hypnose zu sprechen. Zunächst erkundigt er sich nach ihrem Gemütszustand: Warum ist sie so schreckhaft? Frau Emmy schildert daraufhin einige traumatische Episoden aus ihrer Kindheit: wie ihre Geschwister tote Tiere nach ihr warfen; wie sie unerwartet ihre Schwester in ihrem Sarg zu sehen bekam; wie ihr Bruder sich mit einem Laken als Gespenst verkleidete und sie erschreckte; wie sie ihre Tante im Sarg liegen sah und deren Kiefer plötzlich herunterklappte. Über einen Zeitraum von acht Wochen erkundet Freud diese und andere furchteinflössende Ereignisse, wobei er durch hypnotische Suggestion den von jeder dieser Episoden hinterlassenen «Eindruck» verscheucht. Er stellt fest, dass es ihm nicht gelingt, die erschreckenden Eindrücke mit einer allgemeinen Suggestion zu beseitigen, dass er sich jede Episode einzeln und zur Gänze anhören muss, um ihren hysterischen Eindruck zu verwischen.

Eines von Frau Emmys hartnäckigsten Symptomen sind Magenschmerzen. Am Beginn der Behandlung befragt Freud sie unter Hypnose nach den Ursprüngen ihres gastrischen Unwohlseins: «Ihre ziemlich unwillige Antwort war, das wisse sie nicht. Ich gab ihr auf, sich bis Morgen daran zu erinnern. Nun sagte sie recht mürrisch, ich solle nicht immer fragen, woher das und jenes komme, sondern sie erzählen lassen, was sie mir zu sagen habe. Ich gehe darauf ein, und sie setzt ohne Einleitung fort: Wie sie ihn herausgetragen haben, habe ich nicht glauben können, dass er tot ist.» (116).

Am nächsten Morgen stellt Freud fest, dass Frau Emmy schlecht geschlafen hat und die Magenschmerzen zurückgekehrt sind. Unter Hypnose bestätigt sie, dass sie nach dem Tod ihres Gatten lange Zeit ihren Appetit verloren und sich nur aus einem Pflichtgefühl heraus zum Essen gezwungen hatte. Da er erkennt, dass die Schmerzen aus dieser Zeit herrühren, geht Freud daran, die Nachwirkungen des plötzlichen Todes von Emmys Gatten, der Trauer und der erzwungenen Nahrungsaufnahme zu beseitigen: «Ich nehme jetzt die Magenschmerzen durch einige Striche über das Epigastrium [den Bereich oberhalb des Magens] weg.» (117).

Gegen Ende der Behandlung treten erneut Verdauungsstörungen auf. Eines Tages überrascht Freud Frau Emmy dabei, wie sie Teile ihres Mittagessens in den Garten hinauswirft. Er stellt bald darauf fest, dass sie seit einiger Zeit sehr wenig isst, und obwohl sie nicht unterernährt wirkt, scheint ihm «etwas Überernährung… immerhin anstrebenswert» (135). Frau Emmy klagt, dass sie wie schon ihr Vater nur sehr wenig isst und dass sie weder Quell- noch Mineralwasser trinken könne, weil dies ihre Verdauung auf mehrere Tage hinaus verderbe. Stattdessen trinkt sie nur dicke Flüssigkeiten wie Milch, Kaffee oder Kakao. «Dies trug nun unverkennbar den Stempel einer nervösen Elektion. Ich nahm eine Harnprobe mit und fand den Harn sehr konzentriert und mit harnsauren Salzen überladen.» (135). Er rät ihr zu mehr Trinken und gesteigerter Nahrungsaufnahme, doch darauf reagiert sie mit für sie ungewöhnlichem Aufbegehren: «‹Ich werde es tun, weil *Sie* es verlangen, aber ich sage Ihnen vorher, es wird schlecht ausgehen, weil es meiner Natur widerstrebt.›» (135). Am nächsten Tag stellt Freud bei seiner Visite fest, dass Frau Emmy seinen Anweisungen gefolgt ist und diese tatsächlich toxische Wirkung auf sie hatten. «Sie selbst fand ich aber liegend, tief verstimmt und in sehr ungnädiger Laune. Sie klagte über sehr heftige Magenschmerzen.» (135).

In der Zeit von Frau Emmys Behandlung (1888) stand Freud, wie er selbst sagt, «völlig unter dem Banne des *Bernheim*'schen Buches über die Suggestion» (Breuer und Freud 1895*d*, 130). Seine Methode hatte noch wenig gemein mit der psychoanalytischen Technik, die er in den folgenden Jahren entwickeln sollte. Insbesondere erkundete er nicht die Symbolbedeutungen der Episoden, die er auf hypnotischem Weg modifizierte[1], und er verliess sich noch sehr viel mehr als später auf das Mittel der direkten, belehrenden Einflussnahme. Als er beispielsweise Frau Emmy niedergeschlagen und mit Schmerzen vorfindet, versucht er sie einfach mit der Versicherung zu beruhigen, dass es nicht möglich sei, sich den Magen mit dem Trinken von Wasser oder vermehrtem Essen zu verderben, sondern diese Magenschmerzen mit Angst zu tun haben. An diesem Punkt stösst er auch an die Grenzen des von ihm gewählten Verfahrens:

> Offenbar hatte ich ihr mit dieser Aufklärung nicht den geringsten Eindruck gemacht, denn als ich sie bald darauf einschläfern wollte, mißlang die Hypnose zum ersten Male, und an dem wütenden Blicke, den sie mir zuschleuderte, erkannte ich, daß sie in voller Auflehnung begriffen, und daß die Situation sehr ernst sei. Ich verzichtete auf die Hypnose, kündigte ihr an, daß ich ihr eine 24stündige Bedenkzeit lasse, um sich der Ansicht zu fügen, daß ihre Magenschmerzen nur von ihrer Furcht kämen; nach dieser Zeit werde ich sie fragen, ob sie noch meine, man könne sich den Magen auf 8 Tage hinaus durch ein Glas Mineralwasser und eine bescheidene Mahlzeit verderben, und wenn sie bejahe, werde ich sie bitten abzureisen» (135).

Am nächsten Tag fand Freud sie «demütig und mürbe» vor. Auf die Frage, woher die Magenschmerzen kämen, antwortete sie: «Ich glaube, dass sie von meiner Angst kommen, aber nur, weil Sie es sagen.» (136). Unter Hypnose erinnerte sie sich in der Folge an einige ekelerregende Erlebnisse rund um das Essen und Trinken (kaltes Fleisch essen, weil die Mutter sie dazu zwang; mit einem kranken Bruder zu essen, der gewohnheitsmässig über die Teller hinweg in einen Napf spuckte; ein Magenkatarrh nach dem Trinken von verdorbenem Wasser in der Kindheit). Inzwischen schien Freud sein therapeutisches Gleichgewicht wiedergefunden zu haben: «Ich räumte mit diesem Instrumentarium des Ekels natürlich gründlich auf… Die therapeutische Wirkung dieser hypnotischen Erforschung war eine sofortige und nachhaltige. Sie hungerte sich nicht 8 Tage lang aus, sondern aß und trank schon am nächsten Tag ohne alle Beschwerden.» (137).

Ich nutze den Fall von Frau Emmy als Ausgangspunkt für Überlegungen zur Nervosität in den Eingeweiden, weil dabei im Mittelpunkt steht, inwieweit der Tod eines Ehemanns, die Widerstände und Ängste einer Patientin und die Autorität eines Analytikers nicht nur ideeller oder zerebraler, sondern auch gastrischer Natur sind. In diesem Kapitel geht es um die Nervlichkeit der Eingeweide. Wie sind das enterische Nervensystem und insbesondere die Innervierung des Verdauungstraktes beschaffen? Wie steuert dieses System psychische Ereignisse bzw. inwieweit wird es von diesen gesteuert? Die Psychoanalyse hat sich umfangreich über die Psychologie der Körperöffnungen des Verdauungstraktes (Oralität, Analität) geäussert, aber nur spärlich über die Vorgänge zwischen ihnen. Obwohl es jede Menge klinische und anekdotische Hinweise auf eine sehr bewegliche, hoch empfindliche, psychische Natur der Eingeweide gibt, wissen wir bis heute wenig über diesen Teil des Körpers. Der Fall Frau Emmys gibt ein vorläufiges Begriffsschema für Überlegungen zum Nervensystem jenseits des Kopfes ab. Er lenkt unsere Aufmerksamkeit darauf, wie das Nervensystem den gesamten Körper durchzieht und wie distale Körperteile (so auch der Magen) psychisch aktiv werden können.

Wie es scheint, wird die zeitgenössische biomedizinische Forschung zum Nervensystem in den Eingeweiden aber in Anschlag gebracht, um jegliche derartige Verbindungen zwischen Psyche und somatischer Peripherie zu leugnen. Eine ursächliche Beziehung zwischen psychischen Ereignissen und gastrointestinalen Störungen wird zwar weitgehend anerkannt, doch diese Einflussnahme zugleich von den Eingeweiden ferngehalten – nämlich auf das Gehirn eingeschränkt oder nur so vage wie möglich externen, gesellschaftlichen Belastungsfaktoren zugeschrieben. In diesem Kapitel unternehme ich eine Überblicksdarstellung dieser antipsychologischen Tendenz und erkunde anschliessend Aspekte einer möglichen Anbindung von Psyche und Neurogastroenterologie (insbesondere depressiven Episoden und gastrointestinalen Störungen). Ich konzentriere mich auf Freuds psychologische Verfahren aus der Zeit, bevor sie von Erklärungen entlang der Nerven und des Somas losgelöst wurden,[2] auf die Neurogastroenterologie, insoweit sie sich von psychischen

Einflussfaktoren abzugrenzen versucht, und auf klinische Daten, die ein Bild von der imaginären Anatomie der Eingeweide zeichnen. Mich interessieren also ältere Beschreibungen der Eingeweide, die sich zum Verhältnis von Soma und Psyche noch ambivalent oder widersprüchlich verhalten, und sie interessieren mich, weil sie die psychischen, nervlichen und mikrobiologischen Verbindungen noch nicht gemäss den Ansprüchen einer rationaleren, überzeugender wissenschaftlichen oder strenger psychoanalytischen Medizin gekappt hatten. Nach der Analyse neuropsychischer Kreisläufe in Kapitel 1 will ich auf diesem Weg zu einer schematischen Darstellung der Eingeweide gelangen, die sowohl in Begriffen der Übertragung als auch in solchen der Enterologie verständlich ist.

Das enterische Nervensystem

Das enterische Nervensystem (ENS) ist ein komplexes Nervengeflecht, das den Verdauungstrakt von der Speiseröhre bis zum Anus umhüllt und innerviert. Das ENS ist anatomisch weitläufig: Allein der Dünndarm des Menschen hat ebenso viele Neuronen wie das Rückenmark. «Dazu kommen noch die Nervenzellen der Speiseröhre, des Magens und des Dickdarms. Insgesamt finden sich mehr Nervenzellen in unseren Eingeweiden als im gesamten übrigen peripheren Nervensystem.» (Gershon 1998, xiii). Das ENS ähnelt dem Zentralnervensystem (ZNS) anatomisch und biochemisch mehr als irgendeinem anderen Teil des peripheren Nervensystems, zu dem es gehört. Anders als dessen sämtliche Bestandteile kann das ENS auch unabhängig von der Innervierung durch das ZNS agieren. Es wurde aus allen diesen Gründen auch schon «das Hirn im Bauch», «das enterische Minihirn» und «das zweite Gehirn» genannt.[3]

Uneinigkeit herrscht über den taxonomischen Stellenwert des ENS. Einige Zeit lang galt das ENS als Teil des parasympathischen Zweigs des autonomen Nervensystems (ANS).[4] Das ENS wurde, mit anderen Worten, für eine relativ einfache Schaltzentrale der Verdauungsprozesse gehalten. Die neuere Forschung schuf ein komplexeres Bild. So vertreten Goyal und Hirano (1996) die Auffassung, das ENS «lässt sich vielleicht am besten als ein verschobener Teil des Zentralnervensystems betrachten, der die Kommunikation mit diesem über die sympathischen und parasympathischen, zuführenden und wegführenden Nervenzellen aufrechterhält» (1106). Einigkeit besteht unter den Fachleuten auf diesem Gebiet darüber, dass das ENS ein von sympathischem und parasympathischem Zweig verschiedenes ANS-System ist und «eine Komplexität erkennen lässt, wie sie sich in keiner anderen Gruppe von Neuronen ausserhalb des Zentralnervensystems findet» (Furness und Costa 1987, 1).[5]

Aus etlichen biochemischen, anatomischen und funktionalen Erkenntnissen über das ENS ist inzwischen ein Gesamtbild von der Beschaffenheit dieser Komponente des menschlichen Nervensystems entstanden:

1. Es gibt zwei wichtige Nervengeflechte (Plexus) im ENS: Der myenterische Plexus steuert die Bewegung der Muskeln in der Darmwand; der submuköse Plexus, der am weitesten entwickelte des Dünndarms, regelt den Blutstrom und die Drüsensekrete in das Lumen des Dünndarms. Beide Plexus gestalten sich unterschiedlich von einer Spezies zur anderen,[6] aber auch innerhalb des Darms einer jeden (so ist der myenterische Plexus im rektalen Abschnitt des menschlichen Darms besonders dicht). Sie ändern sich auch mit dem Alter des Organismus. In jedem Plexus finden sich drei Klassen von Nerven: sensorische Neuronen (sie verzeichnen thermische, chemische und mechanische Zustandsveränderungen in den Eingeweiden), motorische Neuronen (sie steuern die Gefässerweiterung und Muskelbewegung), und Zwischenneuronen (die assoziative und vereinigende Verbindungen zwischen den anderen enterischen Nerven herstellen). Das ENS enthält ausserdem glia-artige Zellen in grosser Zahl (d. h. nichtleitende Nervenzellen, die andere schützen und unterstützen). Alle diese Nervenzellen im ENS ähneln funktional und morphologisch den Neuronen im Gehirn. Gershon (1999) ist der Auffassung, die anatomischen und chemischen Ähnlichkeiten zwischen ENS und ZNS brächten es mit sich, dass das ENS auch für ähnliche Krankheitserscheinungen anfällig ist wie das ZNS.

Die Alzheimer- und Parkinson-Krankheiten beispielsweise beeinträchtigen das ENS sehr ähnlich wie das Gehirn: «Sowohl die im Zusammenhang mit der Parkinson-Krankheit auftretenden Lewy-Körperchen als auch die Amyloidablagerungen und neurofibrillären Knäuel bei Alzheimer wurden auch im Darm der davon betroffenen Patienten gefunden. Denkbar ist, dass die ohne Autopsiedaten so schwer zu diagnostizierende Alzheimer-Krankheit eines Tages routinemässig durch eine Rektalbiopsie festgestellt werden könnte.» (35). Das ENS ist also ein anatomisch vielgestaltiges und funktional spezialisiertes Nervensystem, das grössere Ähnlichkeiten mit dem ZNS als mit anderen peripheren Nervensystemen aufweist. «Im Unterschied zu anderen autonomen Ganglien [Nervenbündeln], die hauptsächlich als Verteilerzentren für die vom ZNS einlangenden Signale dienen, sind die Ganglien des ENS untereinander verbunden und bilden ein Nervensystem mit Mechanismen zur Aufnahme und Verarbeitung von Information in einer Weise, wie man sie auch im Gehirn findet.» (Woods, Alpers und Andrews 1999, II 7).

2. Das ENS enthält alle Klassen von Botenstoffen des Nervensystems, die sich auch im ZNS finden. Serotonin wurde als besonders wichtiger Neurotransmitter des ENS erkannt. Der allergrösste Teil des Serotonins im Körper – nach Kim und Camillierei (2000) etwa 95 Prozent – wird in den Eingeweiden erzeugt, gespeichert und

verstoffwechselt, und auch das meiste Serotonin im Blut stammt aus dem Verdauungstrakt. Serotonin gilt als bedeutend für eine ganze Reihe von Verdauungsprozessen – insbesondere für die Darmsekretion, die Peristaltik (es löst sowohl die Kontraktion als auch die Lösung der Darmmuskeln aus), die Übelkeit und das Erbrechen.[7] Gastrointestinale Störungen (wie Verstopfung oder Übelkeit) sind häufige Nebenwirkungen der Gabe von selektiven Serotonin-Wiederaufnahmehemmern (SSRI), und dazu passt, dass Medikamente zur Regelung des Serotoninhaushalts im Darm sich als hilfreich für den Umgang mit funktionalen gastrointestinalen Beeinträchtigungen wie dem Reizdarmsyndrom erwiesen haben. Mit Stand 1999 waren mindestens 30 verschiedene Botenstoffe im Gehirn nachgewiesen, die sich allesamt auch im ENS fanden, darunter Amine (Acetylcholin, Noradrenalin, Serotonin), Aminosäuren, Purine, Peptide und Stickoxide.

3. Es findet relativ wenig direkter Nervenverkehr zwischen Eingeweiden und Gehirn statt. Der Vagusnerv als Verbindung zwischen Gehirn und Darm besteht nur aus wenigen Tausend Fasern. Ausserdem sind die meisten vagalen Fasern zuführend, d. h., sie übertragen Information von der Verdauung zum Gehirn. Dagegen gibt es nur sehr wenig unmittelbare Innervation in die entgegengesetzte Richtung, also vom Gehirn zum Darm. Der Dünndarm des Menschen enthält mehr als hundert Millionen Nervenzellen. Daher sind die meisten

enterischen Nerven mit anderen enterischen Nerven verbunden, nicht mit dem Gehirn oder dem Rückenmark. Das ENS ist – anatomisch und biochemisch – einigermassen abgeschottet gegen das Einwirken des Zentralnervensystems. Gershon (1999) neigt allerdings dazu, diese Unabhängigkeit zu überzeichnen: «Das enterische Nervensystem folgt nicht unbedingt Befehlen, die es vom Gehirn oder dem Rückenmark erhält. Es sendet auch nicht zwingend die erhaltene Information dorthin zurück. Das enterische Nervensystem kann nach eigenem Dafürhalten Daten verarbeiten, die seine Sinnesrezeptoren selbstständig aufnehmen, und es kann auf Basis dieser Information eine Reihe von Erfolgsorganen aktivieren [Muskeln, Drüsen, Blutgefässe], die es allein steuert. Das enterische Nervensystem ist also kein Knecht des Gehirns, sondern ein Querdenker. Es ist der einzige Bestandteil des peripheren Nervensystems, der unter Umständen nicht nach der Pfeife des Gehirns oder des Rückenmarks tanzt.» (17).

Dieses Bild des ENS als eines Renegaten im System lässt eine sehr viel grössere Absonderung des ENS vom ZNS vermuten, als es der Wirklichkeit entspricht.[8] Das Verhältnis zwischen ENS und ZNS – weitgehende Unabhängigkeit bei indirekter Verbundenheit (oder «Verschiebung», wie Goyal und Hirano meinen) – ist nicht einfach zu erfassen. Woods u. a. (1999) beschreiben den Sachverhalt in rechentechnischen und kybernetischen Begriffen:

> Das frühere Verständnis [der Innervation im ENS] verlegte den «Rechner» ausschliesslich ins Gehirn, das heutige dagegen Schaltkreise von «Mikroprozessoren» in die Darmwand und in unmittelbare Nähe der Effektor-Systeme [Muskeln, Drüsen, Blutgefässe]… Anstatt die neuralen Steuerungseinheiten ausschliesslich in das ZNS zu packen und jedes Byte an Steuerungsinformation auf lange Übertragungswege zu schicken, sind bei den Wirbeltieren die meisten Schaltkreise für autonomische Rückkopplungssteuerungen ganz nahe an den Effektorsystemen angeordnet… In dieser Hinsicht verhält sich das ENS analog zu einem Kleincomputer mit seinen eigenen Programmen, und das Gehirn entspräche in diesem Vergleich einem grösseren Zentralrechner mit umfangreichen Speicher- und Verarbeitungskapazitäten, dessen Schaltungen vom enterischen Rechner Information erhalten und ihm Befehle erteilen. (II 7–II 8).

Die Grenzen, die dieser erweiterten Computeranalogie gesetzt sind (beispielsweise übertragen Nervenzellen Information nicht in einer Weise, die Kabeln oder Halbleitern ähnlich ist), verunklaren eher den Versuch von Woods u. a., das Verhältnis zwischen ENS und ZNS neu zu verstehen (in denen lokale Schaltkreise grösseren Aggregaten von Schaltkreisen zuarbeiten, ohne doch von diesen gesteuert zu werden). In Fachkreisen ist man sich mehr oder weniger einig, dass konventionelle Schemata der Steuerung peripheren Geschehens durch das Gehirn (im Sinn einer Zentralverwaltung durch den Kortex) auf das ENS nicht anwendbar sind. Daraus entsteht eine Tendenz, dieses ENS als unabhängig vom Zentralnervensystem zu fassen. Ein vertracktes Problem ist unter Fachleuten aber die Frage, wie man die Loslösung des ENS vom ZNS begrifflich zufriedenstellender fassen kann: Wenn das konventionelle, hierarchische Verständnis nicht mehr genügt und wenn auch Begriffe der Unabhängigkeit und Autonomie denselben problematischen Bezug eher nur replizieren: Wie lässt sich die Wechselwirkung zwischen diesen Nervensystemen besser begreifen?

4. Verschiedene Bereiche des Verdauungstrakts sind von unterschiedlichen Teilen des Nervensystems innerviert. Das ZNS steuert die oberen Teile (Speiseröhre und Magen) und die distalen Teile (Anorektum) des Verdauungstrakts; sehr viel weniger direkte Innervierung findet sich im Dünndarm und Dickdarm, die vor allem vom ENS gesteuert werden. Die vom Zentralnervensystem gesteuerten Verdauungsprozesse sind dem Bewusstsein zumeist zugänglich (Schlucken, Anfänge der gastrischen Verdauung, Defäkation) und bieten sich daher vorrangig der psychologischen (insbesondere psychoanalytischen) Spekulation an. Die hauptsächlich vom ENS regulierten Teile der Eingeweide (Magen, Dünndarm, oberer Dickdarm) entziehen sich zumeist unserem Gewahren,

bis sie kollabieren (Durchfall, Verstopfung, Reizdarmsyndrom). Dessen ungeachtet wurden und werden Tätigkeiten in den mittleren Bereichen der Verdauung häufig in psychologischen Zusammenhängen verzeichnet. In vielen Fällen von Hysterien, Angstneurosen, Neurasthenien und Melancholien im 19. Jahrhundert spielen Störungen der Verdauung eine Rolle. So berichtete Freud schon früh Wilhelm Fließ über einen Herrn von F., einen typischen Neurosefall, dem «Frische und Spannkraft» fehlten; «ferner ist regelmäßig dabei schlechter Magen, d. h. Empfindlichkeit gegen Speisen und Aufstoßen und träger Stuhl». (Freud 1894*a*, 109). Der Neurosezustand bei diesem Patienten ist «deutlich intervallär», und dieser ist in der Lage, die einsetzende Nervenschwäche anhand des Aufstossens selbst zu erkennen. Sehr viel später bemerkt Freud in einer seiner gelungensten Fallgeschichten (des Wolfsmannes): «Für die Eßstörung möchte ich die Bedeutung einer allerersten neurotischen Erkrankung in Anspruch nehmen.» (Freud 1918*b*, 132). Im heutigen klinischen Kontext stehen Irritationen des Magens, Dünn- und Dickdarms im Mittelpunkt der Diagnose somatoformer Störungen.[9] Die Diagnose einer Somatisierungsstörung (der heutige psychiatrische Fachbegriff für die Hysterie) erfordert beispielsweise, dass neben Schmerzen in mindestens vier verschiedenen Körperregionen oder mit einer Verbindung zu vier verschiedenen Körperfunktionen «ausserdem eine Geschichte von mindestens zwei weiteren gastrointestinalen Symptomen neben den Schmerzen vorliegen muss… Die meisten Personen mit der Störung berichten vom Auftreten von Übelkeit und Unterleibsblähungen. Erbrechen, Durchfall und Nahrungsmittelunverträglichkeiten sind weniger verbreitet. Gastrointestinale Beschwerden ziehen oft Röntgenuntersuchungen nach sich und können chirurgische Eingriffe im Unterleib zur Folge haben, die sich im Nachhinein als unnötig erweisen.» (American Psychiatric Association 1994, 446). Das ENS ist also nicht weniger eng mit seelischen Zuständen verbunden als das ZNS, und die Eingeweide werden innerviert durch etliche neuroenterischen, endokrinen und zerebralen Ereignisse sowie durch Gefühlsschwankungen, Verstimmungen und Übertragungen.

Psychoenterologie

Die Bedeutung psychischer Ereignisse für das Funktionieren der Verdauung ist weithin anerkannt: «Das Reizdarmsyndrom steht bei manchen Patienten in Verbindung mit einem veränderten Magen-Darm-Transit, verschiedenen manometrischen Abweichungen im Dünn- und Dickdarm, gesteigerter viszeraler Empfindung und psychischen Erscheinungen wie Depression und Angst.» (Kim und Camilleri 2000, 2702). Die Richtlinien von Talley (2001) in der Zeitschrift *The Lancet* zum Vorgehen beim Reizdarmsyndrom stellen eher auf

Übertragungswirkungen als auf biomedizinische Zusammenhänge ab:

> Zu den Eckpunkten des Umgangs mit dem Reizdarmsyndrom gehören eine positive klinische Diagnose, Untersuchungen zum Ausschluss anderer Krankheiten und bei Bedarf gezielte Medikamentengabe zur Linderung der wichtigsten Symptome. Beruhigung, Erklärung, Beratung zu möglichen auslösenden Faktoren und die Erkundung psychischer Problembereiche können therapeutisch wirken. Nachuntersuchungen zur Bestimmung des Ansprechens auf die Behandlung und zum Verfestigen dieser allgemeinen Prinzipien scheint ebenfalls einigen Wert zu besitzen. Eine über den Zeitraum von 30 Jahren durchgeführte Kohortenstudie ergab, dass ein gutes Verhältnis zwischen Patient und Arzt mit einer deutlichen Verringerung der folgenden Arztbesuche einhergeht. Ein Placebo bringt hervorragende Therapieergebnisse. Die Placeboantwort bewegt sich bei kurzfristigen Tests zwischen 30 und 80 Prozent und kann mit fortgesetzter Dauer sogar noch weiter ansteigen. (2062).

Während die biomedizinische Literatur die Bedeutung der Psyche für Verdauungsstörungen anerkennt, hat sie andererseits Mühe, das Spektrum möglicher Beziehungen zwischen Psyche und Eingeweiden zu verstehen. Aus klinischen Daten und anderen Anhaltspunkten ergibt sich die Notwendigkeit, auf Gemütsstimmungen, Bindungen, Traumata und chronisches Unbehagen zu achten. Dennoch haben die meisten Autoren Schwierigkeiten, dies mit den verfügbaren biomedizinischen Daten zu vereinbaren. Auf die eine oder andere Art versuchen die meisten, die Psyche auf Abstand zu den Eingeweiden zu halten.

Für Talley (2000) gehören psychische Faktoren (z. B. ein gutes Verhältnis zwischen Arzt und Patient) zum «allgemeinen Umgang» mit dem Reizdarmsyndrom. Eigentlich geht es in seinem Beitrag aber um etwas anderes, nämlich um die Behandlung des Reizdarms mit Medikamenten, die den Serotoninspiegel in den Eingeweiden regulieren sollen. Der Reizdarm ist eine der häufigsten funktionalen Störungen des Magen-Darm-Trakts (d. h. solcher Störungen ohne erkennbare körperliche Grundlage), und funktionale Störungen der Verdauung treten in der Klinik häufiger auf als organische Erkrankungen der Eingeweide (Jones u. a. 2000). Talley erwartet, dass die «abwertende» Einstufung des Reizdarmsyndroms als einer funktionalen Störung irgendwann aufgegeben und dieses als eine organische Darmerkrankung (eventuell mit einer genetischen Komponente) anerkannt wird. Wenn es so weit ist, soll sich die Behandlung des Reizdarms mehr auf die eigentliche Physiologie der Darminfektionen und -entzündungen sowie auf Medikamente zu deren Prävention oder Eindämmung konzentrieren.[10] Als abwertend an der

Terminologie des «Funktionalen» gilt Talley die darin enthaltene Annahme einer psychologischen (hysterischen) Kausalität. Den Reizdarm aus seiner funktionalen Klassifikation zu retten ist gleichbedeutend mit der Rettung der daran Leidenden vor der Unterstellung, ihr Leid spiele sich (wie Fräulein Elisabeths Muskelschmerzen) nur im Kopf ab, und gibt der Verdauung ihren eigentlichen enterischen (nicht: psychischen) Status zurück. Talley hält psychische Ereignisse also für peripher, wenn es darum geht, eine Ätiologie und Behandlung des Reizdarms herauszuarbeiten. Oder vielleicht genauer: Er erachtet psychische Ereignisse als Metaaspekte («allgemeiner Umgang»), die sich einem enterologischen Vorgehen nicht erschliessen und darauf keinen Einfluss haben. Für Talley ist das, was in den Eingeweiden passiert, nur in zweiter Linie oder gar nur zufälligerweise psychischer Natur.[11]

Diese Flucht aus der psychologischen Ätiologie (alles nur im Kopf) ist eine häufige Reaktion der Biomedizin auf Ansätze zur Behandlung funktionaler Magen-Darm-Störungen. Woods u. a. (1999) beispielsweise anerkennen, dass «Schmerzen im Unterleib, Durchfall, Übelkeit, veränderte Essgewohnheiten und Erbrechen allesamt Manifestationen emotionaler oder traumatischer Belastungen sein können» (II 8) und dass der Darm durch lokale Nervenmechanismen in der Darmwand gesteuert wird. Sie bestätigen somit nicht nur die Bedeutung psychischer Ereignisse auf den Darm, sondern auch die Wahrscheinlichkeit, dass Mechanismen des ENS eine wichtige Rolle für sein Funktionieren spielen. Nicht vorstellen wollen oder können sie sich dagegen, dass das Nervensystem der Eingeweide unter Umständen eine Psyche der Eingeweide hervorbringt. Für Woods u. a. finden psychische Ereignisse in einem gewissen Abstand zum Darm statt, und die Psyche der Eingeweide wird durch die Innervation des ZNS (nicht des ENS) gesteuert: «Die Tatsache, dass antidepressive Medikamente einige Symptome funktionaler Magen-Darm-Störungen lindern, weist darauf hin, dass Störungen der höheren Gehirnareale sich auf den Strom der Anweisungen an den Darm auswirken ... Belastungssymptome und Verhaltensänderungen (z. B. Schlafstörungen, Muskelverspannungen, Schmerzen, veränderte Essgewohnheiten, abnormaler Krankheitsverlauf) im Zusammenhang mit funktionalen Magen-Darm-Störungen sind wahrscheinlich Ausdruck geringfügiger Fehlfunktionen in den Hirnkreisläufen, die für Interaktionen höherer, die Ausgabe an den Magen-Darm-Trakt bestimmender kognitiver Funktionen und Zentren bestimmend sind, nicht jedoch psychiatrischer Krankheiten als solcher.» (II 8). Derartige zusammenfassende Aussagen erwecken den Eindruck eines Nervensystems, in dem (kognitive) Zentren höherer Ordnung Ursprung und Ausgangspunkt psychischer Ereignisse sind. Wenn psychische Ereignisse auch auf Magen und Darm einwirken, so geschehen sie doch eigentlich anderswo (nämlich im Gehirn).

Immer wieder kehren Forscher auf dem Gebiet der Neuro-Gastroenterologie zur Vorstellung des ZNS als einzigen Ursprungs psychischer Einflussnahme zurück, während sie sich zugleich für komplexe, multifaktorielle Modelle funktionaler Verdauungsstörungen aussprechen. Drossman (1999) behauptet etwa, die neuere Forschung zu den funktionalen Magen-Darm-Störungen habe sich von einseitig ausgerichteten Modellen psychosozialer Einflüsse (wie Stress) auf den Darm entfernt und «einem ganzheitlicheren, biopsychosozialen Modell der Krankheit» angenähert (II 1). Er meint, dass diesen Störungen eine «reziproke Wechselwirkung physischer und psychosozialer Prozesse» zugrunde liege (Drossman, Creed, Olden, Svedlund, Toner und Whithead 1999, II 25). Diese reziproke Wechselwirkung entfalte sich entlang der «Hirn-Darm-Achse», einem lose definierten Schaltkreis, der ENS, Rückenmark und ZNS verbindet (Willemsen 2000). So interessant derartige Modelle sein mögen – bislang ist den Bestandteilen einer solchen Achse und deren Wechselwirkungen noch nicht die nötige konzeptuelle Aufmerksamkeit zuteilgeworden (siehe Kapitel 1). Insbesondere prägt das ZNS nach wie vor die Auffassung der Psyche. Psychische Ereignisse werden auf die höheren Nervenzentren eingegrenzt, von wo sie ihren Weg hinunter zum Darm finden. Die «reziproke Wechselwirkung» erweist sich einfach nur als eine Hin-und-Her-Bewegung von einem Ende des Körpers zum anderen. Was zunächst vielversprechend als ein Modell heterogener «biopsychosozialer» Wechselwirkungen beginnt, ist am Ende doch wieder einseitig ausgerichtet in gerade der Weise, die Drossman vorgeblich zu vermeiden sucht: «Wir betonen ein ganzheitlicheres biopsychosoziales Verständnis dieser Symptome und gehen davon aus, dass sie durch eine Kombination von Darmtätigkeit, Motorik, Sensorik und ZNS-Tätigkeit hervorgerufen werden: der Hirn-Darm-Achse. Demzufolge besitzt extrinsische Information (Sehsinn, Geruchssinn usw.) oder enterozeptive Information (Emotionen, Gedanken) der Natur ihrer Nervenverbindungen zu den höheren Zentren entsprechend die Fähigkeit, Sinnesempfindung, Motilität, Sekretbildung und Entzündungen im Magen-Darm-Trakt zu beeinflussen.» (1999, II3).

Obwohl die Hirn-Darm-Achse möglicherweise ein praktikables Schema der ENS-ZNS-Verbindungen ergibt, ist sie in funktionaler wie auch psychischer Hinsicht zu schlicht gedacht. Innervation zieht keine Runden durch Darm, Rückenmark und Hirn wie ein Bolide auf einer Rennstrecke. So werden Nervensignale im Darm über anatomisch weitläufige Nervennetze verteilt, und in diesen enterischen Plexus werden sie «verstärkt, abgeschwächt oder noch anders moduliert» (Gershon 1998, 11). An verschiedenen Stellen der vermeintlich geraden Hirn-Darm-Achse finden sich Wirbel, in denen die empfangenen Innervationen gebündelt, transformiert, abgedämpft, verteilt, dupliziert oder verstärkt werden. Diese Nervenkomplexe bilden eine Reihe von «Minihirnen» – Orten psychischer Intensität – mit der Eigenschaft, den axialen Signalverkehr anzuhalten und umzuleiten. Die Vorstellung von psychischer Wirkung aus einiger Entfernung («Störungen in höheren Hirnzentren») enthält ein falsches Bild von der in Wirklichkeit hochgradig dezentralen und kommunikativen Natur der Nervensysteme in unserem Körper. Dass Antidepressiva manche Symptome von funktionalen Magen-Darm-Störungen lindern, beweist nicht unbedingt, dass das ZNS auf den Darm wirkt. Es könnte ebenso gut beweisen, dass solche Medikamente eine antidepressive Wirkung auf den Darm selbst haben. Nicht nur Seele und Geist werden über das Gehirn durch SSRI revitalisiert; auch die dem Darm eigene Beseeltheit gewinnt dadurch an Selbstvertrauen, Flexibilität, Resilienz und Entschlossenheit.[12] Das ENS hat, mit anderen Worten, sein eigenes neuropsychisches Profil: die verschiedenen Plexus in Magen und Darm bilden neben den Netzen für Sensorik und Motilität noch weitere für Gemütsstimmung, Affektregulierung und Bindungsverhalten.

Zahlreiche Forscher nutzen Daten zum ENS, um Behandlungsansätze bei funktionalen Störungen des Magen-Darm-Trakts zu überdenken. Sie machen sich dabei aber ein entstelltes Bild vom psychischen Geschehen. Die oben genannten Texte neigen dazu, psychische Ereignisse auf kognitive zu reduzieren und in geradezu überschwänglicher Art psychische Unausgewogenheiten mit schweren psychischen Krankheiten gleichzusetzen. Tatsächlich sind psychische Ereignisse vielgestaltiger. Sie erschliessen sich nicht einfach dem Bewusstsein, unterstehen nicht der Führung des Willens und lassen sich auch nicht durch entsprechende Rahmenbedingungen steuern. Viele, tatsächlich sogar die meisten psychischen Ereignisse laufen unbewusst ab oder sind angeboren, entspringen dem Temperament oder Affekt. Kognitionen sind nur die am leichtesten zugänglichen unserer seelischen Befähigungen, und andererseits markieren psychiatrische Krankheiten das am leichtesten erkennbare Ins-Leere-Laufen einer kognitiv ausgerichteten Epistemologie. Schon die Launen und Schwankungen alltäglicher Unausgeglichenheit – Unsicherheit, Verlust, Scham, Wut, Unentschlossenheit – erfordern eine Theorie des Seelenlebens, die weitergedacht und weniger am Primat von Vernunft, Selbstkontrolle, Urteilskraft und gesundem Menschenverstand festgemacht ist. Würde die Landschaft der Psyche umfassender in den Blick genommen und beispielsweise als ein Gebilde angeborenerweise affektgeladener Nervensysteme gesehen, so wären psychische Ereignisse auch umstandsloser in biomedizinische Beschreibungen der Verdauungsfunktion zu integrieren.[13] Dass es Talley, Woods und Drossman anhaltend nicht gelingt, den Stellenwert der Psyche auf enterologischer Ebene zu erfassen, zeugt von der seltsam entkörperten Art und Weise, in der wissenschaftliche Beschreibungen der Kognition entstehen, und davon, dass das ZNS zum Inbegriff ebendieser Vorstellung von Kognition geworden ist.[14]

Gershon (1998) setzt sich viel entschiedener und klarer mit diesem Dilemma von Psyche und Verdauung auseinander. Während Talley, Woods und Drossman jegliche psychische Einwirkung auf die Eingeweide möglichst aus diesen selbst zum ZNS hin verlagern, scheint Gershon daran gelegen, die Eingeweide vom Einfluss der Psyche – einschliesslich des ZNS – zu befreien, so gut es eben geht: «Wenn wesentlich enterisch gesteuerte Verhaltensweisen des Darms gestört sind, so folgt daraus keineswegs, dass die Signale des enterischen Nervensystems erratisch werden, *weil das Gehirn sie dahingehend abgewandelt hat*. Da das Hirn im Kopf auf das Zweithirn [gemeint ist das ENS] einwirkt, ist selbstverständlich denkbar, dass ein wirrer Geist unter Umständen seine Probleme auf das enterische Nervensystem überträgt und im Zuge dessen auch Funktionen durcheinanderbringt, die eigentlich an das Zweithirn delegiert sind. Doch nichts hält das enterische Nervensystem davon ab, selbst unabhängig von jedem Einfluss des ersten Hirns auf das zweite enterisches Fehlverhalten auszubilden.» (177).

Gershon kommt deutlich weiter als seine Kollegen, wenn es darum geht, den spärlichen Daten zur Verbindung von Hirn und Darm über den Vagusnerv Erkenntnisse abzuringen. Die anatomische Autonomie des ENS von ZNS geht so weit, wie Gershon hofft, dass man das ENS weitgehend von psychischer (d. h. ZNS-)Einflussnahme abschirmen kann. Mit der Zeit sollen die funktionalen (d. h. psychischen) Aspekte von Magen-Darm-Erkrankungen in zunehmend spezifischen enterologischen Begriffen umformuliert werden. «Heute gelten funktionale Darmerkrankungen als ein Komplex von Symptomen ohne Verbindung zu einer Pathologie. Schon bald, so meine Überzeugung, wird diese Liste verschwinden. Sie wird ersetzt durch eine Palette evidenter, in sich schlüssiger Krankheiten. Morbus Crohn war einmal eine funktionale Darmerkrankung, doch als man ihre Pathologie entdeckte, wurde sie aus dieser Verwandtschaft entfernt.» (Gershon 1998, 187). Wie Talley hofft auch Gershon, dass die neurogastroenterologische Forschung die Eingeweide irgendwann unabhängig von Einwirkungen der Psyche machen werden. Er hält psychologische Theorien von Verdauungsstörungen sogar für «primitiv» (1977) und «übernatürlich» (178). In seiner deutlichsten Ausprägung nimmt dieser Antipsychologismus Züge eines Widerstands gegen die Psychoanalyse an: «Wenn gar nichts mehr hilft, berufe dich auf eine Psychoneurose.» (177). Wilhelmsen (2000) bringt ähnlich die Neurologie in Stellung, um Freud auszutreiben: «Auch nach Jahrzehnten der Erforschung gibt es bis heute keinen Beweis für die Annahme, dass sich Emotionen irgendwo im Körper ‹aufstauen› können und dass sich seelische Konflikte in somatische Symptome oder Krankheiten verwandeln, wenn sie nicht aufgelöst werden. Im Gegenteil... führen unaufgelöste seelisch-geistige Konflikte zur Aktivierung des zentralen Nervensystems... und der autonomen Systeme.» (IV 5).

Anders als Gershon und Wilhelmsen gehe ich davon aus, dass Freud unser heutiges neurologisches Verständnis der Eingeweide so sehr bereichert hat wie nichts anderes. In ihren Anfängen setzte sich die Psychoanalyse mit dem innervierten Körper in einer Weise auseinander, die die Appetenzen des Nervensystems und des psychischen Systems füreinander hervorkehrte. Verglichen mit den blutleeren, ausgeweideten Theorien der Kognition bewies die psychoanalytische Theorie eine viel grössere Affinität zu nervlichen Tatsachen. Bei Frau Emmy etwa spielen sich die Übertragungsbeziehungen zu Freud nicht einfach in ihrem Kopf (oder ihrem Hirn) ab, sondern wesentlich auch in ihren Eingeweiden. Diese Beziehungen sind sehr viel eher serotonerg, vagal und mukosal als kognitiv. Ihre Verdauung reagiert direkt auf psychische Belastungen («Sie selbst fand ich aber liegend, tief verstimmt und in sehr ungnädiger Laune. Sie klagte über sehr heftige Magenschmerzen»), und das nicht einfach, weil eine Weitergabe von Informationen durch höhere kortikale Zentren stattgefunden hat, sondern unmittelbarer aufgrund der Konsanguinität zwischen Magen-Darm-Trakt und Gemütsstimmung. Für eine wirksame Behandlung von Frau Emmys Zustand ist es notwendig, diese natürliche Affinität zwischen Eingeweiden und Psyche anzuerkennen. Freud wird klar, dass er ihre Symptome nicht auf didaktischem oder kognitivem Weg beseitigen kann; stattdessen wirkt er lokal und psychologisch über die Haut und indirekt auf Muskeln, Drüsen, Nerven und Ängste ein («Ich nehme jetzt die Magenschmerzen durch einige Striche über das Epigastrium weg.»).[15]

Freuds frühe Texte ringen um eine Erklärung, die Nerven und Magen und Furcht und Gram zusammendenken. Sie sind beispielhaft für zeitgenössische Theorien des Nervensystems, insofern sie das Rätsel neuro-psychischer Wechselwirkungen zu einem solchen erklären. Die Feststellung, dass Freuds Neurologie überholt ist oder seine damaligen psychologischen Methoden noch ungenügend waren, ist sicher das Einfachste, was man über diese Texte sagen kann. Wichtiger daran scheint mir, dass Freud darin eine Hinwendung zum Übertragungscharakter der Nerven suchte. Seine veralteten Methoden veranschaulichen nichtsdestoweniger eine Konsanguinität von Nerven, Psyche und Eingeweiden, mit deren Verständnis sich selbst die raffiniertesten Forschungsansätze der heutigen Zeit noch schwertun.

Depression der Eingeweide

Das ENS steht im Kontakt mit einigen anderen Nerven- und Körpersystemen. Daran scheitert jede

Behauptung seiner grundsätzlichen Autonomie oder Unabhängigkeit. Die meisten Forscher auf dem Gebiet ringen um eine angemessene Begriffsbildung zum Verhältnis zwischen ENS und ZNS, d. h. mit einer Umformulierung altmodischer Vorstellungen von einer Hierarchie der Nervensysteme, in der das Gehirn die Peripherie dirigiert. Sie ringen umso mehr darum, die Launenhaftigkeit der Schnittstelle zwischen ENS und Psyche zu verstehen. Während sie die klinische Bedeutung von Zuständen der Depression, Belastung, Angst oder Affektgeladenheit für die Eingeweide anerkennen, artikulieren sie diese nicht in einer Weise, die dem mikrobiologischen Geschehen gerecht wird: Sind manche Entzündungen möglicherweise depressiv? Und andere zornig? Wie verteilen die enterischen Plexus nicht einfach nur Handlungspotenziale, sondern auch Ängste, Enttäuschungen oder Kummer?[16] Im vorangegangenen Abschnitt habe ich behauptet, dass die Eingeweide ein natürliches Bündnis mit psychischen Geschehnissen eingehen und dass sie etwas an sich haben, das sie zu einem ausgesprochen leistungsfähigen Organ der Psyche macht. In diesem letzten Abschnitt gehe ich dieser vermuteten Affinität zwischen Eingeweiden und Gemüt insbesondere mit Bezug zur Depression weiter nach.

Ein psychisch unfruchtbares ENS erscheint wenig plausibel, sobald wir einen auffälligen Aspekt der Eingeweide in Betracht ziehen: dass sie eine der wichtigsten Instanzen sind, durch die der

Kontakt zwischen Aussenwelt und Körper stattfindet. Woods u. a. (1999) fassen diese Verbindung zum Draussen als Gefahrenquelle auf: «An seiner Stelle im Dickdarm begegnet das mukosale Immunsystem Tag für Tag einer der am meisten kontaminierten Schnittstellen zwischen Körper und Aussenwelt. Das System ist permanent Antigenen aus der Nahrung, Bakterien, Viren und Toxinen ausgesetzt. Physische und chemische Barrieren an der epithelialen Schnittstelle halten die grosse Antigenbelastung insgesamt nicht ab, was zur Folge hat, dass das mukosale Immunsystem chronisch stark gefordert ist.» (II 12). Gershon (1998) vergleicht den Darm mit der Haut: Beide bilden Grenzen zwischen Selbst und Welt. Im Fall des Darms gestaltet sich diese Grenze derart, dass die Aussenwelt durch uns hindurch wandert: «Der von der Darmwand umschlossene Raum, das Lumen, ist Teil der Aussenwelt. Das offene Rohr beginnt beim Mund und endet am Anus. Wie paradox es auch erscheinen mag: Der Darm ist ein Tunnel, der dem Draussen einen Weg durch unsere Mitte bereitet. Was sich im Lumen des Darms befindet, ist damit zugleich tatsächlich ausserhalb unseres Körpers.» (84). Charles Darwin stellte ähnliche Beobachtungen mit Bezug auf Regenwürmer an: Er hielt fest, dass der fruchtbare Humus an der Oberfläche der Erde unzählige Male den Nahrungskanal der Würmer durchlaufen hat (siehe Kapitel 5). Darwin zufolge ist ein Grundbestandteil unserer organischen Welt das Produkt einer innerleiblichen Umgebung. Mit Bezug zur heterogenen Entstehungsgeschichte der Eingeweide bei den wirbellosen Tieren bemerkt Darwin, dass insbesondere der Darm zur Umstülpung von Innen und Aussen bestimmt scheine: «Man könnte zahlreiche Fälle anführen, wie bei den niederen Tieren ein und dasselbe Organ zu derselben Zeit ganz verschiedene Verrichtungen besorgt; atmet doch und verdaut und exzerniert der Nahrungskanal in der Larve der Libellen wie in dem Fische Cobitis. Wendet man die Hydra wie einen Handschuh um, das Innere nach außen, so verdaut die äußere Oberfläche und die innere atmet.» (Darwin 1876, 212). Für ein Innenorgan unterhält das Gedärm also eine bemerkenswert enge Verbindung zur Aussenwelt.

Was die Aussenwelt in der psychischen Sphäre hervorbringt, sind deren Beziehungen zu anderen und darüber auch die Ausbildung des Ichs. Erst die Dynamik intersubjektiver Beziehungen ermöglicht es einem Selbst, zu wachsen und sich zu verstetigen. Diese Beziehungen zu anderen sind psychisch wirksam nur in dem Mass, in dem sie auch verinnerlicht (aufgenommen, absorbiert, ausgeschieden) werden.[17] Doch auch für den Bereich der Psychodynamik gilt, dass die Verinnerlichung von Beziehungen zu anderen hauptsächlich in Begriffen der Bewusstseinsbildung diskutiert wird. Mit den Fortschritten der Psychoanalyse und abnehmender Bedeutung der Triebtheorie wurde auch die Biologie der Übertragung (wie diese sich in Körpern und zwischen diesen gestaltet) weniger selbsterklärend. Zugleich interessierte sich die Psychoanalyse zunehmend für die Rolle des Gehirns bei der Integration der Erfahrung anderer. Ungeachtet der Bandbreite solcher neuer psychoanalytisch-neurologischer Synthesen (z. B. Schore 1999) habe ich die Sorge, dass die Bewusstseinszentriertheit dieser Ansätze im Verein mit ihrer Begeisterung für das ZNS eher die Vorstellung bekräftigt, das Internalisieren eines guten Umgangs mit anderen sei ebenso wie die schädlichen Folgen traumatisierender oder destruktiver Beziehungen zu anderen etwas, das sich im Kopf abspiele (und nur in zweiter Linie einen Bezug zum Körper habe). Wie die Internalisierung von Beziehungen zu anderen insgesamt biologisch gesehen abläuft, muss erst noch geklärt werden, und diese Klärung erfordert ein Verständnis der Verkörperung von psychischem Agieren jenseits des ZNS. Insoweit die Eingeweide auf die Aussenwelt eingestimmt sind, sind sie auch ein lebenswichtiges Organ für das Aufrechterhalten von Beziehungen zu anderen.

Depression ist ein Zusammenbruch der Beziehungen zu anderen. Die tragende Wirkung anderer ist dabei verloren gegangen, sei es chronisch oder plötzlich, und das Selbst kann sich nicht mehr zusammenhalten. Es zerfällt entweder in affektlose Erstarrung oder Gemütserregung (manchmal paradoxerweise in beide zugleich). Psychodynamisch gesprochen ist Depression eine chronifizierte, unflexible Reaktion auf den Verlust eines anderen.

Das Selbst verarmt angesichts von Vereinsamung und Verletzungen und kann in diesem Zustand die anderen nicht mehr erreichen (weder im eigenen Inneren noch in der Aussenwelt). Die biochemische These zur Depression befasst sich mit einer anderen Art von Verarmung: einer plötzlichen Abnahme der Konzentration von Botenstoffen in den Synapsen des ZNS. Bei allen Unterschieden der beiden Herangehensweisen verstehen beide ein Kollabieren der Verdauung als ausschlaggebend in der Ätiologie der Depression. Freud war sich seit seinen frühesten Untersuchungen im Klaren über die engen Verbindungen zwischen Verdauung und Psyche, insbesondere zwischen Essen und Melancholie. In einem frühen Manuskript versuchte er sich Wilhelm Fließ gegenüber an einer neurologischen Erklärung der Melancholie. «Die berühmte Anorexia nervosa der jungen Mädchen» (1895*a*, 113), schreibt er, sei die Parallele zur Melancholie auf der Ebene der Nahrungsaufnahme. Während die Melancholikerin einen Verlust der Libidobindungen erleide, verliert die Anorektikerin ihren Hunger. «Die Kranke gab an, einfach darum nicht gegessen zu haben, weil sie keinen Appetit hatte, nichts anderes.» (113).[18] In einem zeitgenössischen psychiatrischen Kontext wird Appetitverlust zur Diagnose von Gemütsstörungen allgemein und Depression im Besonderen genutzt. Eine grosse depressive Phase beinhaltet Veränderungen des Gemüts und «mindestens vier weitere Symptome aus einer Liste, die auch Veränderungen des

Appetits oder Gewichts anführt» (American Psychiatric Association 1994, 320). Während einer Depression kommt es häufig zu Appetitverlust, und die Betroffenen haben mitunter das Gefühl, dass sie sich wie Frau Emmy «zum Essen zwingen müssen». (320).

Möglicherweise sind Einverleibung und Verdauung nicht einfach nur Metaphern für die Verinnerlichung, sondern «aktuale« Mechanismen, mit denen wir einen Bezug zu anderen herstellen. In diesem Fall wären krankhafte Erscheinungen in den Eingeweiden nicht Platzhalter für Störungen auf Bewusstseinsebene, sondern eine andere, nämlich enterisch ausagierte, Form gestörter Beziehungen zu anderen. Die grossen Serotoninvorräte in den Eingeweiden, die morphologischen Ähnlichkeiten zwischen Darmnerven und Hirnnerven sowie der eindeutig psychische Charakter der Verdauungsfunktion deuten allesamt darauf hin, dass bei der Depression nicht nur das Bewusstsein getrübt, sondern auch das Gedärm durcheinander ist. Damit will ich sagen, dass psychodynamische und neuroenterologische Daten gemeinsam ein Schema der Depression ergeben können, in dem das nicht Essenwollen zwar kein Abreissen der Verbindungen zu anderen, aber doch eine direkte Unterbrechung des Verbundenseins mit ihnen bedeutet. Dass man sich während einer Depression zum Essen zwingen muss (oder kaum damit aufhören kann), entspricht dem Ringen um einen Umgang mit schwierigen, lose gewordenen oder ganz abgebrochenen Beziehungen zu anderen Menschen und zur Aussenwelt insgesamt. Die damit verbundenen Probleme des Magen-Darm-Trakts – Unterleibsblähungen, Übelkeit, Erbrechen, Verstopfung, Durchfall – sind enterisch ausagierte Formen dieses Elends.

Das Versagen der Eingeweide ist ständiges Thema in Andrew Solomons (1998, 2001) Beschreibung seiner schweren Depressionen. Je emotional anfälliger er wurde und je schlechter er schlief, umso mehr begann er «unregelmässig zu essen und dabei selten Hunger zu haben» (1998, 46). Ausserdem geriet er in Panik: «Ich lag schlaflos im Bett und umarmte mein Kissen, um mich selbst zu trösten. Zwei Wochen – es war der Tag vor meinem 31. Geburtstag – verliess ich meine Wohnung einmal, um Essen einzukaufen; grundlos wie versteinert vor Angst verlor ich die Kontrolle über meinen Darm und beschmutzte mich selbst. Ich rannte nach Hause, zitterte am ganzen Körper und legte mich ins Bett, konnte aber nicht schlafen und auch am folgenden Tag nicht aufstehen.» (46).

Sein Zustand verschlechtert sich danach weiter. Er hat das Gefühl «einer körperlichen Not und akuten, unerträglichen Unwohlseins, aus dem es keine Befreiung gab – als würde ich mich ununterbrochen übergeben, hätte aber keinen Mund» (48). Während er sich allmählich von seinem ersten depressiven Zusammenbruch erholt, erlebt er einen brutalen Rückfall, der sein Gemüt ebenso wie seine Verdauung erfasst. Nachdem er sich hinreichend erholt hat, um mit einem Freund ins Kino zu gehen, gerät er beim Nachhausekommen erneut in seelische Not:

> Kaum zu Hause, spürte ich panische Angst und Traurigkeit in Dinosauriergrösse wiederkehren. Ich ging auf die Toilette und übergab mich immer wieder, als wäre mein akutes Empfinden meiner Einsamkeit ein Virus in meinem System. Ich dachte, dass ich alleine sterben würde und dass es keinen guten Grund zum Weiterleben gab, und ich dachte, dass die normale und reale Welt, in der ich aufgewachsen war und in der, wie ich glaubte, andere Menschen lebten, sich nie mehr öffnen und mich einlassen würde. Und während diese Offenbarungen mir durch den Kopf schossen, kotzte ich auf den Boden der Toilette, und die Säure wanderte die ganze Speiseröhre entlang hinauf, und als ich Luft holen wollte, atmete ich meine eigene Galle ein. Ich hatte seit einiger Zeit grosse Mahlzeiten gegessen, um wieder zuzunehmen, und ich hatte das Gefühl, dass all das Essen mir nun wieder hochkam. Es war, als würde mein Magen sich jeden Moment nach aussen stülpen und schlaff ins Klo hängen. (2001, 67).

Wie Darwins Hydra stülpt Solomons Verdauung sich nach aussen, unschlüssig, ob sie verdauen oder atmen soll («als ich Luft holen wollte, atmete ich meine eigene Galle ein»), unschlüssig, welchen Platz sie selbst im Verhältnis zum übrigen Körper und zur Welt einnehmen soll. Solomons herabgesetzte Fähigkeit, in Gesellschaft anderer Menschen zu sein, spielt sich nicht in seinem Kopf ab und wird dann auf seine Verdauung übertragen, sondern die Eingeweide selbst können die Welt nicht aufnehmen, können andere ihren Weg nicht durch ihn finden und sich von ihm in sich aufnehmen lassen.

Der Übertragungscharakter von Solomons enterischem Nervensystem wird im Ansprechen seines Magens und Darms auf sowohl Einsamkeit als auch Zugewandtheit deutlich. Sein Vater spielte eine wichtige Rolle in seiner Erholung von dieser Phase der Depression. Das gemeinsame Essen mit ihm wurde zum Sinnbild des Zusammenbruchs wie auch des Heilmittels: «Beim Abendessen hatte ich das Gefühl, keinen Bissen hinunterzubekommen, aber ich konnte aufstehen und mich im Esszimmer zu meinem Vater setzen, der dann alles liegen und stehen liess, um bei mir zu sein. Mein Vater nickte, redete mir unermüdlich zu, dass alles vorübergehen würde, und ermutigte mich zum Essen. Er schnitt mir das Essen zurecht. Ich sagte ihm, er solle mich nicht füttern, dass ich kein Fünfjähriger sei, aber wenn ich an der Schwierigkeit scheiterte, ein Stück Lammkotelett auf meine Gabel zu bekommen, übernahm er das für mich. Dabei erinnerte er sich daran, wie er mich als kleines Kind gefüttert hatte, und nahm mir spasseshalber das Versprechen ab, seine Lammkoteletts für ihn zu schneiden, wenn er einmal alt und zahnlos war.» (2001, 54).

Während er weitgehend fühllos und unfähig ist, einen Bezug zu anderen aufzubauen, gelingt es ihm doch, über seine Verdauung eine Beziehung gegenseitiger Fürsorge zu seinem Vater herzustellen. In diesem Moment sind seine Eingeweide zum versiertesten, praktikabelsten Mittel des Zugangs zu anderen Menschen geworden. Freud war es gelungen, Frau Emmys gastrische Depression mit Hypnose und Streicheln des Unterleibs zu behandeln; Solomons Vater ging mehr zwischenmenschlich vor und setzte im Inneren des Magens und Darms an (wir werden einander füttern müssen), um seinem Sohn wieder einen Zugang zur Welt zu eröffnen und die Depression zu beseitigen, die ihn umzubringen drohte.

Solomons Erholung von der Depression wurde nicht nur durch das enge Magen-Darm-Verhältnis zu seinem Vater geheilt, sondern auch durch den Einsatz von SSRI-Antidepressiva und Psychotherapie. Doch gerade dieses Zusammenwirken von Gemüt und Eltern und Therapeuten und Serotonin und Nahrung entzieht sich anscheinend sowohl der psychoanalytischen als auch der gastroenterologischen Erforschung von Verdauungsstörungen. Wie kann die Liebe eines Vaters enterische Pfade verlegen? Welche Art Ontologien braucht es, um zu verstehen, wie serotonerge Systeme und Systeme elterlicher Fürsorge zugleich ihren Sitz in den Eingeweiden haben können? Mein Argument in diesem Kapitel lautet, dass sowohl die Neurogastroenterologie als auch die Psychoanalyse sich in letzter Zeit zu sehr für das ZNS und den Kopfinhalt als Ansatzpunkte ihrer Therapieverfahren interessieren. Das Nervensystem erstreckt sich weit jenseits des Schädels, und es nimmt auf seiner Reise durch den Körper auch die Psyche mit. Der Übertragungscharakter des Nervensystems (d. h. sein «Müssen», seine Pflichtbeziehungen zu anderen biochemischen, psychischen, enterischen Systemen) muss erst noch Eingang in die psychoanalytischen oder gastroenterologischen Begriffsrahmen finden.

In Kapitel 4 widme ich mich erneut Darwin, um verschiedenartige, vom peripheren Nervensystem hervorgebrachte psychosomatische Relationen (Zittern, Erröten) zu erkunden. Zuvor untersuche ich in Kapitel 3 noch das Gehirn und insbesondere den Hypothalamus. Vielleicht zeigt sich, dass sich auch das ZNS selbst in anderer Weise als bisher schematisieren lässt.

KAPITEL 2 — ENDNOTEN

• 1 «Ich… habe in der Tat die Analyse der Krankheitssymptome [nicht] weit genug getrieben» (Breuer und Freud 1895*d*, 99). Noch bedenklicher war, dass Freuds Hypnoseversuche bei Frau Emmy anscheinend anhaltenden Gedächtnisschwund bewirkten. «Während dieser Tage äußerte sie auch jene Klage über Lücken in ihrer Erinnerung ‹gerade in den wichtigsten Begebenheiten›, aus der ich schloss, dass meine Arbeit vor 2 Jahren eingreifend genug und dauernd gewirkt hatte.» (114).

• 2 Breuer und Freud (1895*d*) stellten sich hysterische Symptome als «Effekte und Reste von Erregungen, welche das Nervensystem als Traumen beeinflußt haben» vor (141). Solche Reste bleiben, wenn die ursprüngliche Erregung (das Trauma) nicht vollständig abreagiert worden ist. Breuer und Freud unterschieden bei den Effekten auf das Nervensystem zwischen solchen, die sich in der psychischen Sphäre entfalteten, und anderen, die sich in somatische Systeme umwandelten. Im Fall der Konversionshysterie hat sich nicht abreagierte Erregung in somatische Symptome verwandelt. Freud diagnostiziert Frau Emmy als hysterisch, hält aber fest, dass es in ihrem Fall nur wenige Anzeichen einer Konversion gibt.

Magenschmerzen (Reste der Erregungen im enterischen Nervensystem) gehören bei Frau Emmy anscheinend zu den wenigen Konversionsereignissen. Stattdessen äussert sich ihr Leiden hauptsächlich in Tierphobien, Abulien (Willenshemmungen) und Stimmungsschwankungen (Angst und Melancholie). Im Grossen und Ganzen wurde die ursprüngliche Erregung nicht in somatische Symptome umgewandelt, sondern ist in Form von Wahnvorstellungen und Gemütsstörungen in der psychischen Sphäre verblieben. Die Mischung ihrer Hysteriesymptome bezeugt die Bewegung zwischen psychischen und somatischen Bereichen: wie psychische Leiden (Abulien, Melancholien) und somatische (Magenschmerzen) miteinander zusammenhängen und wie die Behandlung ihrer Symptome unter Umständen das Eingreifen an den Stellen erfordert, wo sich diese psychisch-somatischen Verbindungen als am stärksten erweisen (z. B. im Epigastrium).

• 3 Für die folgende Analyse des enterischen Nervensystems stütze ich mich auf: Appenzeller und Oribe (1997), Furness (2000), Furness und Costa (1987), ausserdem Gariepy (2001), Gershon (1998), Goyal und Hirano (1996), Kim und Camilleri (2000), Talley (2001), Woods, Alpers und Andrews (1999), die Septemberausgabe 1999 von *Gut* (Jg. 45, Supplement II), «Rom II: A Multinational Consensus on Functional Gastrointestinal Disorders», die Dezemberausgabe 2000 von *Gut* (Jg. 47, Supplement IV), «The Enteric Nervous System in Health and Disease», sowie die Leitlinien der British Society of Gastroenterology für die Behandlung des Reizdarmsyndroms (Jones u. a. 2000).

• 4 Das Nervensystem der Wirbeltiere lässt sich unterteilen in das Zentralnervensystem (Hirn und Rückenmark) und das periphere Nervensystem (siehe Abb. 2). Das periphere Nervensystem umfasst in der Regel das somatische Nervensystem (das afferente Sinnesinformation an das ZNS leitet und efferente Innervation an die willentlichen Muskeln des Körpers) und das vegetative Nervensystem, das die Muskeln der inneren Organe und Drüsen steuert. Von den Organen, die das vegetative Nervensystem steuert, wird angenommen, dass sie unwillkürlich funktionieren und sich dem Bewusstsein entziehen (z. B. das Herz), wenngleich manche dieser Funktionen sich unter die Kontrolle des Bewusstseins bringen lassen. Das VNS wird konventionell meist in Sympathikus und Parasympathikus unterteilt. Zu dieser Unterscheidung kam es aufgrund anatomischer Überlegungen (die Nervenfasern des Sympathikus entspringen dem mittleren Rückenmark, dem Brust- und Lendenbereich, jene des Parasympathikus im oberen und unteren Rückenmark sowie in der Schädel- und Kreuzbeingegend) sowie aufgrund der biochemischen These, dass jeder Zweig seine eigenen Neurotransmitter aufweise, nämlich Noradrenalin im Sympathikus und Acetylcholin im Parasympathikus. Im Wesentlichen kann man sagen, dass der Sympathikus Reaktionen rund um Flucht und Kampf innerviert (höherer Puls, schnelles und flaches Atmen, gespannte Muskeln), der Parasympathikus Ruhe- und Verdauungszustände (niedrigerer Puls, langsames und tiefes Ein- und Ausatmen, entspannte Muskeln).

[2] Organisation des Vertrebraten-Nervensystems:

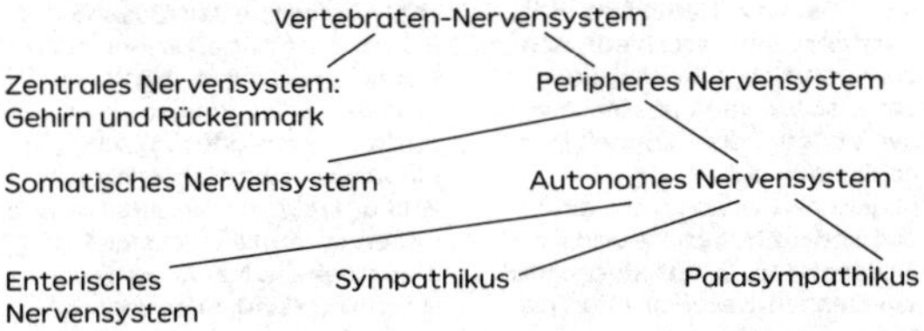

• 5 Diese neuere Forschung, die seit den 1990er-Jahren sehr viel umfangreicher betrieben wird, hat Versuchsdaten aus dem späten 19. und frühen 20. Jahrhunderts reaktiviert. 1899 veröffentlichten William Bayliss und Ernest Starling Daten zum peristaltischen Reflex im Darm von Hunden und stellten fest, dass diese Tätigkeit (von ihnen «Gesetz der Eingeweide» genannt) im Darm selbst angelegt war. Der peristaltische Reflex wurde nicht vom ZNS reguliert (von dem man damals glaubte, dass es alle periphere Nerventätigkeit steuere), sondern vom Darm selbst. Als Bayliss und Starling die Nerven zwischen Darm und ZNS trennten, beeinträchtigte dies den peristaltischen Reflex nicht: «Da ein Reflexverhalten in einem Teil des Darms ausgelöst werden konnte, nachdem man alle mögliche Steuerung vom Gehirn oder Rückenmark aus unterbunden hatte, erklärten Bayliss und Starling ihr ‹Gesetz der Eingeweide› mit einem von ihnen so genannten ‹lokalen Nervenmechanismus› des Darms.» (Gershon 1998, 5). Die beiden wichtigsten Nervennetze, aus denen dieser lokale Nervenmechanismus entsteht, sind der Plexus submucosus (Auerbach-Plexus) und der Plexus myentericus (Meissner-Plexus). Ihre Anlage und Verläufe waren schon im 19. Jahrhundert bekannt. Diese Forschung aus dem 19. Jahrhundert bildete die Grundlage für die Vorstellung vom eigenständigen enterischen Nervensystem. John Langsley führte in seinem wegbereitenden Text von 1921 über das vegetative Nervensystem eindeutige Belege für die Vermutung an, dass die enterischen Nerven ein autonomes System bilden: «Ich habe [die Zellen des Auerbach- und des Meissner-Plexus] in einer anderen Klasse als das enterische Nervensystem zusammengefasst. Diese Klassifikation scheint mir immer noch angeraten, denn über die zentrale Anbindung der enterischen Nerven wissen wir immer noch nichts Genaues, und es gibt Hinweise darauf, dass sie automatische und reflexhafte Funktionen haben, über die andere periphere Nervenzellen nicht verfügen.» (9). Langley unterschied daher das VNS in drei Teilbereiche: Sympathikus, Parasympathikus, enterisches System. Nach Gershon (1998) blieb diese Taxonomie bis in die 1960er-Jahre unbeachtet, als die Forschung sich erneut für das ENS zu interessieren begann. Doch immer noch kann man in einführenden Texten häufig lesen, dass das VNS nur aus Sympathikus und Parasympathikus bestehe.

• 6 Gershon (1999) bemerkt, dass «Artenunterschiede sich in der chemischen Kodierung enterischer Nervenzellen wiederfanden. Daher können Beobachtungen bei Meerschweinchen nicht direkt auf andere Nagetiere und mit Sicherheit nicht auf Menschen übertragen werden.» (35). Das Meerschweinchen war (wie andere Nager) eines der am häufigsten eingesetzten Versuchstiere in der Erforschung des ENS. Inzwischen gibt es auch eine vollständige Karte der Nerven im Dünndarm des Meerschweinchens (Furness 2000).

• 7 Zu Serotonin und Erbrechen (Emesis) im Zusammenhang mit Chemotherapien gibt es umfangreiche Forschungsergebnisse. Chemotherapie irritiert die enterochromaffinen Zellen in der Darmschleimhaut, die den grössten Teil des ENS-Serotonins enthalten. Diese Zellen sondern Serotonin ab, und das Serotonin aktiviert 5-Hydroxytryptamin-3-(5-HT3-)Rezeptoren, die über eine Nervenverbindung zu den Hirnzentren verfügen, welche das Erbrechen steuern. Wird zu viel Serotonin in den Darm abgegeben, wie es infolge chemotherapeutischer Behandlung geschieht, so wird auch das Übelkeitszentrum im Gehirn überreizt, und dies trägt zu anhaltender Übelkeit und Brechreiz bei. Serotonin-Antagonisten blockieren die Andockstellen von 5-HT3 und verringern damit die entsprechende Reizstimulation. Sie wurden wirksam eingesetzt, um Erbrechen und Übelkeit infolge Chemotherapien einzudämmen.

• 8 Powley (2000) etwa bestreitet die Darstellung des ENS als eines zweiten, unabhängigen Gehirns. Er behauptet, eine solche Auffassung des ENS gründe auf einer uneindeutigen Datenlage. Anhand von Tracer-Studien konnte Powley umfangreiche anatomische Verbindungen zwischen ENS und ZNS aufzeigen: «Diese Kreisläufe lassen vermuten, dass ENS und ZNS zu einem Nervennetz verschmolzen sind, in dem ausgehende Reize des ZNS weitreichenden Einfluss auf Tätigkeiten des ENS ausüben können. Ebenso könnte das ENS über die vagalen Afferenten umfangreiche Information an das ZNS senden.» (IV32); siehe auch Lundgren (2000) und S. Miller (2000).

• 9 «Gemeinsames Merkmal der somatoformen Störungen ist das Vorhandensein körperlicher Symptome, die auf eine allgemeine Erkrankung hindeuten (daher der Begriff somatoform) und nicht vollständig durch eine allgemeine Erkrankung, durch das direkte Einwirken einer Substanz oder durch eine andere psychische Störung (z. B. Panikstörung) erklärt werden können. Die Symptome müssen eine klinisch signifikante Belastung oder Beeinträchtigung in sozialen, beruflichen oder anderen Funktionsbereichen hervorrufen. Im Gegensatz zu vorgetäuschten Störungen und Simulierungen sind die körperlichen Symptome nicht intentional (d. h. sie entziehen sich willentlicher Einflussnahme).» (American Psychiatric Association 1994, 445). Somatoforme Störungen beinhalten Somatisierungsstörungen, Hypochondrien und Dysmorphophobien.

• 10 Talleys (2001) Rezension weist darauf hin, dass Behandlungen des Reizdarmsyndroms mittels (5-HT3- und 5-HT4-)

Modulatoren der Serotoninrezeption keine eindeutigen Ergebnisse brachten: «Die hier besprochenen Daten zu den neueren serotonergen Wirkstoffen lassen erwarten, dass diese Klasse von Medikamenten nicht zur Standardtherapie bei Reizdarmsyndromen werden und dass den 5HT3-Antagonisten aufgrund ihrer Toxizität keine große Zukunft beschieden ist. Falls diese Medikamente doch zur klinischen Anwendung gelangen, werden sie voraussichtlich zur Symptomlinderung dienen und sollten eher auf Anfrage als für die Dauertherapie eingesetzt werden.» (2066). Die Einnahme von Medikamenten «auf Anfrage» weist ebenfalls auf die Übertragungsdimension in der Behandlung des Reizdarmsyndroms hin.

• 11 Drossman (1999) stellt ausdrücklich diesen Bezug zu den Rom-II-Kriterien für funktionale gastrointestinale Störungen her: «Obwohl psychosoziale Störfaktoren Auftreten, Verlauf und Ergebnis von FGID beeinflussen können, ... sind sie für eine Diagnose nicht erforderlich.» (II 2).

• 12 Siehe Kapitel 1, Anm. 5.

• 13 Forscher, die Verbindungen zwischen Affekt und Neurobiologie untersuchen (z. B. Damasio 1994, 1999; LeDoux 1996; Panksepp 1998) betonen meist eher das Körpergeschehen unter dem Einfluss von Emotionen als die Affektivität des Körpers. Sie postulieren körperliche Grundlagen für Emotionen, doch diese Emotionen und ihr körperliches Fundament sind begrenzt durch kognitive Überlegungen der Effizienz und Tüchtigkeit. Konventionelle evolutionsbiologische Erklärungen der Neurologie von Emotionen verweisen mit einigem Stolz auf die Effizienz der Evolution als Schöpferin. Doch an den überbordenden Verschmelzungen evolutionärer Prozesse besteht kaum Interesse. Wann immer Emotionen nach den konventionellen Schemata der Evolution erklärt werden, erscheinen sie als grundvernünftig, was ziemlich deprimierend ist. Die Arbeit von Richard Doyle (2003) hat mich in dieser Hinsicht als einzige weitergebracht. Kapitel 4 in diesem Buch erkundet ausgehend von Darwin die Affektivität der Neurophysiologie; Kapitel 5 zeichnet einige unübliche Verbindungen in der Entwicklungsgeschichte nach.

• 14 Dies erfordert ohne Zweifel eingehendere Betrachtung, die mich hier aber zu weit vom Thema der Eingeweide wegführen würde. Ich beziehe mich auf die Entstehung der zeitgenössischen wissenschaftlichen Psychologie (inzwischen fast ausschliesslich eine Wissenschaft kognitiver Verarbeitung) aus der sogenannten Kognitionsrevolution der 1960er-Jahre. Mithilfe von Rechnermodellierungen der Kognition ist es der Psychologie als Disziplin gelungen, zu den weithin respektablen Wissenschaften aufzusteigen. Doch der damit beschrittene Weg der Epistemologie hat seltsam blutleere Vorstellungen der Psyche hervorgebracht. Viele Psychologen, die in Randbereichen ihrer Disziplin und deren Geltungsbereich tätig sind (Sozialpsychologen, Entwicklungspsychologen, kritische Psychologen) beklagen, dass psychologischen Theorien der Sinn für gesellschaftliche Kontextualisierung fehle. Vielleicht noch seltsamer ist, dass diesen Theorien oft auch jeglicher biologische Kontextbezug abgeht.

So erleben konnektionistische Theorien in der Psychologie einigen Zulauf, obwohl sie aus neurobiologischer Sicht unglaubwürdig sind.

• 15 Ich will damit nicht sagen, dass die Behandlung von Magen-Darm-Erkrankungen buchstäblich Handauflegen erfordert oder dass psychotherapeutische Behandlungen Vorrang vor biomedizinischen geniessen sollten. Diese Vignette von Freud soll zeigen, dass der Darm ein Organ der Psyche ist und wie die Psyche sich auf verschiedene somatisch-nervliche Gebilde verteilt (von denen nicht alle auf einen einzelnen Körper beschränkt sind: siehe die Analyse von Fräulein Elisabeth in der Einleitung). Freud war am Ende in der Lage, rein verbal auf körperliche Dysfunktionen einzuwirken (z. B. bei Doras nervösem Husten). Mir kommt es darauf an, dass somatische Wege der Übertragung Patienten, Ärztinnen und Kulturkritikern gleichermassen eher offenstanden, so lange die Psychoanalyse technisch und begrifflich noch nicht so hochentwickelt war.

• 16 Bisweilen finden sich Hinweise auf diese Art von enterologischen Zuständen. Emeran Mayer bemerkt in der 2001er-Ausgabe des Newsletters der International Federation of Functional Gastrointestinal Disorders, dass der Darm hinsichtlich seiner Affekte differenziert ist: «Die Emotion der Furcht ist mit Hemmung der Kontraktionen und Sekretionen des Magens und Zwölffingerdarms sowie mit Stimulation der Beweglichkeit und Absonderungen von Sigmadarm und Rektum verbunden. Ersteres kann zu Völlegefühl und Appetitlosigkeit beitragen, Letzteres zu Durchfall und Unterleibschmerzen... Interessanterweise kehrt sich das Schema der Aktivität in Magen und Zwölffingerdarm um, wenn die Gefühlsempfindung sich in Zorn verwandelt, wobei es zur Anregung gastrischer Kontraktionen und Säureabsonderungen kommt.» (http://www.aboutibs.org/Publications/stress.html). Ähnlich hält Wilhelmsen (2000) unterschiedliche Wirkungen von Emotionen auf den Magen-Darm-Trakt fest: Furcht und Depression stehen im Zusammenhang mit einer Blässe der Mukosa, verminderter Säuresekretion und Magen-Darm-Motorik; Zorn und Groll im Gegenteil mit Hyperämie der Mukosa, beschleunigter Säuresekretion und gesteigerter Motorik.

• 17 Ich gehe hier von einem Begriff des Selbst aus, wie ihn die Kohut'sche Psychologie des Selbst und die Theorie der intersubjektiven kindlichen Entwicklung (Bowlby 1947, 1980; Stern 1985; Trevarthen 1998), die Bindungstheorie (Fonagy 2000) und die relationale Psychoanalyse (Mitchell und Atron 1999) ausgearbeitet haben. Im Wesentlichen betrachten alle diese Ansätze Beziehungen zu anderen als entscheidend für die Entwicklung und Bewahrung robuster Selbstverfassungen. Psychopathische Erscheinungen (Depressionen, narzisstische Störungen, Persönlichkeitsspaltungen) treten auf, wenn das Selbst im Lauf seiner Entwicklung geschädigt und/oder im Erwachsenenalter traumatisiert worden ist. Für eine wirksame Behandlung solcher Krankheiten gilt es daher herauszufinden, wie die Beziehungen zu anderen gestört wurden.

• 18 Psychoanalytische Theorien von Essstörungen

(insbesondere von Anorexie und Bulimie) befassen sich zunehmend auch mit den ideellen Aspekten des Essens (Was bedeutet es?), immer weniger dagegen mit den biologischen (Was geschieht dabei im Darm?). Bemporad und Herzog (1989) bemerken, dass die Geschichte der psychoanalytischen Erklärungen von Essstörungen «beinahe ein getreues Abbild der Geschichte der Psychoanalyse insgesamt» sei (1). Je ausgefeilter die Psychoanalyse begrifflich und technisch wurde, umso weniger interessierte sie sich für somatische Einzelheiten. In den 1930er-Jahren dagegen unternahm das Chicago Psychoanalytic Institute eine Untersuchung der Beziehung zwischen Psyche und «vegetativen» Systemen: Kreislauf, Atmung, endokrines System. Magen-Darm-Probleme standen dabei im Vordergrund. In diesen ersten Aufsätzen (Alexander 1934; Bacon 1934; Levey 1934; Levine 1934; G. Wilson 1934) mussten psychoanalytische Behandlungen erst noch von Analysen des vegetativen Nervensystems abgegrenzt werden: «Der Verdauungstrakt ist ein System, das der psychische Apparat vorzugsweise nutzt, um verschiedene emotionale Spannungen abzubauen. Die Verbindung zwischen psychischen Reizen und physiologischem Ausdruck ist hier direkt und relativ unkompliziert.» (Alexander 1934, 502). Diese Art von Bezug («direkt und relativ unkompliziert») habe ich in Kapitel 1 unter der Rubrik «Aktualneurose» erörtert. Das Interesse der Psychoanalyse liess rasch nach; eine in der Chicago Psychoanalytical Society 1941 vorgetragene Fallbesprechung von Essstörungen befasste sich fast ausschliesslich mit ideellen Aspekten (obwohl sie voller Lob aus der vorausgehenden Forschung zum Magen-Darm-Trakt zitiert): «Der wichtigste spezifische Psychodynamismus des Erbrechens ist anscheinend eine symbolische Ablehnung und Restitution des Phallus des Vaters, der hier oral einverleibt wird in einem Versuch, die grundsätzliche passive Abhängigkeit von der Mutter ausschließlich zu machen.» (Masserman 1941, 240). Jean Walton (2002) bemerkt, dass die Abkehr von den Spezifika der Eingeweide in der Psychoanalyse sogar noch früher geschah. Fräulein Louise K war Patientin bei dem für seine Misogynie berüchtigten Wiener Psychoanalytiker Wilhelm Stekel. Louise K regulierte ihre Verdauung mithilfe der Nähe anderer Menschen. «Morgens sei ihr erster Gedanke gewesen: Wen benutze ich heute zur ‹Darmreinigung›.» (Stekel 1927 in Walton 2002, 78). Sie setzte sich am Frühstückstisch neben jemanden, auf dass dessen Nähe in ihr unbeherrschbare Darmbewegungen auslöse. Walton zufolge verlor Stekel in seiner Analyse von Louise K am Ende die Einzelheiten ihrer Eingeweide aus dem Blick: «Sobald die psychoanalytische Herleitung einer misslungenen Heterosexualisierung sich festgesetzt hat, scheint Stekel zunehmend unwillig oder unfähig, Louises komplizierte Verdauungsgewohnheiten mit derselben Gründlichkeit zu untersuchen, die seine Anamnese auszeichnet. In der abschliessenden Punkt-für-Punkt-Zusammenfassung des Falls regiert am Ende eine ödipale Konstellation, und die Magen-Darm-Aspekte der Untersuchung fallen ganz beiseite.» (86).

DIE VORLIEBEN DES HYPOTHALAMUS: SIMON LEVAYS STUDIE ZUR SEXUELLEN ORIENTIERUNG

> Die Entdeckung, dass sich ein Hypothalamuskern in seiner Grösse bei heterosexuellen und homosexuellen Männern unterscheidet, veranschaulicht, dass es Ansatzpunkte für eine Erforschung der sexuellen Orientierung von Menschen auf biologischer Ebene gibt. Diese Entdeckung bereitet den Weg für Untersuchungen von Neurotransmittern oder Rezeptoren, die unter Umständen an der Regulierung dieses Aspekts unserer Persönlichkeit beteiligt sind.[1] Alle weiteren Interpretationen der Ergebnisse dieser Studie sind als spekulativ zu betrachten.
> LeVay 1991

Simon LeVays Mahnung, bei der Auslegung seiner Daten Vorsicht walten zu lassen, wurde allgemein ignoriert. Seit Erscheinen seines Forschungsberichts von 1991 in der Zeitschrift *Science* hat es kaum neue Daten zu Neurotransmittern und Rezeptoren gegeben, die an der Regulierung der

Sexualität beteiligt sein könnten, und bislang wurden LeVays Ergebnisse auch in keiner publizierten Studie repliziert.[2] Demgegenüber wurde sein Bericht im Umfeld der Geistes- und Naturwissenschaften, der Politik und Rechtspflege sowie von Journalisten umfangreich kommentiert.[3]

Obwohl sich seine Studie auf einfache Symmetrieachsen der Analyse (hetero oder homo, typisch männlich oder typisch weiblich) stützt, hat sie eine bemerkenswert grosse Bandbreite von Reaktionen ausgelöst: Schwule Aktivisten, die politische Konsequenzen einer von der Körpernatur ausgehenden Homosexualität begrüssten (Pillard in Stein 1993), feministische Wissenschaftlerinnen, die die Belastbarkeit von LeVays Daten anzweifelten (Fausto-Sterling 1992), kritische Wertschätzung des anti-homophoben Potenzials der biologischen Erforschung von Sexualität bei gleichzeitigen Vorbehalten gegenüber Einzelheiten in LeVays Studie (Rosario 1987; Stein 1999), wissenschaftliche Einarbeitung von LeVays Ergebnissen in andere, umstrittene Forschung zu den Ursachen von Homosexualität (Swaab, Zhou, Fodor und Hofman 1997), Kulturkritiker, denen LeVays Verständnis von Sexualität und Geschlechtsidentität zu statisch war (Garber 1995; Terry 2000), psychologische Deutungen, die aus LeVays Arbeit eine latent poststrukturalistische Genealogie herauslasen (Gordo-López und Cleminson 1999), ein Psychologe, der meinte, LeVays Arbeit sei eine konventionelle Bekräftigung heterosexueller Normen (Hegarty

1997), eine Philosophin, die LeVay mit Monique Wittig verglich (Zita 1998), eine Rechtstheoretikerin, die vor der Nutzung biologischer Theorien zur geschlechtlichen Orientierung in Verfahren um Rechte Homosexueller warnte (Halley 1994) und ein Fachkollege von LeVay, der dessen Aufsatz scharf kritisierte und die Ansicht vertrat, dieser hätte nicht veröffentlicht werden sollen, später aber selbst eine der wichtigsten Erkenntnisse von LeVays Untersuchung replizierte (Byne 1995; Byne u. a. 2000).

Im Umfeld der Geistes- und Sozialwissenschaften wurde ausführlich besprochen, inwiefern LeVays ursprüngliche Untersuchung methodisch und konzeptuell begrenzt sei. Beispielsweise wurde argumentiert, dass die Krankenakten verstorbener Personen keine ausreichenden Daten enthalten, um diese Personen zuverlässig verschiedenen Kategorien geschlechtlicher Identität zuzuweisen, dass LeVays Umgang mit den Kategorien heterosexuell und homosexuell auf überholten Vorstellungen geschlechtlicher Identität gründe, dass die Gehirne vieler der Untersuchten durch Komplikationen infolge von Aids unter Umständen Veränderungen durchgemacht hätten, dass LeVay männliche Homosexualität mit Femininität gleichsetze, dass die Zahl der untersuchten Fälle zu klein für belastbare Vergleiche zwischen Gruppen und LeVays Hypothese ohne das Einbeziehen von Daten zu den Gehirnen homosexueller Frauen in den Vergleich nicht tragfähig sei, auch dass LeVays

Behauptung, Untersuchungen zur Sexualität von Nagetieren und Primaten bildeten nutzbringende Parallelen zum Verhalten und Nervensystem von Menschen, unzutreffend sei.[4]

Dieses Kapitel fügt derartigen Kommentaren keine weiteren hinzu. Mich interessieren hier auch nicht die von LeVays Ergebnissen und von zeitgleich erschienenen genetischen Untersuchungen (Bailey und Pillard 1991; Hamer, Hu, Manguson, Hu und Pattatucci 1993; LeVay und Hamer 1994) erneut angefachten Debatten über Homosexualität als Veranlagung oder Kulturprodukt. Stattdessen enthält dieses Kapitel einige Spekulationen über die Beschaffenheit der Nervensubstanz, die in LeVays Untersuchung zutage tritt. Ich sehe mir die Einzelheiten der Arbeit von LeVay genauer an, um vielleicht einen Weg aufzuzeigen, wie sich nervliches Substrat und Sexualität zusammenführen liessen. Ich kläre das Verhältnis zwischen den inert dimorphen Ausprägungen von Sexualität, wie sie LeVays Vorgehen voraussetzt, auf der einen Seite und den (divergenten) neurologischen und sexuellen Sonderformen in seinen Daten. Charakteristisch für Kommentare zu seiner Studie von 1991 war bisher, nur eines dieser beiden Muster anzuerkennen. LeVays Befürworter konzentrierten sich zumeist auf die dimorphe Anordnung seiner Daten und bekräftigen damit allzu schlichte Vorstellungen von Homosexualität und Heterosexualität. Seine Gegner versuchen die Gültigkeit dieses dimorphen Musters zu widerlegen, indem sie erörtern, inwiefern Sexualitäten die Einteilung in hetero- oder homosexuell durchbrechen. In diesem Kapitel argumentiere ich, dass uns dieses analytische Entweder-Oder (dimorph oder divergent) eine ergiebigere Interpretation der Daten verbaut. Meine Auffassung ist, dass wir gerade aus den Beziehungen zwischen dimorphen und divergenten Formen in LeVays Studie am meisten lernen können.

Diese Analyse des Dimorphen (n=2) und Divergenten (n>2) nutze ich als Schablone, um in der Folge das Konvergieren von Gehirn und Geschlecht eingehender zu betrachten. Ich lasse die Frage auf sich beruhen, was LeVays Daten uns über die Sexualität verraten könnten. LeVay geht im Wesentlichen von einer konventionellen Theorie der am sozialen Geschlecht ausgerichteten Sexualität aus.[5] Mich interessiert mehr, inwiefern diese Untersuchung der Sexualität und des Gehirns unsere Erwartungen an die Beschaffenheit des Nervensystems anders strukturieren und insbesondere auch, inwiefern die Retikulation des Hypothalamus durch eine dimorphe Sexualität Einsichten in die Natur des Nervensubstrats eröffnen könnte.

Das Wort «Retikulation» verwende ich hier in einem speziellen Sinn, um den Bezug zwischen dimorphen Artikulationen (homo/hetero, gross/klein) einerseits und der Kreisläufigkeit von Nervenstrukturen und der Besonderheit von Ausreissern unter den Daten andererseits zu klären.

«Retikulieren» bedeutet laut Duden «etwas mit netzartigem Muster versehen.»[6] Anstatt nun zu behaupten, es gelte, sich für eine Deutung (oder einen politischen Imperativ) zu entscheiden, also Spektrum und Streuung gegenüber dem Dimorphismus zu bevorzugen, vertrete ich die Auffassung, dass diese beiden neurologischen Ausprägungen in einem «retikulierten» Verhältnis zueinander stehen, innerhalb dessen dimorphe Aufteilungen irreduzibel, agonistisch und produktiv mit Netzen der Abweichungen und Streuungen zusammengehen.

Ein Unterschied in der Hypothalamus-Struktur bei heterosexuellen und homosexuellen Männern

Betrachten wir zuallererst – und um uns mit einigen Besonderheiten der Debatte über LeVays Daten zum Zusammenhang von Hypothalamus und sexueller Orientierung vertraut zu machen – die empirischen Vorläufer, die Methode und die Ergebnisse seiner Studie von 1991.

LeVay bezog sich auf zweierlei empirische Beweise, um seine These zu Hypothalamus und Sexualität aufzustellen. Erstens legten Tierversuche den Schluss nahe, dass der mediale Bereich des vorderen Hypothalamus an dem beteiligt ist, was die Literatur als «typisch männliches» Sexualverhalten (d. h. Besteigen) bezeichnet. Zweitens deutete eine Untersuchung darauf hin, dass Verletzungen in dieser Hirnregion das heterosexuelle

Verhalten störten, den Geschlechtstrieb als solchen aber nicht ausser Kraft setzten. Läsionen des medialen präoptischen anterioren Hypothalamus bei männlichen Rhesusaffen führte zu einem Abnehmen der Sexualkontakte mit weiblichen Affen (verzeichnet als Intensität manueller Berührungen, Besteigen, Intromission und Ejakulation). Es kam dabei aber nicht zu weniger häufiger Masturbation (Slimp, Hart und Goy 1978).[7] Auf Basis dieser Daten wurde vermutet, dass der betreffende Teil des Hypothalamus die Heterosexualität steuert, nicht aber den Geschlechtstrieb allgemein.

Ausgehend von dieser Forschung argumentierte LeVay, dass die entsprechende Hirnregion im Hypothalamus des Menschen möglicherweise das Sexualverhalten von Männern und Frauen reguliert. Bestärkt sah sich LeVay in seiner Vermutung dadurch, dass die den Tieren entsprechenden Nuklei im menschlichen Hypothalamus bei Männern bekanntermassen erheblich grösser sind als bei Frauen (Allen, Hines, Shyrne und Gorski 1989). Dieser Dimorphismus der Grösse war zuvor auch schon als Hinweis darauf gedeutet worden, dass die fraglichen Kerne zu funktionalen Unterschieden nicht nur zwischen Männern und Frauen, sondern auch zwischen Personen verschiedener sexueller Orientierung beitragen konnten: «Aus einer morphologischen Analyse der Gehirne von Menschen mit verschiedener sexueller Orientierung und Identität… könnten sich weitere Schlussfolgerungen bezüglich einer möglichen Einwirkung von Geschlechtshormonen auf Struktur und Funktion des menschlichen Gehirns ergeben.» (Allen u. a. 1989, 594).[8] LeVay folgte diesem Hinweis von Allen u. a., stellte jedoch deren Primat auf der Geschlechtsidentität hintan. Seine These lautete, dass sich der beschriebene Dimorphismus in bestimmten Hypothalamuskernen bei Menschen unter Umständen nicht auf den Geschlechterunterschied, sondern auf Unterschiede der sexuellen Orientierung bezog. «Insbesondere stellte ich die Vermutung auf, dass die interstitiellen Nuklei des anterioren Hypothalamus, INAH 2 oder INAH 3, gross sind bei Personen mit sexueller Orientierung hin zu Frauen (heterosexuellen Männern und homosexuellen Frauen) und klein bei Personen mit sexueller Orientierung hin zu Männern (heterosexuellen Frauen und homosexuellen Männern).» (1991, 1035).

Um diese These zu überprüfen, vermass LeVay die Volumen der vier von Allen u. a. untersuchten Hypothalamuskerne. Allen u. a. hatten diese «bislang unbeschriebenen Zellgruppen» (1989, 497) interstitielle Nuklei des anterioren Hypothalamus: INAH 1, 2, 3, 4 genannt. LeVay beschaffte sich Hirngewebe von 41 Personen: 19 homosexuellen Männern (ihre Homosexualität war in den Krankenakten vermerkt), 16 (vermutlich) heterosexuellen Männern und sechs (vermutlich) heterosexuellen Frauen.[9] Das Hirngewebe wurde chemisch fixiert. Dann wurde der Bereich mit den Hypothalamuskernen herausgeschnitten.

Von diesen wurden Gewebsschnitte angefertigt, auf Objektträger gezogen und gefärbt. Die Vermessung der Kerne geschah durch Projektion von Vergrösserungen jedes Gewebsschnitts auf Papier, sodass der Kern deutlich hervortrat, und Nachzeichnen der Konturen der so entstandenen Form: «Die Kontur jedes Kerns wurde gezeichnet als die kürzeste Linie, die jede der für diesen Kern charakteristische Zelle einschloss, ohne Berücksichtigung der Zelldichte ... Das Volumen jedes Kerns wurde berechnet als die Gesamtheit der Konturenserie multipliziert mit der Dicke des Gewebsschnitts.» (LeVay 1991, 1035).[10]

LeVays Bericht enthält zwei Mikrofotografien, die Unterschiede im Volumen der Kerne veranschaulichen. Die Mikrofotografie von INAH 3 eines heterosexuellen Mannes zeigt einen klar konturierten, dichten Bereich. Dagegen ist die Mikrofotografie von INAH 3 eines homosexuellen Mannes «kaum erkennbar als eigener Kern, doch es wurden verstreute Zellen ähnlich denen gefunden, die bei den heterosexuellen Männern den Kern bildeten» (1035). Es zeigte sich, dass «bei den meisten homosexuellen Männern (und den meisten Frauen) der Kern nur in Form verstreuter Zellen sichtbar wurde» (1036).

Statistische Analysen der Volumensunterschiede zwischen den Kernen von Frauen, heterosexuellen Männern und homosexuellen Männern zeigten, dass INAH 3 im Durchschnitt «bei heterosexuellen Männern mehr als doppelt so gross ... wie bei homosexuellen Männern» war und dass «ein ähnlicher Unterschied zwischen heterosexuellen Männern und Frauen bestand» (LeVay 1991, 1035). Bei den anderen untersuchten Kernen (INAH 1, 2, 4) traten keine signifikanten Unterschiede auf. Aus diesen Daten leitete LeVay eine erste Bestätigung seiner These ab, dass INAH 3 dimorph ist mit Bezug auf die sexuelle Orientierung, nicht auf das Geschlecht – also klein bei denjenigen, ob Männer oder Frauen, die sexuell auf Männer hin orientiert waren, und gross bei denjenigen Männern oder Frauen, die sexuell auf Frauen hin orientiert waren. Er konnte diese Schlussfolgerung nicht lückenlos stützen, weil er dafür noch Daten von Lesben benötigt hätte, um seinen Vergleich zu vervollständigen. Dennoch nahm er an, dass der festgestellte anatomische Dimorphismus einen funktionalen Dimorphismus von INAH 3 mit sich bringt, und kam so zum Schluss, dass zumindest bei Männern «die sexuelle Orientierung eine biologische Grundlage aufweist» (1034).

Die Neurologie retikulieren

In den letzten Absätzen seines Berichts von 1991 erörtert LeVay einige Faktoren, die womöglich seine Daten verfälschten: die Schwierigkeit festzustellen, genau welche Zellen zu einem Nukleus gehörten, das Fehlen von Hirngewebe homosexueller Frauen, mögliche Auswirkungen von Aids und davon ausgelösten Zuständen auf das

Volumen der Kerne bei einigen seiner Probanden, die Möglichkeit, dass Menschen, die an Aids gestorben sind, keine repräsentative Auswahl der männlichen homosexuellen Bevölkerung bilden, sowie die begrenzte Eignung von Krankenakten nach dem Tod zur Darstellung «der unzweifelhaft in der homosexuellen wie auch der heterosexuellen Bevölkerung vorhandenen Vielfalt des Sexualverhaltens» (1036).

LeVays eigene Bedenken wurden von vielen Kritikern als Steilvorlagen genutzt, obwohl sie vielleicht nicht weiter gehen als die üblichen Einschränkungen, mit denen sich jede empirische Untersuchung dieser Art abfinden muss. Unter allen Vorbehalten kann ich mit dem letzten am ehesten etwas anfangen, denn er thematisiert die Komplexität hinter den Daten und die dynamische Beschaffenheit des Nervensubstrats: «Dass es in der vorliegenden Stichprobe auch ‹Ausnahmen› gibt (d. h. vermutlich heterosexuelle Männer mit kleinen INAH-3-Nuklei und homosexuelle Männer mit grossen), deutet auf die Möglichkeit hin, dass sexuelle Orientierung eine wichtige, aber nicht die einzige entscheidende Variable für die Grösse des INAH 3 sein könnte.» (1036).

Wenn wir nun die Frage unbeantwortet lassen, was genau die Grösse des INAH 3 bestimmt (da es weder hier noch anderswo in der Literatur genügend Daten gibt, um sie zu beantworten), so erweist sich das Vorhandensein von «Ausnahmen» unter den Stichproben als umso wichtiger. Die

Daten zu INAH 3 zeigen ein erhebliches Mass an Variationen. So fand sich der zweitgrösste INAH 3 bei einem homosexuellen Mann (während INAH 3 bei homosexuellen Männern tendenziell eher klein waren). Die Volumen der drei kleinsten Kerne bei heterosexuellen Männern entsprachen ziemlich genau denen von homosexuellen Männern (während insgesamt die meisten Kerne heterosexueller Männer signifikant grösser waren als die homosexueller Männer); auch waren zwei der sechs untersuchten weiblichen Kerne in ihrem Volumen ähnlich denen der heterosexuellen Männer (obwohl insgesamt die weiblichen Kerne in der Grösse den kleineren Kernen homosexueller Männer ähnelten; siehe Abb. 3). LeVay stellt die Vermutung auf, dass diese Ausnahmen mit «Verfahrensmängeln oder falscher Zuweisung der Probanden zu ihren Probandengruppen» zu tun haben könnten (1036). Da er selbst zuvor aber «die unzweifelhaft in der homosexuellen wie auch der heterosexuellen Bevölkerung vorhandene Vielfalt des Sexualverhaltens» anerkannt hat, schliesst das die Erwartung aus, dass Probanden naturgemäss in eine von zwei sauber abgrenzbaren Kategorien fallen werden. Darin liegt nun die eigentliche Herausforderung für jede Interpretation von LeVays Untersuchung: Wie geht man mit einem Datenbestand um, der sowohl in ein statistisch signifikantes dimorphes Muster zerfällt als auch Ausnahmen und Ausreisser enthält, die diesem Muster in keiner Weise entsprechen?

Das Analysieren von Daten in Begriffen des Dimorphismus war in der neurobiologischen Literatur lange vor LeVays Studie fest verankert. Dimorphismen des Geschlechts – anatomische und funktionale Unterschiede zwischen männlichen und weiblichen Gehirnen – wurden seit 150 Jahren immer wieder unterstellt (Fausto-Sterling 2000). In den Jahren vor LeVays Studie interessierten sich immer mehr Forscher für Unterschiede zwischen Männern und Frauen in verschiedenen Hypothalamuskernen (Swaab, Chung, Kruijver, Hofman und Ishunina 2001; Swaab, Gooren und Hofman 1992).[11] LeVay übernahm diesen begrifflichen Rahmen für seine Studie zur sexuellen Orientierung, als er die These aufstellte, dass ein Hetero-Homo-Dimorphismus im Hypothalamus erkennbar sei. Ich will nun diese konzeptuelle Vorliebe für Dimorphismen (n=2) ein wenig weitertreiben, um herauszufinden, was dimorphe Strukturen für unser Verständnis des Nervensystems und der Sexualität leisten können. Nun stimmt es, dass n=2 oft der schlechtestmögliche Ausgangs- und Endpunkt für Interpretationen von geschlechtlicher Differenz und Unterschieden der sexuellen Orientierung war. Das heisst aber nicht, dass man n=2 unter keinen Umständen anwenden darf: Ein umfassendes Verständnis sexueller Differenzierung erfordert nicht zwingend, auf diese ausgesprochen überzeugende Doppelgestalt zu verzichten.[12] Meine Kritik an LeVays Daten setzt nicht bei einer erneuten Mahnung an die heteronormativen Aspekte von n=2 an, sondern ich will herausfinden, inwieweit die Schlichtheit eines dimorphen Musters zu den Ausgestaltungen, Brechungen und De-Evolutionen nervlicher Substanz beiträgt.

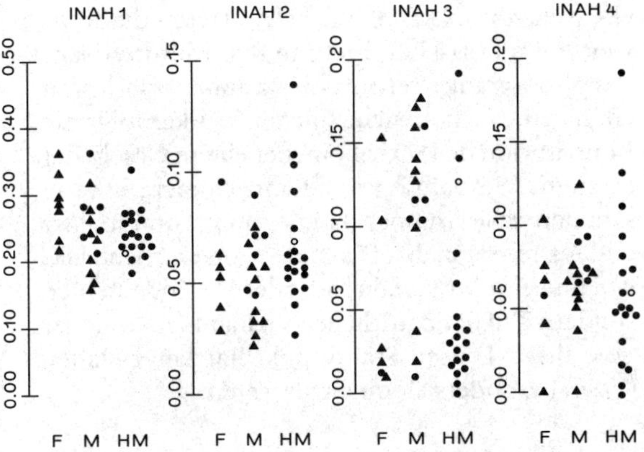

[3] Volumina der interstitiellen Nuklei des anterioren Hypothalamus (INAH) 1, 2, 3, 4.

Die übliche statistische Interpretation der Daten sorgt dafür, dass das dimorphe Muster sich gegenüber den Ausreissern behauptet. Aus dem Rahmen fallende Daten fordern eine Erklärung, aber sie beeinträchtigen nicht die Solidität der wichtigsten Unterscheidung zwischen den Nukleusvolumen in der Stichprobe. Nach allen anerkannten wissenschaftlichen und statistischen Verfahren weisen LeVays Daten eine dimorphe Diskrepanz in den Grössen von INAH 3 auf.[13] Dem treten die Konventionen kritischer, mehr in den Kulturwissenschaften verankerter Interpretationen von Daten entgegen. Nach Ansicht solcher Kritiker folgt die Konstitution der Sexualität eher einem Gesetz der Streuung. Sexualität wäre demnach nicht in zwei symmetrische Gruppen (hetero/homo) unterteilbar und Ausreisser in den Daten dementsprechend keine Hinweise auf Verfahrens- oder Methodenfehler, sondern Teil der natürlichen Vielfalt menschlicher Sexualität. Diesen Standpunkt hat Janet Halley (1994) besonders eloquent vertreten:

> LeVays Methode macht das Berücksichtigen komplexer gesellschaftlicher Muster der Identitätsbehauptung und -zuschreibung unmöglich, es schliesst mithin die Brechungen und Schichtungen in der Vorstellung und Darstellung aus, von denen das Bild sexueller Orientierung geprägt, gepflegt, appropriiert, verhandelt und gefasst wird. LeVay hat diese Komplexität auf ein einziges Merkmal

reduziert: die eigentliche sexuelle Orientierung, wie sie im Inneren der vereinzelten, verstorbenen Person sorgsam eingebettet ist. Dieser Ausschluss der gesellschaftlichen und symbolisierenden Aspekte sexueller Orientierungsidentität bewirkt in LeVays Handhabe seiner bipolaren Kategorien homosexuell und heterosexuell eine beinahe bestürzende Plumpheit … Wie immer diese Debatten über Versuchsanordnungen am Ende ausgehen: LeVays Kategorisierung ist anfällig für Kulturkritik, weil sie die Komplexität seines Themas ausblendet. Indem er seine heterosexuelle Kategorie zum allgemeinen Standard erhebt, insistiert er zugleich darauf, dass alle Menschen in eine seiner beiden Kategorien gehören. Seine theoretische Vorannahme schliesst die blosse Möglichkeit einer Person mit einer weder heterosexuellen noch homosexuellen Identität aus … LeVays Irrtum ist schwerwiegender als eine blosse falsche Einstufung mancher Probanden als «eigentlich» heterosexuell oder homosexuell oder umgekehrt. Er hat auch den Stellenwert seiner Kategorien von bloss lexikalischen zu ontologischen verkehrt. Sein Vorgehen diktierte diese Kategorien der Beschreibung und Zusammenfassung der gesamten Bandbreite menschlicher Möglichkeiten, um uns so und nur so zu konstituieren, egal wer wir sind, was wir tun oder als was wir uns fühlen. (536 f.)

Halley zufolge entstellt das dimorphe Muster in LeVays Daten die Bandbreite menschlicher Möglichkeiten; die Sexualität beim Menschen weise eine Komplexität auf, die sich nicht auf die bipolaren Kategorien hetero/homo reduzieren lasse. Mit ihrem kulturkritischen Ansatz widerlegt Halley direkt die statistisch belegte Aussage, dass die Daten zuverlässig eine dimorphe Differenz aufweisen. Exemplarisch für Stellungnahmen zu LeVays Untersuchung aus dem Umfeld der Kulturwissenschaften erklärt Halley das dimorphe Grundmuster in den Daten für nichtig und behauptet eine breiter gestreute Verteilung. Jennifer Terry (2000) merkt an, dass Forscher wie LeVay sich zu sehr auf Modelle geschlechtstypischen Verhaltens aus der Tierwelt (Besteigen und Lordose) verlassen: «Ihre Annahme, dass geschlechtstypisches Verhalten artübergreifend dasselbe sei, erlaubt es diesen Forschern, Abweichungen zwischen einzelnen Tieren und Arten zu übersehen oder misszuverstehen. Eben das geschieht in einem grossen Teil der Forschung zur menschlichen Sexualität und sexuellen Orientierung, die sich auf Versuche mit Nagetieren stützt.» (161). Varianzen gehen verloren oder werden falsch dargestellt, sobald ein dimorphes Schema des Sexualverhaltens (Besteigen, Lordose) zur Anwendung kommt. Timothy Murphy (1997) bekräftigt in seinem Kommentar zu den Ausreissern in LeVays Daten diesen Wunsch nach grösserem Variantenreichtum. Er betont eine allgemeine graduelle Differenzierung anstelle der dimorphen Differenz: «Es gibt keine bestimmte Grösse eines INAH 3, ab der die sexuelle Orientierung eindeutig in die Kategorie homosexuell oder heterosexuell fällt, während nur ein einziger bisexueller Mann in der Studie die Grenze zwischen beiden markiert. Die Grössen der INAH 3 verteilen sich bei schwulen und Hetero-Männern über fast das gesamte Spektrum des Möglichen für diesen Nukleus.» (28). Murphy zufolge ist der mit statistischer Geltungskraft versehene Dimorphismus eine List: Es gibt für ihn keine «zwei», sondern eben «fast das gesamte Spektrum». Die Kernvolumen sieht Murphy nicht «unterschieden», sondern über ein Kontinuum möglicher Grössen «verteilt». Murphy, Halley, Terry und vielen anderen Kritikern von LeVays Arbeit bietet sich die Logik der Bandbreite an, um jene der Unterscheidung zu entkräften oder zu ersetzen. Das Muster dimorpher Aufteilung wird als Deutungsmöglichkeit in Abrede gestellt, um den Daten ein Bild divergierender Formen von Sexualität zu entnehmen.

Die von Halley, Terry und Murphy vorgetragenen Analysen treffen ins Schwarze: Offenkundig widmet LeVay der originären und konstitutiven Natur variabler sexueller Orientierung keine Aufmerksamkeit. Wie Halley bemerkt, liegt der Dimorphismus seiner Forschung als begriffliches Apriori zugrunde: Er wird (typisch männlich, typisch weiblich) eher vorausgesetzt als bewiesen. Meine Anmerkungen dazu verfolgen nicht den Zweck, die allgemeine Sinnfälligkeit der Kritik von

Halley, Terry oder Murphy in Abrede zu stellen. Ich möchte die Frage aufwerfen, ob LeVays Daten nicht vielleicht nützlicher entlang einer Achse interpretiert werden könnten, die sowohl vom kritischen Ansatz als auch von den konventionellen statistischen Behauptungen abweicht. LeVays Daten zeigen weder zwei diskrete sexualisierte Nuklei noch eine wahllose Verteilung von Nukleusvolumen, sondern ein retikulierendes Muster, eine Verflechtung des Gestreuten (der Bandbreite) und des Dimorphen (der Unterscheidung). In dieser retikulierenden Struktur bestimmt keines der beiden Muster unter Ausschluss des anderen das Feld der neurologischen Möglichkeiten. Stattdessen legen die Daten einen anderen, schwierigeren Deutungsansatz nahe: den Versuch, dimorphe Muster in eine wechselseitige Abhängigkeitsbeziehung mit Mustern breiterer Streuung zu bringen – zu fragen, wie beide das Datenmaterial einerseits aufteilen und festlegen, andererseits eine grössere Verteilung bewirken.

In einer Forschungsliteratur, die sich hauptsächlich am binären Denken abarbeitet (sei es in Gestalt wissenschaftlicher Versuche, mit kruden dyadischen Formen von Sexualität zu operieren, sei es in kritischen Angriffen auf jegliche Form, die eine Binarisierung erahnen lässt), ist diese Retikulation des Dimorphismus durch Differenzierung eine entscheidende Weichenstellung: Inwieweit wirkt eine einfache Unterscheidung – gross / klein – an einem weiten Feld neurologischer und sexueller Ontologien mit? Ist eine dimorphe Analyseachse einfach nur falsch, d. h. ein Unvermögen, mit Differenz umzugehen, oder eröffnet sie einen besonderen Zugang zur Idee der (sexuellen und neurologischen) Differenz, der möglicherweise rudimentär, aber dennoch fruchtbar ist? Letzteres setzt voraus, dass man eine Unterscheidung zwischen Dimorphismus (der Aufteilung in zwei Formen nach dem Muster gross/klein) einerseits und Binarität andererseits zulässt (bei der es weniger um ein Aufspalten in zwei Formen geht, sondern mehr um die Bestimmung einer Hauptform und ihrer Nebenform, z. B. Mann/Frau, Mensch/Technik, Sprechen/Schreiben). Die Hetero/Homo-Unterscheidung wird meist einer binarisierenden Tendenz zugeordnet, doch ihre Verschränkung mit der dimorphen Unterscheidung gross/klein bei LeVay zeigt eine Möglichkeit auf, das Begriffspaar homo/hetero noch in anderer Weise zu fassen. Anstatt die Binarisierung einfach nur zum Verschwinden zu bringen, bringt das dimorphe Muster die aus der Binarisierung folgende Unbeholfenheit, Unnachgiebigkeit, konstitutive Unbeständigkeit erst richtig zum Vorschein.

In dieser Hinsicht war die Arbeit von Eve Kosofsky Sedgwick besonders lehrreich. Ihre Interpretationen der Definition von homo-/heterosexuell erfassen eine duale Logik «ergiebiger Inkohärenzen» (1990, 2). Sie verdeutlichen, wie gerade die Instabilität von homo/hetero als entweder binäres oder dimorphes Begriffspaar eine Quelle – und nicht eine Verhinderung – produktiven Potenzials ist.[14] Auch hat Sedgwick die Queerness besonders wirksam genutzt, um zu zeigen, dass jede queere (breit gestreute) Artikulation eine enge und notwendige Beziehung zur spaltenden Natur der Homo / Hetero-Struktur unterhält. In einer Präambel zum Begriff «queer» bemerkt Sedgwick: «Angesichts der historischen und zeitgenössischen Wucht der Verbote wider *jeglichen* gleichgeschlechtlichen Ausdruck wäre das in Abrede Stellen dieser Beziehung oder ihr Wegrücken von der Kerndefinition [queer] gleichbedeutend mit einer Aufhebung jeder Möglichkeit von Queerness als solcher.» (1993, 8). Das Begriffspaar homo / hetero steht, mit anderen Worten, in einem Retikulationsverhältnis zu «queer»; die dimorphen und binarisierten Konkretisierungen von Homosexualität und Heterosexualität widerstreiten queeren Materialisierungen nicht, sondern sie sind besonders inkohärente, besonders leistungsfähige Mechanismen sexueller Generativität als solcher.

Ich lasse mich hier auch leiten von Sedgwicks Forderung nach einer «politischen Vision von Differenz, die sowohl binärer Homogenisierung als auch infinitisierender Trivialisierung zu widerstehen vermag» (Sedgwick und Frank 1995, 15). Was die Analyse von Sedgwick und Frank besonders griffig macht, ist beider Einsicht, dass Biologie und Biologismus ein unverzichtbarer Bestandteil dieser Vision sind. In einer Schilderung der instinktiven

Ablehnung, die in geistes- und kulturwissenschaftlich ausgebildeten Kreisen jeden dimorphen oder auch polymorphen Essenzialismus in biologischen Erklärungen trifft, bemerken Sedgwick und Frank: «Der Widerstand tritt auf, weil es anscheinend eine starke Verbindung zwischen der Spezifikation ‹endlich viele (n>2) Werte› und dem Tabuwort gibt, auf das in jedem Gespräch betretenes Schweigen folgt: ‹angeboren› .... Anscheinend ist es nicht leicht, an der Vorstellung von acht oder dreizehn (und doch nicht unendlich vielen) verschiedenen Arten von allem und jedem, das einem wichtig ist, festzuhalten, ohne dass gleich irgendwo ein biologisches Modell lauert. Diese enge Assoziation ist womöglich einer historischen Entwicklung geschuldet, als hätte irgendein Moment der Moderne... den begrifflichen Raum zwischen zwei und unendlich so sehr entleert, dass es vielleicht der Trägheitsreibung eines Biologismus bedarf, um die blosse Möglichkeit einer Wiedererschliessung dieses Raums in Aussicht zu stellen.» (15).

Was nun LeVays Studie angeht, so handelt es sich bei dem Begriffsraum, den ich hier erschliessen möchte, um einen solchen, in dem die Möglichkeit eines dimorphen Musters (n=2) durch den Imperativ einer entbinarisierten Ordnung nicht ausgeschlossen wird. Ich versuche mit anderen Worten, die – generative und degenerative – Konsequenz dimorpher Ontologien ernst zu nehmen.

Um es noch anders zu sagen: Heterogenität ist nicht einfach das Gegenteil (oder die Negation) eines dimorphen Musters. Das Verhältnis zwischen dem Dimorphismus und seinen Anderen ist, nun ja, eben heterogener als eine Gegensätzlichkeit. Michael Fortun stellt mit seiner Arbeit auf dem Gebiet der Genomforschung ein Verfahren zum Nachdenken über das Verhältnis zwischen dimorphen und gestreuten Formen bereit: den Chiasmus: «Eine seiner Anwendungsformen in der Rhetorik ist das Verbinden und Trennen, Kombinieren und Umkehren von zwei Begriffen. Der Chiasmus kennzeichnet ein wechselseitiges Ineinanderfalten, das sich wie in einer dieser unzähligen Radierungen von M. C. Escher nie zu einem *erst dies, dann das*-Bild, -Statement oder -Begriff setzt. In der Rhetorik meint der Chiasmus den Punkt, an dem zwei Begriffe voneinander nicht mehr zu unterscheiden sind, sondern sich voneinander nähren, untereinander verschlüsselte Botschaften austauschen und Möglichkeiten in Bewegung bringen: nicht die glatte und einfache Interaktion zwischen verschiedenen Entitäten (Natur oder Kultur, um nur ein bekanntes Beispiel zu nennen), sondern die unausweichlich volatilen und produktiven Wirkungen einer Aporie.» (23).

Fortun verbuchstäblicht den Chiasmus anhand des griechischen χ (Chi) und nutzt dieses als Analysewerkzeug, um zu erkunden, wie Genomwissenschaften, Technikwissenschaften, Gouvernementalität, Wirtschaftswissenschaften und Spekulation sich im Kursieren isländischer Genetikinformation und Genealogie gekreuzt haben. Über seinen Neologismus «lavaχland» sagt Fortun: Das χ in Lavaχland kennzeichnet die Fissur, aus der sowohl flüssige Lava als auch fester Boden austritt. Die Figur bezeichnet einen Punkt der Volatilität und Spekulation. Sie bezeichnet auch den Ort, an dem Lava und Land sich verbinden, in Selbigkeit insoweit getrennt, in Differenz… Sie bezeichnet ein *und* – Lava und Land – obwohl man besser sagen sollte, das χ markiere das nicht – Nichtlava-Nichtland.» (2001, 23).

Fortuns Analyse folgt einer Reihe chiasmatischer Wortprägungen (DekonstruktionχBiologie; Genχom; EpistemologieχAktienoptionen; ManieχGrundlagen; offene Zukunftχsicherer Hafen; vielversprechendχGenomwissenschaft; vorausgesetztχZustimmung; Spekulationχ Spekulation). Für jedes dieser Wortpaare entwirft er ein Diagramm «irreduzibler Komplexitäten» (8). Der Chiasmus bewährt sich in diesem Kontext als Mittel zur schematischen Darstellung von Komplexität ($n>2$) – «der riesigen Mengen genetischer und anderer Information, die heute mit Selbstverständlichkeit von privatwirtschaftlichen, universitären und staatlichen Laboren ausgestossen werden» (9) – innerhalb einer bilateralen Struktur (aχb). Dieses Rückbinden der Komplexität an die klassische Schlichtheit eines Paares ist ein vielversprechendes Modell für diejenigen unter uns, die sich in ihrer Analysearbeit bedrohlich unterfordert fühlen durch Formulierungen der Differenz, in denen $n=2$ gilt, oder andererseits überfordert sind vom Wuchern der Daten, Theorien und disziplinübergreifenden Kooperationen, das unser zeitgenössisches Wissenschaftsgeschehen kennzeichnet.

So auch bei LeVay. Die Muster in seinen Daten und die ontologischen Strukturen, die sie zu skizzieren versuchen, stellen uns nicht vor die interpretative oder politische Wahl zwischen zweigeteilten Ordnungen oder exzentrischen Verteilungen. Diese Daten lassen komplexere Ordnungen aus rudimentären Zweiteilungen und deren launischem Eigenleben vermuten: Dimorphismus χ Divergenz. Die retikulierend-chiasmatische Konfiguration ist nicht einfach ein Kontinuum, in dem dimorphe und streuende Formen friedlich miteinander auskommen (als Bell-Kurve der Standarddaten und ihrer Abweichungen). Das Interessante an den Daten ist weder der Aufweis klarer Unterschiede entlang der Hetero / Homo-Differenz (wie LeVay hoffte) noch eine Vorführung erschöpfend entbinarisierter Sexualitäten (wie viele von LeVays Kritikern hoffen), sondern eine verwirrende, weniger leicht auszumachende Retikulation von konventionalisierten und neurologisch aussergewöhnlichen Verfassungen.

Die Vorlieben des Hypothalamus

Mein obiges Interesse an der Interpretation von LeVays Daten ist ein Versuch, mich der retikulierenden Natur des Nervenmaterials anzunähern.

Indem ich meine Überlegungen auf das Substrat der Neurologie beschränke (also ohne direkten interpretativen Rückgriff auf Kontingenzen der Kultur, Gesellschaft, Psyche oder Repräsentation), will ich die natürliche Vielschichtigkeit des Nervenmaterials zur Geltung bringen.

Das Hirn der Säuger ist eine retikulierende Struktur. Sein auffälligstes morphologisches Merkmal – die Teilung in zwei Hemisphären – geht mit einer von dieser Zweiheit abweichenden Vielfalt synaptischer Verbindungen, Nervensträngen, funktionalen und histologischen Differenzierungen und biochemischen Kommunikationen einher. Betrachten wir allein die Anatomie der Nervenverbindungen, so entzieht sich diese Komplexität beinahe jeder Vorstellung: Nach einer Schätzung (Edelman 1992) enthält allein der Kortex ungefähr zehn Milliarden Neuronen, und jedes einzelne dieser Neuronen weist 1000 bis 10'000 Synapsenverbindungen zu anderen Neuronen auf. Es gibt somit mindestens eine Billion Verbindungen in der Hirnrinde. Eine Gewebsprobe von der Grösse eines Streichholzkopfs enthält etwa eine Milliarde Verbindungen. Edelman bemerkt dazu: «Wenn wir überlegen, wie viele mögliche Mehrfachverbindungen es darunter geben mag, so kämen wir auf eine hyperastronomische Zahl – in der Grössenordnung von 10 mit Millionen angehängter Nullen. (Die Gesamtzahl aller positiv geladenen Teilchen im bekannten Universum ist 10 mit 80 angehängten Nullen!)» (17).

Und doch ist das Gehirn zugleich auch drastisch unterverbunden: Nerven verbinden sich nicht irgendwohin oder über grosse Entfernung. Ihre Verbindungen stellen sie in der Regel innerhalb lokaler, funktional und anatomisch bestimmter Grenzen her. Während also die Anatomie der Nervenverbindungen eine beinahe unbegrenzte Funktionskapazität erkennen lässt, gibt es andererseits Beschränkungen, was die Fähigkeiten von Nerven angeht, an bestimmten Funktionen mitzuwirken. Beispielsweise sind die Sehzentren im Gehirn ganz anders aufgebaut als die subkortikalen Regionen wie der Hypothalamus, und der Kortex selbst ist rudimentär in Bereiche funktionaler Spezialisierung untergliedert: motorische Rinde, Sehrinde, Assoziationsrinde usw. Ein grosser Teil der populärwissenschaftlichen Literatur zum Gehirn sind Versuche, aus der einen oder anderen Stelle in diesem retikulierenden Puzzle schlauer zu werden: Das Gehirn wird darin entweder als eines der komplexesten Gebilde des Universums oder als ein in einfache lokal abgegrenzte Funktionen gegliedertes Organ betrachtet.

Auch der Hypothalamus ist ein Beispiel für diese retikulierende Verstrickung symmetrischer, lokalisierter und streuender Ordnungen. Der Hypothalamus ist eine subkortikale Struktur im Vorderhirn der Wirbeltiere und enthält eine Anzahl von Kernen. Von diesen wird vermutet, dass sie etliche verschiedene Aktivitäten steuern, darunter viele homöostatische. Der Hypothalamus integriert das vegetative Nervensystem mit Zentren für die Steuerung des Sympathikus und Parasympathikus; empfängt Impulse von den inneren Organen. Ideal gelegen, um als integrierendes Zentrum für das endokrine System und das Nervensystem zu agieren, schüttet verschiedene auslösende Faktoren in das hypophysiäre Pfortadersystem und Neurosekrete in den Hypophysenhinterlappen aus... Enthält die Steuerungszentren für Nahrungsaufnahme und Sättigung – wobei Letztere nach erfolgter Nahrungsaufnahme inhibiert. Bei höheren Wirbeltieren ein Zentrum für aggressive Emotionen und Gefühle sowie für psychosomatische Wirkungen. Enthält ein Durstzentrum, das auf das extrazelluläre Flüssigkeitsvolumen reagiert; wirkt mit an der Regulierung des Schlaf-Wach-Rhythmus; überwacht pH-Wert und Konzentration des Blutes und bei Gleichwarmen auch die Körpertemperatur. (Thain und Hickman 1996, 319).

Unterdessen ist diese funktionale Heterogenität in einer symmetrisch geteilten Form untergebracht: Der Hypothalamus besteht aus einer linken und einer rechten Hälfte. Jeder Nukleus innerhalb des Hypothalamus hat seine Entsprechung in der jeweils anderen Hälfte, obwohl keine funktionalen oder anatomischen Unterschiede zwischen den Nuklei bekannt sind.[15] Und obwohl der

Hypothalamus biochemisch weitläufig mit der Hirnrinde und mit anderen Organen verbunden ist (z. B. mit der Hypophyse und über sie mit den Keimdrüsen), stammt die meiste Information, die der Hypothalamus empfängt, von ihm selbst. (LeVay 1993).

Genau diese Relationalität zwischen einfachen, symmetrischen Formen und breit gestreuten Kreisläufen muss auch aus LeVays Daten von 1991 herausgelöst werden. In dieses Feld eine dimorphe Sexualität einzubringen muss die divergierenden Nervenpfade nicht unbedingt blockieren. Obwohl LeVays Verwandlung von sexueller Orientierung in Nukleusvolumen zunächst hoffnungslos reduktionistisch erscheinen mag, geht mit der Anwendung neurologischer Dimorphismen als solcher nicht zwingend ein Reduktionismus einher. Wenn das Gehirn hier und da zu einer symmetrischen und lokalisierten Ordnung findet, so nur innerhalb einer umfassenderen Kreisläufigkeit, die diese lokale Symmetrie retikuliert. Ebenso sind diese Kreisläufe selbst wiederum durch eine enge Bindung an lokale Dimorphien gekennzeichnet. Wie ich hier zu zeigen versuche, sind symmetrische Zwieformen nicht notwendig degeneriert, reduktiv oder starr. Sie können auch produktive Bestandteile innerhalb der gesamten Nervenstruktur und -funktion sein.

LeVays Studie eröffnet mindestens zwei Zugänge zum Ineinandergreifen von Nervensystem und Sexualität. Erstens ermöglicht sie es, die

Verkörperung von sexueller Präferenz neurologisch zu konkretisieren. Es ist kleinkariert, zu erwarten, dass Sexualitäten nur in nichtbiologischen Gefilden kreisen, dass sie auf das Gebiet des Kulturellen festgelegt oder umgekehrt innerhalb einer Zellwand oder einem Synapsenspalt festgehalten werden könnten. Bleibt Sexualität in nichtbiologischen Ordnungen (Kultur, Wirtschaft, Semiose) kaserniert, so werden dadurch auch die Mitteilbarkeit von Sexualität und die Spielräume der Perversion erheblich gemindert. Zweitens (und in weiterer Folge) erschliesst LeVays Behauptung einer innigen Verbindung zwischen INAH und Sexualität Letztere einer Reihe von hypothalamischen Möglichkeiten. Sie stellt allfällige Zusammenhänge auch zwischen Sexualität und beispielsweise Körpertemperatur, Appetit und circadianen Rhythmen in Aussicht, und das in einer Weise, die perverse und verstreute Formen des Sexuellen verspricht, wenngleich LeVay selbst vielleicht nicht überraschend ein solches divergierendes Körpersubstrat für die Sexualität ausgeschlossen hat. Am Beginn seiner Studie von 1991 bemerkt er, es habe zuvor etliche erfolglose Versuche gegeben, eine natürliche Grundlage für die sexuelle Orientierung zu finden, und führt in einer Fussnote das folgende Beispiel an: «Vom suprachiasmatischen Nukleus (SCN) des Hypothalamus wurde festgestellt, dass er bei homosexuellen Männern grösser ist als bei heterosexuellen … Es gibt jedoch kaum Anhaltspunkte für die Vermutung, dass der SCN an der Steuerung des Sexualverhaltens beteiligt ist, wenn man von seiner circadianen Rhythmik absieht.» (1036).

Mir scheint demgegenüber, dass die Sexualität sich nicht in dieser Weise im Hypothalamus aufteilen lässt: Orientierung hier, circadiane Rhythmen dort. Inwieweit irgendeine Hypothalamusfunktion von der Sexualität abgesondert bleibt, ist ja gerade die Frage, die LeVays Studie in äusserst produktiver Weise aufwirft. In letzter Zeit wurde versucht, diese Schnittstelle zwischen Sexualität und allgemeineren Hypothalamusfunktionen genauer zu untersuchen. Rahman und Silber (2000) stellen fest, dass der SCN des menschlichen Hypothalamus «das wichtigste Nervensubstrat der circadianen Rhythmik» (127) und bei homosexuellen Männern signifikant grösser als bei heterosexuellen Männern sei. Daraus folgt ihrer Ansicht nach, dass sich auch die Schlafrhythmen von heterosexuellen und homosexuellen Männern unterscheiden könnten. Ihre Daten deuten darauf hin, dass homosexuelle Männer kürzere Schlafzeiten haben als heterosexuelle, dass sie später einschlafen und früher aufwachen. Aus mehreren Gründen wirken die Daten nicht sehr überzeugend (unter anderem weil sie aus Selbstbeurteilungen erstellt wurden). Das grösste Problem der Studie ist aber, wie Rahman und Silber an einem distanzierten Verhältnis zwischen Sexualität, circadianen Rhythmen und Hypothalamus festhalten. Sie postulieren, dass diese Korrelation «eine Interpretation auf neurologischer Ebene lohnte» (132), aber an eine wechselseitige Kontamination zwischen diesen Ereignissen denken sie dabei nicht: nämlich wie diese einander chiasmatisch überkreuzen und nach Massgabe ungewöhnlicher Ontologien und Rhythmen konstituieren könnten.

Obwohl LeVays Daten eine Literatur nach sich gezogen haben, die Sexualität auf binarisierte Formen reduziert (Ellis und Ebertz 1997), erweitern sie zugleich die Sexualität zu einem grösseren materiellen Feld. LeVays Untersuchung könnte uns dazu anregen, eingehender über die Schnittstelle von Nervensystem und Sexualität nachzudenken – beide nicht als ein Inselpaar, sondern als Knoten in einer chiasmatisch-retikulierenden Körperstruktur zu betrachten. Offenkundig vereinfacht LeVays Forschungsbericht von 1991 Sexualität in gravierendem Ausmass und liefert auch keine hinreichend belastbaren Daten, die seine an dieser Stelle und in anderen Zusammenhängen gezogenen Schlussfolgerungen rechtfertigen. Wahr ist aber auch, dass seine Daten, obwohl sie durch eine konzeptuell unbeholfene Auffassung des Zusammenwirkens von Nervensystem und Sexualität zustande kamen, in diesen Nerven eine Komplexität offenbart haben, die LeVay zwar nicht selbst erkannt, aber verzeichnet hat.

KAPITEL 3 — ENDNOTEN

• 1 In diesem Zusammenhang meint der Begriff «Nukleus» eine Ansammlung von Nervenzellen. Solche Nuklei (oder Ganglien) sind anatomisch eigene Bereiche im Gehirn und Rückenmark. LeVay bezieht sich hier auf Nuklei im Hypothalamus des Menschen. Vermutet wird, dass Hypothalamuskerne im Zusammenwirken mit dem endokrinen System an der homöostatischen Regulierung (Essen,

Tag-Nacht-Rhythmen, Aggression, Sexualität, Körpertemperatur) beteiligt sind.

• 2 Rahman und Wilson (2003) geben einen Überblick psychobiologischer Forschung zur sexuellen Orientierung seit LeVays Studie. LeVays Erkenntnisse wurden nicht repliziert. Es gab einiges Interesse an der Dimorphie anderer Hypothalamuskerne mit Bezug zur sexuellen Orientierung, und anscheinend regt sich auch zunehmend Interesse an den Hypothalamusstrukturen in Gehirnen Transsexueller. Byne u. a. (2000) berichten von einem geschlechtlichen Dimorphismus in einem der von LeVay untersuchten Hypothalamuskerne, doch sie haben sich mit Unterschieden der sexuellen Orientierung nicht befasst (siehe Anm. 10 unten).

• 3 LeVay hat sich an seine eigene Mahnung nicht gehalten und umfangreich Interpretationen seiner ursprünglichen Daten beigesteuert. 1992 gab er seinen Posten am Salk Institute auf, wo die Hypothalamusforschung durchgeführt wurde. Er führt seinen Bericht in *Science* von 1991 als seine vorletzte wissenschaftliche Veröffentlichung an. Dies war zugleich seine erste Untersuchung zum Thema Sexualität. Sein eigentliches neurologisches Spezialgebiet war die Sehrinde (http://hometown.aol.com/slevay). Ab 1992 kommentierte LeVay ausführlich Inhalt und Konsequenzen seiner Studie von 1991. Er trat in Fernsehsendungen (MacNeil/Lehrer NewsHour, Primetime live, Nightline) und Talkrunden (Donahue, Oprah) auf, schrieb eine in mehreren Schwulenzeitungen erscheinende Kolumne, sagte vor Gericht als Sachverständiger aus, war Sprecher einer Dokumentation auf Channel 4 (*Born That Way?*), hielt Vorträge an Universitäten und vor Verbänden über die Biologie der sexuellen Orientierung, schrieb zwei populärwissenschaftliche Sachbücher und einen Roman über den wissenschaftlichen Kontext und die kulturellen Konsequenzen aus der neurobiologischen Erforschung der Sexualität (*The Sexual Brain*, 1993; *Queer Science*, 1996; *Albrick's Gold*, 1997). Auch die Zeitschriften *Science und Nature* kümmerten sich nicht um seine Aufforderung zur Mässigung. Sie druckten unmittelbar nach Erscheinen seiner Studie weitere Kommentare und Spekulationen rund um seine Daten (Barinaga 1991; Maddox 1991).

• 4 Vgl. die Kritik aus Wissenschaftskreisen in Byne (1995), De Cecco und Parker (1995), Fausto-Sterling (1992), Murphy (1997) und Stein (1999). Hier werden methodische und konzeptuelle Grenzen von LeVays Studie aufgezeigt. Gallagher (1991) und Gessen und McGowan (1992) schildern in *The Advocate* die Vielfalt politischer und aktivistischer Reaktionen auf LeVays Studie.

• 5 LeVays ausführlichste Darstellung seiner theoretischen Anliegen im Zusammenhang mit der Sexualität findet sich in *Queer Science* (1996), wo er seine Voreingenommenheit für Hirschfelds Sexualwissenschaft bekundet: «eine tiefe Bewunderung für den Mann, sein Denken und sein Engagement» (40). Nicht klar wird daraus, inwieweit er sich in seinem ursprünglichen Herangehen an die Untersuchung des Hypothalamus und der sexuellen Orientierung von Hirschfelds Forschung leiten liess, oder ob er erst nachträglich darin theoretische

Grundlegungen suchte: «LeVay ist selbst schwul und gibt unumwunden zu, dass seine Untersuchung der Herkunft der Sexualität ‹einfach aus einem Bauchgefühl herrührt, das ich, wie mir scheint, mit vielen schwulen Männern teile. Dieses Gefühl hat zurzeit noch nicht viel wissenschaftliche Belege auf seiner Seite.›» (Gessen und McGowan 1992, 60).

• 6 Im Englischen stammt «reticulate» aus dem 18. Jahrhundert und wurde im 19. meistens zur Beschreibung geografischer und geologischer Strukturen verwendet. Der Oxford English Dictionary gibt Bedeutungsbeispiele wie «Granit, der an dieser Stelle so viele Adern bildet, dass er Kalkstein und Schiefer wie ein Netz durchzieht» oder «ein feines Netz zahlreicher Kanäle und Seitenarme des Flusses, die die Schwemmlandebene überziehen», «... weist ein Netz tausender Fissuren auf». In allen diesen Kontexten bedeutet «retikulieren» anscheinend die sekundäre Differenzierung einer einheitlichen Oberfläche und Verzweigungen in den Gesteins- und Landschaftsformationen. Ich nutze den Begriff hier, um zu betonen, wie eine insbesondere dimorphe Aufteilung konstitutive oder vorgängige Bedingung einer Netzstruktur ist.

• 7 Eine hervorragende Analyse dieser Studie und allgemeine Erörterung zu den Grenzen und Konsequenzen der Nutzung von Tierdaten in Untersuchungen zur menschlichen Sexualität findet sich in Terry (2000).

• 8 In der neurobiologischen Literatur zur sexuellen Orientierung herrscht einige Verwirrung, ob es Homologien zwischen den Hypothalamuskernen dieser Nagetiere und denen der Menschen gibt oder nicht. Zunächst einmal hat sich auch die Bezeichnung dieser Strukturen über die Jahre geändert. Gorski, Gordon, Shryne und Southam (1978) berichteten von Geschlechtsunterschieden in den medialen präoptischen Nuklei der Ratte (MPON): Dieser Bereich war bei Männchen erheblich grösser als bei Weibchen. Er wurde bekannt unter der Bezeichnung «sexuell dimorpher Nukleus des präoptischen Bereichs (SDN-POA)». Elf Jahre später berichteten Allen u. a. (1989) von zwei geschlechtlich dimorphen Nuklei im menschlichen Hypothalamus. Sie lösten sich von der Vorstellung eines einzigen sexuell dimorphen Nukleus im Menschenhirn und konzentrierten sich auf eine Gruppe von Kernen, nämlich die interstitiellen Nuklei des vorderen Hypothalamus, von denen sie vier herauslösten: INAH 1, 2, 3, 4. Allen u. a. stellten fest, dass INAH 2 und INAH 3 sexuell dimorph sind (grösser bei Männern als bei Frauen). Die Homologie zwischen den 1978 und 1989 beschriebenen Strukturen wird noch komplizierter durch das Eingeständnis von Allen u. a., es sei «unklar, ob einer der beiden von uns als sexuell dimorph erkannten Nuklei im Hirn des Menschen dem SDN-POA der Ratte entspricht, und falls ja, welcher» (501). Sie raten auch davon ab, die Bezeichnung INAH 1 als gleichbedeutend mit SDN-POA zu verwenden: «Zurzeit deutet nichts darauf hin, dass INAH 1 dem SDN-POA der Ratte entspricht.» (503). Dennoch haben Swaab und Hofman (1995), zwei Autoritäten auf dem Gebiet, die alte Nomenklatur beibehalten. «Der sexuell dimorphe Nukleus des präoptischen Bereichs (SDN-POA) des Hypothalamus, zuerst von Gorski und Kollegen bei der Ratte beschrieben, ist nach wie vor der auffälligste morphologische Geschlechtsunterschied im Säugerhirn» (266); sie setzen SDN-POA mit INAH 1 gleich. Byne u. a. (2000) bringen die Möglichkeit auf, dass der SDN-POA in der Ratte INAH 3 beim Menschen entsprechen könnte. Dabei ist keineswegs sicher, ob hier ähnliche Strukturen im Ratten- und Menschenhirn verglichen werden, und noch nicht einmal, ob in den verschiedenen Aufsätzen die gleiche Struktur im menschlichen Gehirn beschrieben wird.

• 9 Alle homosexuellen Probanden waren an Aids gestorben. Sechs der heterosexuellen Männer und eine heterosexuelle Frau waren an Aids gestorben. Siehe Einzelheiten zu den Todesursachen der anderen Probanden in LeVay (1991).

• 10 Als Grössenmass wurde das Volumen anstelle der Zellenanzahl oder Zelldichte gewählt, weil es «schwierig ist, die genaue Zahl der zu INAH 3 gehörenden Neuronen zu bestimmen» (LeVay 1991, 1036). Bei Allen u. a. (1989, 489) findet sich eine eingehende Beschreibung dieses Vermessungsverfahrens. Swaab und Hofman (1995) wiesen auf mögliche Probleme des Verfahrens hin: «Das Volumen unterliegt verschiedenen Prä- und Post-mortem-Faktoren wie dem Unterschied zwischen dem Zustand der Agonie und dem Moment der Fixierung, ist aber auch abhängig von histologischen Verfahren und Methoden wie der gewählten Schnittdicke. Daher ist es notwendig, auch Daten zur Gesamtzahl der Zellen von Hypothalamuskernen zu berücksichtigen, da dieser Parameter den genannten Einflussfaktoren nicht unterliegt.» (266 f.).

• 11 Abgesehen von Geschlechtsdimorphien in anderen Hypothalamuskernen (z. B. im suprachiasmatischen Nukleus) ist immer noch nicht geklärt, ob es in den von LeVay untersuchten INAH-Strukturen einen sexuellen Dimorphismus gibt. Die Arbeit von Swaab zum Dimorphismus des SDN-POA / INAH 1 (Swaab und Fliers 1985) weckte einen grossen Teil des Forschungsinteresses am Hypothalamus und geschlechtsspezifischen Unterschieden. Doch diese Ergebnisse wurden nie von anderen Forschern repliziert, obwohl Swaab u. a. (2001) behaupten, Letztere seien «bei der Ratte in diesem Bereich so offenkundig, dass man sie sogar mit dem blossen Auge wahrnehmen kann» (93). Andere Forscher fanden einen Geschlechtsdimorphismus in INAH 2 oder 3, nicht aber in INAH 1. → siehe hierzu untenstehende Tabelle, Abb. 4

• 12 Die Formel n=2 beinhaltet Paare, Dimorphien, Teilungen und Bilateralitäten, beispielsweise bei gepaarten Nukleotiden oder der Doppelhelix oder Lungen und Nieren. Bilateralität kommt im menschlichen Körper häufig vor: Gliedmassen, Sinnesorgane, Hirnrinde sind allesamt paarig aufgebaut, wenngleich oft auch asymmetrisch. Ein sehr

INAH 1	INAH 2	INAH 3	INAH 4
grösser bei ♂	/ nicht untersucht	/ nicht unters.	/ nicht unters.
Kein GU	/ grösser bei ♂	/ grösser bei ♂	/ kein GU
grösser bei ♂	/ nicht untersucht	/ nicht unters.	/ kein GU
Kein GU	/ Kein GU	/ grösser bei ♂	/ kein GU
Kein GU	/ Kein GU	/ grösser bei ♂	/ kein GU

* GU [Geschlechtsunterschied]

[4]

bedeutsamer Modus bilateraler unter den bilateralen Strukturen von Gliedmassen, Sinnesorganen und Nerven ist das optische Chiasma, d. h. die Kreuzung des rechten Sehnervs, der zur linken Hirnhälfte führt, mit dem linken, der zur rechten Hirnhälfte führt.

• 13 Hegarty (1997) hat moniert, dass LeVays statistische Analyse stringenter durchgeführt werden hätte können. Hegartys eigene Analyse (sie beschränkt sich auf Daten zu Probanden, die an Aids gestorben waren, und erhebt Unterschiede zwischen allen vier INAH-Volumen) gelangt zu keiner statistisch signifikanten Differenz der INAH-3-Volumen hinsichtlich sexueller Orientierung. Jeder Datenbestand kann verschiedenen statistischen Erhebungsverfahren unterworfen werden, und in manchen Fällen ergeben sich daraus signifikante Unterschiede zwischen Gruppen nach einem Verfahren, nicht aber nach einem anderen. LeVay selbst führt an, dass die statistische Signifikanz der Unterschiede in den Kernvolumen scharf abnimmt (von $p<0{,}00$ auf $p<0{,}028$), wenn man den Vergleich zwischen heterosexuellen und homosexuellen Probanden auf diejenigen eingrenzt, die an Aids gestorben sind (und so allfällige Verzerrungen durch einen möglichen Unterschied zwischen an Aids gestorbenen und anderen Probanden ausschliesst). Die Abweichungen zwischen LeVays eigener Analyse und Hegartys Reanalyse macht deutlich, wie uneindeutig alle statistische Analyse tatsächlich ist. Dieses Buch beansprucht nicht, über die angemessene statistische Analyse von LeVays Daten zu urteilen. Allerdings entnehme ich LeVays eigener Analyse einen Hinweis auf eine wie immer geartete Aufteilung der Daten. Seine statistischen Untersuchungen belegen, dass die Wahrscheinlichkeit, dass zwei Cluster in den INAH-3-Daten zufällig auftreten (d. h. wenn die Probanden per Zufall jeder Kategorie zugeordnet würden), weniger als 1 zu 1000 ($p<0{,}001$) beträgt. Es ist also wesentlich wahrscheinlicher, dass ein Merkmal die Hypothalamusstrukturen dieser 48 Personen nach einem dimorphen Muster unterscheidet. Andere Forscher scheinen mit der Zuverlässigkeit von LeVays Analyse dieser Stichprobe einverstanden. So äussert sich Suppe (1994) zustimmend zu LeVays statistischer Untersuchung, obwohl er die Studie ansonsten ablehnt. Einwände richteten sich entweder gegen die Repräsentativität der Stichprobe für die allgemeine Bevölkerung oder dagegen, dass wir aus der anatomischen Differenz keine spezifischen funktionalen Unterschiede ableiten können.

• 14 Eine eingehende Lektüre von Sedgwick und Halley zu diesem Punkt findet sich bei Deutscher (1997, Kap. 1).

• 15 LeVay (1991) mass bei weniger als der Hälfte seiner Probanden sowohl die linken als auch die rechten INAH: «In 15 Fällen wurden die Nuklei des rechten und des linken Hypothalamus vermessen. In 12 Fällen wurde nur der linke Hypothalamus untersucht, in 14 Fällen nur der rechte.» (1035). In einem späteren Text erklärt er: «So weit bekannt, verfügen die Hälften jedes [Kern-]Paares über dieselbe Struktur, dieselben Verbindungen und dieselben Funktionen, weshalb sie oft vereinfachend in der Einzahl genannt sind.» (1993, 40).

ZITTERN, ERRÖTEN: DARWINS NERVENSYSTEM

Stellen wir uns einen geköpften Frosch vor. Dieser Frosch hat die zerebrale Kontrolle über seinen Körper verloren. Doch seine Muskel- und Periphersysteme funktionieren normal: Entsprechenden Reizen ausgesetzt, bewegen sich die Gliedmassen des Frosches auf eine Art, die der eines unversehrten Froschs ähnelt. Stellen wir uns weiter vor, dass auf den Schenkel dieses geköpften Frosches ein Tropfen Säure fällt. Die Säure irritiert die Haut. Der kopflose Frosch reagiert auf diesen Reiz in einer unheimlichen Weise. Wie es für einen normal funktionierenden Frosch Routine ist, nutzt er den Fuss des betroffenen Beines, um die Säure abzuwischen. Nehmen wir nun an, dieser Fuss sei amputiert. Der kopflose Frosch versucht noch einige Zeit weiter, die Säure auf dieselbe Art zu entfernen (d. h. mit seinem fusslosen Bein). Schliesslich sieht er ein, dass dieses Vorgehen fruchtlos bleibt, und er nutzt den Fuss des anderen Beines, um erfolgreich die verletzende Säure loszuwerden.

Am Beginn seines Buchs *Der Ausdruck der Gemütsbewegungen bei dem Menschen und bei den Tieren* (1877) berichtet Charles Darwin von diesem Experiment (als erstes durchgeführt vom deutschen Physiologen Edward Pflüger), um ein Beispiel für die Komplexität des Reflexhandelns zu geben. Das Verhalten des Frosches scheint gängigen Vorstellungen von Reflexen energisch zu widersprechen: «Reflexbewegungen im strengen Sinne des Ausdrucks sind Folgen der Erregung eines peripherischen Nerven, welcher seinen Einfluß gewissen Nervenzellen überliefert, worauf dann diese ihrerseits wieder gewisse Muskeln oder Drüsen zur Tätigkeit anregen; und alles dies kann ohne irgend eine Empfindung oder ein Bewußtwerden unsrerseits stattfinden, obschon es oft hiervon begleitet wird.» (32). Den Kopf und das Hirn zu entfernen schaltet Bewusstsein oder Willen im Versuchsgeschehen aus: Der enthauptete Frosch kann «natürlich nicht fühlen und keine Bewegung mit Bewusstsein ausführen» (32). Bis heute ist der Reflex durch das Fehlen von Bewusstsein oder Intentionalität definiert, und eine Reflexhandlung ist gleichbedeutend mit dem eingeschränkten Verhaltensrepertoire der niedrigeren (wirbellosen) Tiere. Dementsprechend nennt der *Dictionary of Modern Biology* (Rudin 1997) den Reflex «eine unmittelbare und unwillentliche Reaktion auf einen Reiz ohne bewusste Auslösung oder Modifizierung. Er ist bei den einfachsten Arten (z. B. Nesseltieren) die einzige Reaktionsweise überhaupt und prägt bei Tieren mit höher entwickelten Nervensystemen nur wenige Reaktionen wie den Kniesehnenreflex... [Das Reflexhandeln] geschieht äusserst schnell, da die Nervenimpulse jede Verarbeitung oder Einbeziehung durch das Gehirn umgehen» (317).

Für Physiologen erwies sich der geköpfte Frosch im Experiment als ausgezeichnetes Beispiel, um reflexhaftes Handeln von Nerven zu veranschaulichen (Clarke und Jacyna 1987). Denn ein Reflex gilt traditionell als einfache, nichtpsychische Verhaltensweise, doch das Verhalten des Frosches widerlegt diese Vorstellung. Die Verstümmelung des Frosches bis auf sein reflexives und peripheres Nervensubstrat führt keineswegs zu rudimentärem oder unreflektiertem Handeln. Das periphere Nervensystem des Frosches weist eine unerwartete Komplexität auf. Am beeindruckendsten ist dabei, dass es anscheinend in der Lage ist, erfinderisch zu reagieren. Selbst in seinem reduzierten, hirnlosen Zustand geht das Nervensystem des Frosches noch besonnen vor. Seine Reflexhaftigkeit sprengt den engen Rahmen körperlicher Automatismen; sie umfasst ebenso das, was wir mit altmodischen Wörtern als Überlegung oder Besinnung, als ein immer neu ansetzendes, indirektes Handeln, als schweifenden Blick bezeichnen. Dieses schlichte neurophysische Handeln birgt in sich einen Reichtum an Verhaltensweisen und eine ganze psychische Welt.

Das Schauspiel des geköpften Frosches und seines Reflexhandelns wirkt umso merkwürdiger, als Darwin es zum Ausgangspunkt einer Theorie des emotionalen Ausdrucks nimmt. In *Der Ausdruck der Gemütsbewegungen bei dem Menschen und bei den Tieren* beschreibt er den unwillentlichen Gefühlsausdruck beim Menschen in Begriffen des Reflexverhaltens bei anderen Tieren.

> Auch lassen sich einige Formen des Ausdrucks, so das Sträuben der Haare unter dem Einflusse des äußersten Schreckens, oder das Entblößen der Zähne unter dem der rasenden Wut, kaum verstehen, ausgenommen unter der Annahme, daß der Mensch früher einmal in einem viel niedrigeren und tierähnlichen Zustande existiert hat. Die Gemeinsamkeit gewisser Ausdrucksweisen bei verschiedenen, aber verwandten Species, so die Bewegungen derselben Gesichtsmuskeln während des Lachens beim Menschen und bei verschiedenen Affen, wird etwas verständlicher, wenn wir an deren Abstammung von einem gemeinsamen Urerzeuger glauben. (12).

Darwin nutzt die innervierten Gewohnheiten des Frosches in diesem Zusammenhang, um die übliche Loslösung menschlicher Fähigkeiten von tierischem Verhalten oder, anders gesagt, des Gemütslebens vom Reflexverhalten zu hinterfragen. Feministinnen und psychoanalytische Autoren ziehen im Gegensatz zu Darwin gern eine Grenze zwischen menschlichem Verhalten und tierischen Naturen. Ein häufig anzutreffendes Beispiel dafür ist die Unterscheidung zwischen (natürlichen, tierischen) Instinkten und (menschlichen, sprachlichen) Trieben in der von Lacan beeinflussten psychoanalytischen Kulturkritik.[1] In diesem Kapitel soll es darum gehen, die Tendenz dieser Kritik zur Festschreibung der Wesenszüge tierischer Natur (rudimentär!) und menschlichen Verhaltens (komplex!) in andere Richtungen zu lenken.

Darwins Auseinandersetzung mit der reduzierten Materialität des Nervensystems in seiner Schilderung der Gemütsausdrücke ergab sich naturgemäss aus seinem Interesse an der Physiologie der niederen Tiere. Vor seiner Reise auf dem Forschungsschiff *HMS Beagle* und noch bevor er seine bekannte Vorliebe für das Sammeln von Käfern entwickelte, begeisterte er sich für wirbellose Wassertiere, und auch seine später erschienenen Arbeiten lassen die besondere, lange nachwirkende Vorliebe für diese einfacheren Phyla – Korallen, Rankenfusskrebse, Würmer – erkennen.[2] Darwin vertiefte sich ausserdem gern in Erörterungen des peripheren Nervensystems auf Kosten der Erkundung höherer Hirnfunktionen, was anscheinend weniger mit eingeschränkten Kenntnissen der Neurologie als mit seiner frühen Bekehrung zum Materialismus zu tun hatte, die ihn dazu brachte, das Bewusstsein (und damit dessen Sitz im Gehirn) von seinem zentralen Stellenwert in der Artenentwicklung und deren Herleitung zu verdrängen. In Darwins frühen Aufzeichnungen (1836–1844; Darwin 1987) über den Gemütsausdruck entzündet sich sein Forschergeist ebenfalls mehr am innervierten Körper als am bewussten Hirn-Geist.

Dieses Kapitel untersucht, was sich aus Darwins Interesse an diesen psychisch und physisch scheinbar rudimentären Ereignissen im Nervensystem an produktiven Anreizen ergibt. Dafür ist es zuvor nötig, den Umweg über eine Erörterung von Darwins Lamarckismus zu gehen. Diese Erläuterung zeigt im Einzelnen, welchen Bezug Darwin zwischen Biologie und Psychologie herstellte, und schafft damit ein Rahmenwerk für die Analyse von Sympathie und Erröten, mit dem dieses Kapitel abschliesst.

Lamarckismus

Meine Befassung mit Darwins Präferenz für reduktive Erklärungen des Gemütsausdrucks ist angeregt auch durch seinen methodischen Rückgriff auf eines der am übelsten beleumdeten Erklärungssysteme der Biologie: den Lamarckismus. Obwohl dem Darwinismus zumeist zugutegehalten wird, dass er den Lamarckismus in Verruf gebracht habe, war Darwin selbst ebenso sehr Lamarckist wie Fürsprecher der natürlichen Zuchtwahl. Besonders in *Der Ausdruck der Gemütsbewegungen bei dem Menschen und bei den Tieren* verlässt er sich mehr auf Lamarcks Ideen als auf seine eigenen Theorien der Selektion.

Aus vielen Gründen wäre es falsch, im Lamarckismus von *Der Ausdruck der Gemütsbewegungen bei dem Menschen und bei den Tieren* ein Nachlassen des theoretischen Scharfsinns bei Darwin zu sehen. Zunächst einmal ist das Buch eng verwoben mit Darwins öffentlicher Auseinandersetzung seiner Theorie der natürlichen Zuchtwahl. Als es erschien, erreichte seine Evolutionstheorie den Höhepunkt ihrer gedruckten Verbreitung: 1872 kam die sechste und letzte Ausgabe von The *Origin of Species (Die Entstehung der Arten)* heraus; *The Descent of Man (Die Abstammung des Menschen)* war ein Jahr zuvor erschienen. Tatsächlich behandelt *Der Ausdruck der Gemütsbewegungen bei dem Menschen und bei den Tieren* auch Material, das Darwin ursprünglich in *Die Abstammung des Menschen* aufnehmen hatte wollen. Desmond und Moore nennen es den «amputierten Kopf der *Abstammung*» (1991, 593). Zudem war Darwins Lamarckismus in *Der Ausdruck der Gemütsbewegungen bei dem Menschen und bei den Tieren* nicht einfach eine zweitrangige oder zufällig gewählte Methode. Zwar enthalten seine Notizbücher und sein früher Briefwechsel häufige und konsequente Kritik an bestimmten Aspekten von Lamarcks Werk, und Darwin lehnte insbesondere Lamarcks Postulat ab, allen Lebewesen wohne eine angeborene Tendenz zur Entwicklung höherer Formen inne (Progressionismus). Dennoch erachtete Darwin andere Aspekte der Lamarck'schen Evolution als massgeblich für seine eigenen Theoriemodelle.

In konventionellen neodarwinistischen Stellungnahmen heisst es oft, der Rückgriff auf den Lamarckismus sei Darwin dadurch aufgenötigt worden, dass die moderne Mendel'sche Genetik noch nicht ausformuliert war. Nach Mendel, so das Argument, sei Darwins Lamarckismus überholt gewesen. Mir ist nun nicht daran gelegen, den Lamarckismus gegenüber der modernen Genetik zu behaupten,[3] sondern im Freilegen der Relevanz bestimmter theoretischer Konsequenzen aus Darwins Lamarckismus – insbesondere der Frage nach einer grundsätzlichen Permeabilität der Körpernatur – für zeitgenössische kritische Analysen des nervlichen Geschehens. Aus allen diesen Gründen erfordert eine irgendwie eingehende Darstellung von *Der Ausdruck der Gemütsbewegungen bei dem Menschen und bei den Tieren* auch eine gründliche Auseinandersetzung mit Darwins Lamarckismus.

Jean Baptiste Lamarcks Beiträge zur Biologie waren empirischer, philosophischer, nomenklativer und taxonomischer Art. Sie beinhalteten die Prägung des Begriffs «Biologie» als solchen und den Aufbau eines umfassenden Klassifikationsschemas für die Zoologie der wirbellosen Tiere. Lamarck war ausgewiesener Fachmann der Botanik und veröffentlichte als Professor für Zoologie, Insekten, Würmer und mikroskopisch kleine Tiere am Musée d'histoire naturelle in Paris eine siebenbändige Naturgeschichte der wirbellosen Tiere (Elliot 1914). Doch es war vor allem Lamarcks begeistertes Eintreten für einen bestimmten Modus der Artenentstehung, und hier wiederum für die These der Vererbung erworbener Eigenschaften, die seinen Ruf nicht eines vollendeten Wissenschaftlers, sondern eines Biologen auf Irrwegen festigte: «Lamarcks Pech ist, dass sein Name zumindest in der englischsprachigen Welt zum Inbegriff eines Irrtums geworden ist.» (Dawkins 1986, 289).

Der Entwicklungsmechanismus, mit dem Lamarcks Name heute unlösbar verbunden ist, beruht auf der Annahme, dass Organismen körperliche Veränderungen, die sie im Laufe ihres Lebens ausgebildet haben, an ihre Nachkommen vererben: «Alles, was die Individuen durch den Einfluß der Verhältnisse, ... erwerben oder verlieren, wird durch die Fortpflanzung auf die Nachkommen vererbt.» (Lamarck 1809, *Zoologische Philosophie, Leipzig 1920*, 75). Am bekanntesten wurde seine Hypothese, dass die Vorderbeine und der Hals der Giraffe sich durch die fortwährende Anstrengung, hoch oben in den Bäumen wachsende Blätter zu erreichen, verlängert haben. Diese Mühen über lange Zeit bewirken allmählich die genannten körperlichen Veränderungen, die dann an nachfolgende Generationen weitergegeben werden. Nach demselben Prinzip meinte Lamarck, dass sich die Vorderbeine des Kängurus infolge Nichtgebrauchs phylogenetisch zurückgebildet hätten, dass die Beine des Schwans kurz geblieben seien, weil diese Tiere nicht die Anstrengung unternähmen, «sie auszudehnen und zu verlängern», und dass bei Gazellen infolge der Gewohnheit, «sich im schnellen Laufen zu üben … ihr Körper leichter und ihre Beine schlanker geworden» seien (80).[4]

Der gegenwärtigen Biologie gilt die Doktrin der Vererbung erworbener Merkmale ohne Wenn und Aber als unsinnig: «Alle diese Vorgänge werden heute als unvereinbar mit dem Hauptdogma der Molekularbiologie verworfen, das jede Übertragung von Information aus dem Körpergewebe in die DNA der Reproduktionszellen ausschliesst.» (Bowler 1992, 188). Dieser Ausschluss jeglicher Kommunikation vom Soma zur Keimbahn wird häufig als Weismann-Barriere bezeichnet. In einer Serie von Experimenten widerlegte August Weismann im ausgehenden 19. Jahrhundert den in Darwins Theorie der Pangenesis enthaltenen Lamarckismus, indem er zeigte, dass die Bestandteile von Reproduktionszellen von Veränderungen im übrigen Körper nicht beeinträchtigt werden. Unbeeinträchtigt von jeder somatischen Einwirkung werden die Inhalte der Reproduktionszellen unverändert von einer Generation an die nächste weitergegeben. Vererbung – nun einzig unter Massgabe der Keimbahn – wurde damit streng von der somatischen Entwicklung abgetrennt: «Dass der Lamarckismus so gut ankam, hatte vor allem damit zu tun, dass er eine naturgemässe Ausweitung prägenetischer Auffassungen von Fortpflanzung war, denen Wachstum und Vererbung als Aspekte eines einzigen, ganzheitlichen Phänomens galten. Die Trennung von Wachstum und Entwicklung einerseits, Weitergabe andererseits durch die moderne Genetik hat dem Lamarckismus seine grundsätzliche Plausibilität genommen.» (Bowler 1992, 188).

Der Antagonismus zwischen Lamarckismus und Darwinismus markiert seit Langem auch eine der Grenzen, entlang derer in der Biologie zwischen wahrscheinlichen und unwahrscheinlichen Deutungen unterschieden wird. Dementsprechend wird heutzutage Darwins zähes Festhalten an der Vererbung erworbener Merkmale übergangen oder theoretisch heruntergespielt. Die Ächtung von Lamarcks «berüchtiger Häresie» (Dennett 1995, 321) ist heutzutage unerbittlich. Stossrichtung und Wirkung solcher Ächtung kommen nirgendwo deutlicher zum Ausdruck als in Daniel Dennetts summarischer Zurückweisung der Vererbung erworbener Merkmale als Teil seiner beherzten Verteidigung des Darwinismus. Eine Fussnote am Beginn dieser Kritik klärt über den umfassenderen theoretischen Kontext auf, innerhalb dessen Lamarcks unwahrscheinliche Deutung zu verorten ist: «Ich beschränke den Lamarckismus auf die Vererbung erworbener Merkmale *durch den Genapparat*. Denn wenn wir ihn weiter fassen, ist der Lamarckismus nicht eindeutig falsch. Immerhin ererben auch Menschen (durch Erbschaft) den erworbenen Wohlstand ihrer Eltern, und die meisten Tiere erben (bedingt durch Nähe) die Parasiten ihrer Eltern, und einige Tiere erben (durch Nachfolge) auch erworbene Nester und Höhlen und

Baue von ihren Eltern. Alle diese Erscheinungen sind von biologischer Bedeutung, aber sie sind nicht das, was Lamarck – ketzerisch – im Sinn hatte.» (321).

Die Vererbung erworbener Merkmale ist also nur dann klar als Irrtum zu erkennen, wenn sie zur Erklärung biologischer Systeme angewandt wird. Im nichtbiologischen System verwandelt sich die Häresie des Lamarckismus in die Vernunft elementaren psychologischen, soziologischen und ökonomischen Denkens. Offensichtlich (jedenfalls für Dennett) können Geld, Privilegien, schlechte Gewohnheiten, emotionale Traumata, kulturelle Etikette und ethische Normen entwickelt und dann von Eltern an Kinder und von einer kulturellen Sphäre zur anderen weitergegeben werden. Alle diese Modi der Vererbung können unterbrochen oder gehemmt sein, dennoch ist klar, dass Vererbung insgesamt – und anders als ein biologisches System – nicht auf den schmalen Korridor molekularer Übertragungsweisen begrenzt ist.

Die Unterscheidung zwischen biologischen und nichtbiologischen Formen von Vererbung findet weithin Akzeptanz. Beispielsweise erklärt die Psychoanalyse die psychische Vererbung als einen Vorgang, der besonderen räumlich und zeitlich angelegten Mechanismen der Weitergabe unterliegt (Verdichtung, Verschiebung, verzögertes Handeln). Wurde ein psychisches Trauma in einem Menschen ausgelöst, so kann es in der Folge auf andere Körper übergreifen und sich traurigerweise sogar über mehrere Generationen erstrecken. Häufig erfährt es eine Verwandlung in verschiedene materielle Konfigurationen (kulturelles Trauma, mediatisierter Affekt, somatisches Symptom). Es wirkt auf den Einzelnen zurück in einer Weise, die das traumatisierende Ereignis in seinem Wesen verändern (verschärfen, abmildern, hemmen) kann. In einem Freud'schen Denkrahmen könnte man derartige Vererbung – ganz unstrittig – eine Lamarck'sche nennen: Der seelische Wandel, den Menschen infolge der Schicksalslaunen ihrer Lebensumstände erfahren, wird oft auf Nachfahren, Menschen im unmittelbaren Umfeld und sogar auf zufällig Anwesende übertragen. Zahlreiche kritische Psychologien, Soziologien, Anthropologien und historische Darstellungen haben ausgehend von der psychoanalytischen Theorie die vielschichtige und weit ausgreifende Art und Weise solcher psychokultureller Übertragungen beschrieben. Und doch wird kein derartiger Mechanismus auf dem Gebiet des Biologischen vermutet.

Ona Nierenberg (1998) etwa sucht vorsichtig einen Weg zwischen Freuds eigenwilligem Bekenntnis zum biologischen Lamarckismus und der Nützlichkeit solcher von diesem Lamarckismus ausgelöster phylogenetischer Fantasien für die Gesellschaftskritik: «Freuds phylogenetische Träumereien wurden aufgrund ihrer wissenschaftlichen und anthropologischen Ungenauigkeit aus der psychoanalytischen Theorie vertrieben.... Eigentlich war Lamarcks Vorstellung einer Vererbung erworbener Merkmale schon in der Zeit, als Freud sich dafür interessierte, weitgehend erledigt ... und Freud hielt dessen ungeachtet bis ganz zum Ende seines Lebenswerks daran fest, obwohl diese Auffassung längst klar aus dem Geltungsbereich legitimer Wissenschaft verbannt war.» (234 f.). Nach Nierenberg «hängt jedoch das Denken entlang phylogenetischer Träumereien nicht auf Gedeih und Verderb vom wissenschaftlichen Rang der Lamarck'schen Theorie ab» (235). Wie so viele kritische Stellungnahmen der Gegenwart zu Freud beruht auch Nierenbergs Zugang zu dessen Werk darauf, sich von Freuds Biologismus loszusagen. Mit dieser Neigung, die Biologie an Freuds Lamarckismus als naiven Irrtum hinzunehmen und zugleich die psychologische Seite desselben Lamarckismus sinnfällig anzuwenden (Nierenbergs Verteidigung der phylogenetischen Träumereien ist so beredt wie überzeugend), will ich mich hier auseinandersetzen. Denn sie beruht auf einer allzu einfachen Aufteilung (einer Art ontologischen Apartheid) und setzt voraus, dass der Stoff der Biologie und der Stoff der Psychologie in getrennten Gebieten wirken. Vor allem aber wurde so die biologische Vererbung aller Merkmale der Ansteckungsfähigkeit, Kommunikation und Ausdehnung beraubt, die man gewohnheitsmässig in den psychokulturellen Systemen verortet.

Trotz der grossen philosophischen und politischen Meinungsunterschiede, die Nierenberg und Dennett trennen müssen, stimmen beide darin überein, dass Mechanismen der Vererbung, die zur Ausdehnung und Mitteilung neigen, psychologisch wahrscheinlich, biologisch jedoch unsinnig seien. Dennett beharrt darauf, dass die Lamarck'sche Vererbung in jedem materiellen System ausser dem biologischen glaubwürdig sei, und verleiht der Weismann-Barriere so höhere Ehren. Die «Dennett-Barriere» verkündet, dass die naturgemäss zu den Sphären der Psyche, Gesellschaft, Wirtschaft und Kultur gehörenden Mechanismen der Übertragung und Vererbung (so naturgemäss und selbstredend, dass man ihre Erklärung in eine Fussnote packen kann) im Geltungsbereich der Biologie nicht zum Tragen kommen. Hinter der Dennett-Barriere ist der Stoff der Biologie – Weismanns Keimbahn in Reinkultur – unempfänglich für jegliche somatische Modifikation durch Psyche und Kultur.

In diesem Kapitel behaupte ich, dass die Abschottung des Reichs der Biologie gegen eine grosse Bandbreite von Mechanismen der Vererbung, Übertragung und Transformation dem Geist Darwins eindeutig widerspricht. Darwins System der Evolution legt besonderen Wert auf die ontologische Ko-Implikation von Tieren, Menschen, Pflanzen, Steinen und Emotionen. Jeder Modus der Materialität entsteht aus wechselseitig mitverursachenden Beziehungen zu den anderen, und die Vererbung wird von einem heterogenen Kräftespiel gesteuert. In einem begeisterten Vorwort zu einer Ausgabe von *Der Ausdruck der Gemütsbewegungen bei dem Menschen und bei den Tieren* bekräftigte

Konrad Lorenz, was er als die wesentliche Erkenntnis von Darwins Buch erachtete: dass «Verhaltensmuster sich genauso entwickeln wie Organe» (xii). Psychologie und Biologie sind so durch und durch homolog, meinte Lorenz, dass Verhaltensmuster als Masse der Artendifferenzierung ebenso lesbar sein könnten wie «die Formen der Knochen, Zähne oder aller anderen Körperstrukturen» (xii). Diese Behauptung Lorenz' ist ziemlich gewagt. Mit der Erklärung dafür, wie sich Arten differenzieren (wie sie entstehen), steht und fällt Darwins Evolutionstheorie. Indem Lorenz nun behauptet, dass Verhaltensmuster als ebenso zuverlässige Unterscheidungsmerkmale zwischen den Arten dienen könnten wie organische Strukturen, führt er die Psychologie ins Zentrum evolutionärer Erklärungsmuster ein. Und indem er die strukturelle Nähe zwischen Körpernatur und Psyche in *Der Ausdruck der Gemütsbewegungen bei dem Menschen und bei den Tieren* zur Geltung bringt, weist er uns zugleich auf einen der am wenigsten erforschten Aspekte in Darwins Werk hin: dass die Evolution darin nicht in erster Linie ein biologischer Prozess ist und sich nicht sinnvoll darauf reduzieren lässt. Jeder einzelne von Darwins Texten führt vor, dass der Stoff der Evolution grundsätzlich heterogen ist, d. h. mit Sicherheit biologischer Art, aber auch psychologischer, kultureller, geologischer, ozeanischer und meteorologischer. Wir wurden daran gewöhnt, uns die Beziehungen zwischen diesen Kräften der Evolution als recht einseitig vorzustellen (die Wirkungen der Geologie auf die Kultur, des Biologischen auf die Psyche), doch aus einer eingehenderen Beschäftigung mit Darwins Werk ergibt sich ein aus reziproken Verhältnissen gebildetes System.

Dennett bezieht Stellung gegen Lamarcks ketzerische Vorstellungen und stellt die Radikalität von Darwins These der natürlichen Zuchtwahl heraus: «Das ist nicht nur ein grossartiger wissenschaftlicher Gedanke, sondern auch ein gefährlicher.» (1995, 21). Allerdings liegt in unseren neodarwinistischen Zeiten die eigentliche Grösse und Gefahr von Darwins System wohl eher in seinem Kultivieren einer durchlässigen, heterogen aufgebauten Körpernatur. Die imposanten Barrieren, die Weismann und Dennett so wachsam schützen, sind zutiefst anti-evolutionär. Das Trennen der Biologie von ihren konstitutiven Beziehungen zu anderen ontologischen Systemen isoliert sie und lässt sie verarmen. Die Mauern, die rund um die Biologie hochgezogen wurden, schaffen ihre Sekundärbeziehungen zu anderen Systemen (etwa die Wirkung der Aufnahme von Neurotransmittern auf die Gemütsstimmung) gleichwohl nicht aus der Welt, und neuere darwinistische Ansätze versuchen gerade diese Art von Wirkungsverhältnissen zu nutzen. Diese Mauern stehen ebenso wenig der Ausbreitung eines ursprünglicheren relationalen Netzes (Wurm-Mensch-Schüchternheit-Kreide-Häuser-Vegetation-Regen) entgegen, innerhalb dessen sich die Körpernatur gebildet und entwickelt hat.[5]

Die wohl gängigste und am weitesten verbreitete Rezeption von *Der Ausdruck der Gemütsbewegungen* bei dem Menschen und bei den Tieren stellt das Buch als Argument für ein phylogenetisch-deterministisches Verhältnis zwischen Körpersubstrat und menschlichen Gefühlen dar: Menschen zeigen Gefühle in der Art, wie sie es tun, weil sie ältere biologische Strukturen und Funktionen ererbt haben, die uns die körperlichen und psychischen Parameter von Zorn, Freude, Traurigkeit und Scham diktieren. Diesen Beschreibungen zufolge sind menschliche Gemütsregungen entweder Überbleibsel ursprünglicher Verhaltensreaktionen oder Anpassungsfolgen aus Millionen Jahren der natürlichen Selektion im Körper der Hominiden und in seiner Funktion. Meine Absicht ist nun nicht, eine Gegenposition einzunehmen und zu behaupten, dass die Gefühle der Menschen von phylogenetischen und biologischen Prägungen frei sind. Sondern ich nehme Darwins Zusammenführung von Psychologie und Biologie sehr ernst, will aber die wissenschaftlichen und politischen Konsequenzen aus dieser Überschneidung in andere Richtungen lenken als die gewöhnlich von Darwins prominenten Fürsprechern (Dawkins, Dennett, E. O. Wilson) favorisierten.

Am Beginn von *Der Ausdruck der Gemütsbewegungen bei dem Menschen und bei den Tieren* führt Darwin drei Prinzipien an, nach denen sich der unwillentliche Gemütsausdruck und die Gestik beim Menschen und bei anderen Tieren beschreiben lassen.[6]

1. Das Prinzip der abrufbar assoziierten Handlungen beschreibt die Art und Weise, in der bestimmte einst willkürliche Ausdrücke oder Haltungen zu reflexhaften und vererbbaren Formen des Gemütsausdrucks geworden sind. Ein Beispiel dafür ist die Angriffshaltung von Hunden (gesenkter Kopf, Ducken), «und diese Gewohnheit ist in einer übertriebenen Form bei unseren Vorstehe- und Hühnerhunden erblich geworden» (Darwin 1876, 39). Sie war ursprünglich die Gewohnheit fleischfressender Tiere, die «nach ihrer Beute hinkriechen und sich vorbereiten, plötzlich auf diese loszubrechen».

2. Das Prinzip des Gegensatzes beschreibt, wie einander entgegengesetzte Gemütszustände durch antithetische Körpergesten sowie gegensätzliche Geisteshaltungen durch ebensolche körperlichen Handlungen ausgedrückt werden. So hat eine wütende Katze ein offenes Maul, angelegte Ohren und ein gesträubtes Fell, die schmusige Katze dagegen ein geschlossenes Maul, aufgestellte Ohren und ein glattes Fell. Diese gegensätzlichen Handlungen laufen unwillkürlich ab und sind erklärbar nur als Ausdrücke des völligen Gegenteils oder der Antithese zu einer ursprünglicheren Haltung.

3. Das Prinzip der direkten Wirkung des Nervensystems auf den Körper beschreibt, wie gewisse Formen des Gemütsausdrucks sich unmittelbar

aus der Beschaffenheit des Nervensystems ergeben (Zittern, Erröten, Schwitzen, in Ohnmacht Fallen).

Dieses dritte Prinzip des Nervensystems ist anscheinend die am meisten einengende unter den drei Maximen. Es besagt, dass «gewisse Handlungen, welche wir als ausdrucksvoll für gewisse Zustände der Seele anerkennen, das direkte Resultat der Konstitution des Nervensystems sind und von Anfang an vom Willen und in hohem Maße auch von der Gewohnheit unabhängig gewesen sind» (60). Demnach sind manche Gemütsreaktionen dem Nervensystem schlicht angeboren. Die mit diesen Gemütsausdrücken verbundenen Nerventätigkeiten laufen unabhängig vom Willen ab und werden von Zufälligkeiten der Gewohnheit kaum beeinflusst. Darwin gibt einige Beispiele für solche direkten Aktionen des Nervensystems: die Absonderung von Tränen, das Aufstellen der Körperhaare, die Inkontinenz mancher Organe oder Drüsen, das Herzrasen. Das Zittern ist vielleicht das beste Beispiel für die direkte Wirkung des Nervensystems. Unabhängig vom Willen ist es eine Verhaltensreaktion, von der wir heute sagen würden, dass sie im Nervensystem veranlagt ist. Keine noch so eingeübte Gewohnheit, kein noch so grosses Aufschwingen zur Selbstbeherrschung kann den reflexhaften Impuls des Nervensystems bemeistern, wenn er einmal durch starke Emotionen wie Schrecken oder auch Freude ausgelöst wurde.

Allerdings wird das Ausmass, in dem Darwin die Tätigkeit der Nerven hier von der psychischen

Sphäre (von Willen und Gewohnheit) absondern will, schon von seinem eigenen ersten Prinzip unterlaufen. Denn davon ausgehend argumentiert Darwin entlang Lamarck'scher Mechanismen, dass gewisse heute reflexiv zum Gemütsausdruck gebrauchte Verhaltensweisen und Gesten ursprünglich (d. h. in der phylogenetischen Vergangenheit) willkürlich ausgeführt wurden – dass «einige Handlungen, welche anfangs mit Bewußtsein ausgeführt wurden, durch Gewohnheit und Assoziation in Reflexhandlungen umgewandelt worden und jetzt so fest fixiert sind und vererbt werden, daß sie ausgeführt werden, selbst wenn nicht der geringste Nutzen damit verbunden ist» (36). Tatsächlich erklärte Darwin so auch die Reflexbewegungen des enthaupteten Frosches: «Es ist kaum glaublich, daß die Bewegungen eines kopflosen Frosches, wenn er einen Tropfen Säure oder irgend einen anderen Gegenstand von seinem Schenkel wegwischt, – welche Bewegungen für den speziellen Zweck so gut koordiniert sind –, anfangs nicht willkürlich ausgeführt sein sollten, während sie später durch lang fortgesetzte Gewohnheit so leicht wurden, daß sie zuletzt ohne Bewußtsein oder unabhängig von den Hemisphären des Gehirns ausgeführt werden.» (36).

Das Froschexperiment zeigt, wie ontogenetische Gewohnheiten in phylogenetische Reflexe übergegangen sind – wie die habituelle Wiederholung bestimmter Gesten über viele Generationen diese zu innerhalb der gesamten Art vererbbaren

Reflexen gemacht hat. Derart leistungsfähig und verbreitet sei diese phylogenetische Vererbung des Gemütsausdrucks, so Darwin, dass die erworbenen Ausdrücke kaum von direkter Nerventätigkeit zu unterscheiden seien.

In *Der Ausdruck der Gemütsbewegungen bei dem Menschen und bei den Tieren* trennt Darwin die Ausdrucksmechanismen nach seinem Prinzip der Erwerbung durch Gewohnheit konsequent von solchen, die er anhand der reinen Nerventätigkeit beschreibt. Jedoch durchkreuzen die Anekdoten und Empiriefragmente, auf die sich seine Argumentation stützt, fortwährend sein theoretisches Manöver. «Eine kurze Betrachtung der äußeren Zeichen einiger der heftigeren Empfindungen und Gemütserregungen wird am besten dazu dienen, uns… zu zeigen, in welcher komplizierten Art und Weise das… Prinzip der direkten Tätigkeit des erregten Nervensystems auf den Körper mit dem Prinzip gewohnheitsgemäß assoziierter zweckmäßiger Bewegungen verbunden ist.» (63).

Auch Darwins Versuche im eigenen Heim mit einem seiner Kinder geben Beispiele dafür, wie vielschichtig die direkte Nerventätigkeit (neurophysisch) und die erworbenen Gewohnheiten (psychisch) ineinandergreifen. Darwin schüttelte eine leere Schachtel knapp vor dem Gesicht seines 114 Tage alten Säuglings. Das Kind zeigt keinen Blinzelreflex. Enthielt die Schachtel jedoch einen Gegenstand, der ein raschelndes Geräusch verursachte, und wurde sie dann erneut vor dem Kind geschüttelt, «so blinkte das Kind jedesmal heftig mit den Augen und fuhr ein wenig zusammen» (35). Darwins Erklärung dieses Verhaltens verwebt ontogenetisches Lernen, Lamarck'sche Vererbung und direkte Nerventätigkeit miteinander: «Offenbar war es unmöglich, daß ein sorgfältig gehütetes Kind durch Erfahrung gelernt haben könnte, daß ein raschelndes Geräusch in der Nähe seiner Augen eine Gefahr anzeigte. Eine solche Erfahrung wird aber im späteren Alter während einer langen Reihe von Generationen erlangt worden sein, und nach dem, was wir von der Vererbung wissen, liegt darin nichts Unwahrscheinliches, daß eine Gewohnheit den Nachkommen zu einem früheren Alter vererbt wird, als zu dem, in welchem sie zuerst von den Eltern erlangt wurde.» (36).

Verfestigte Reflexhandlungen wie das Blinzeln des Auges sind etwas anderes als mehr formbare Veranlagungen – und zwar nicht biologisch gesehen oder ihrem Wesen nach, sondern hinsichtlich des Zeitpunkts ihrer Erwerbung: «Was das Moment der Zeit betrifft, so ist davon mehr als hinreichend vergangen, daß diese Gewohnheiten zu eingeborenen oder in Reflexhandlungen umgewandelt werden. Denn sie sind den meisten oder allen höheren Säugetieren gemeinsam und müssen daher zuerst in einer sehr weit zurückliegenden Zeit erlangt worden sein.» (36). Nach Darwin ist ein angeborener Reflex einfach nur eine Gewohnheit von hohem phylogenetischen Alter.

Wenn sich der Reflex des Zusammenfahrens oder Blinzelns auf phylogenetische Gewöhnung zurückführen liess («ursprünglich durch die Gewohnheit erlangt…, so schnell wie möglich der Gefahr durch einen Sprung zu entgehen», [37]): ist dann jede Tätigkeit des Nervensystems ebenso nach dem Prinzip der Lamarck'schen Ererbung entstanden? Ist irgendeine Nerventätigkeit direkt, oder sind sie alle ursprünglich der Wechselwirkung mit gewohnheitsmässiger Wiederholung, Willkür oder bewusstem Handeln entsprungen? Indem er phylogenetisch immer weiter zurückgeht und die meisten Nervenreflexe als angenommene Gewohnheiten beschreibt, entkräftet Darwin zunehmend sein drittes Prinzip. Die Kontraktion des Irismuskels im Auge verleiht am Ende der rasch schrumpfenden Kategorie der direkten Nerventätigkeit noch einigen Inhalt und setzt damit auch der Ausweitung Lamarck'scher Deutungsmuster Grenzen. Darwin behauptet, dass «das Zusammenziehen der Regenbogenhaut… unmöglich zuerst willkürlich ausgeführt und dann durch Gewohnheit fixiert worden ist; denn die Iris steht, soviel bekannt ist, bei keinem Tiere unter der bewußten Kontrolle des Willens» (37). Unbeeinträchtigt von jeder Bewusstheit oder Willkür ist das Zusammenziehen der Iris eine Tätigkeit, die ausschliesslich und direkt vom Nervensystem gesteuert wird. Da hiermit die Lamarck'sche Rechtfertigung in sich zusammenfällt, «muß irgendein von der Gewohnheit vollständig verschiedener

Erklärungsgrund noch entdeckt werden» (37). Wie kaum anderswo in diesem Buch beruft sich Darwin an dieser Stelle auf die Erklärungsmacht der natürlichen Zuchtwahl. Wenn eine «ausstrahlende Nervenkraft» die Zusammenziehung des Irismuskels verursacht und damit einen vorteilhaften Schutz des Auges vor zu viel Helligkeit bewirkt, so könnte dieser Mechanismus «später mit Vorteil benutzt und für diesen speziellen Zweck modifiziert worden sein» (37).

Darwins Beispiel der Regenbogenhaut scheint eine Barriere zu errichten, die das Lamarck'sche Denken nicht überwinden kann. Die motorischen Leitungsbahnen des Nervensystems sind nach verschiedenen Modalitäten getrennt, nämlich in Nervensubstrat, das mit Bewusstsein und Willkür verbunden, und anderes, das von solcher seelischen Einwirkung losgelöst ist. In heutigen Begriffen meint das die Unterscheidung zwischen dem somatischen (oder willentlichen) Nervensystem, das die bewusster Kontrolle unterstehenden Skelettmuskeln steuert, und dem autonomen oder vegetativen Nervensystem, das über Sympathikus, Parasympathikus und die enterischen Systeme die glatten Muskeln, die Herzmuskeln und die Drüsen des Körpers reguliert. Sieht man jedoch genauer hin, so zeigt sich, dass sowohl bei Darwin als auch in der zeitgenössischen neurophysiologischen Nomenklatur verschiedentlich die direkte (automatische) Nerventätigkeit von vornherein in indirekte, reflexive Systeme mit einbezogen ist. Die Verwendung des Begriffs «Sympathie» mit Bezug auf das Nervensystem geht bis auf Galen zurück: «‹Sympathie› lateinisch ‹consensus› bezeichnete eine unterstellte Beziehung zwischen anatomisch unverbundenen Organen … Wie Galen als Erster meinte, kam diese unwillentliche Beziehung sympathischer Harmonie im Körper über die Nerven oder Blutgefässe zustande.» (Clarke und Jacyna 1987, 102).

Sympathie in diesem Sinn wurde oft klinisch angewandt, um rätselhafte Übereinstimmungen zwischen Krankheitszuständen zu erklären (z. B. solche zwischen Nasensymptomen und Erkrankungen der Gebärmutter). Man nahm an, dass auch weiter entfernte Organe mitfühlend auf das Leiden eines anderen Organs reagierten und dadurch seltsame Organbündnisse entstanden. Später erkannte man, dass der vermeintlich mitfühlende Charakter solcher Symptome den Reflexhandlungen geschuldet war. Dennoch «blieb der Begriff der ‹sympathischen Reaktion› bis ins 19. Jahrhundert als Synonym für ‹Reflex› in Gebrauch» (Clarke und Jacyna 1987, 104). Anstatt also die Biologie von dieser eigenwilligen Vorstellung interorganischer Bündnisse zu befreien, hat die moderne Physiologie diese in die Struktur und Funktion des vegetativen Nervensystems verschoben. In den Bezeichnungen «Sympathikus» und «Parasympathikus» ist die lange gepflegte Auffassung vom Wesen des Nervensubstrats als eines reflexhaften Bezugs zwischen verschiedenen Organen und Körpern bis heute erhalten.

Darwins eigenes Nervensystem bekräftigte solche verwandtschaftlichen Verhältnisse zwischen Organen und Körpern. Er litt über den grössten Teil seines Erwachsenenlebens unter einer lähmenden Nervenschwäche, die ihn immer wieder für lange Zeit arbeitsunfähig machte. Dieses Leiden – unverkennbar verschärft durch psychisch und emotional belastende Ereignisse – umfasste Brechreiz, Übelkeit, Herzklopfen, Antriebslosigkeit und Flimmern vor den Augen. Zu den erschütterndsten «sympathischen» Ereignissen für Darwins Nervensystem gehörte der Tod seiner Lieblingstochter Annie. Gerade als sich sein Nervenleiden zum ersten Mal seit Jahre legte, erkrankte Annie unheilbar und mit Symptomen, die die chronischen Beschwerden ihres Vaters bis ins Detail nachahmten. Als Darwins Tochter vor seinen Augen einem «Gallenfieber mit Typhuscharakter» erlag, machte sich sein Magenleiden erneut akut bemerkbar, und er selbst war, als Annie starb, ans Krankenbett gefesselt (Desmond und Moore 1991). Sowohl bei Darwin selbst als auch in der modernen Neurophysiologie zeigt sich etwas «Sympathisches» an der sogenannten direkten Nerventätigkeit. Reflexhafte, angeborene, unwillkürliche Reaktionen stehen immer in einer gewissen Schuld gegenüber älteren psychischen Neigungen, Vorlieben und Gewohnheiten sowie darüber hinaus auch zu anderen Körpern und anderen Systemen der Vererbung und Weitergabe.

So sind die Lehren, die man aus dem Fall der Iriskontraktion ziehen muss, vielleicht nicht so eindeutig, wie es zunächst scheinen mag. Indem Darwin die Regenbogenhaut von jeglicher phylogenetischen Berührung mit dem Willen fernhielt (d. h. für diesen Fall die Lamarck'sche Deutung verwirft), offenbarte er dem Anschein nach einen Untergrund reiner Nerventätigkeit. Doch dadurch brachte ihn das Auge in ganz erhebliche Schwierigkeiten. Desmond und Moore (1991) erzählen von einer frühen Episode dieses Haderns mit dem Auge, die bereits anzeigte, auf welchem Weg sich das Auge zu einem Musterfall des Rätselns um die Evolution entwickeln sollte. Am Beginn seiner wissenschaftlichen Laufbahn entschloss sich Darwin, seinen noch unveröffentlichten (1842 verfassten) Aufsatz über die Entstehung der Arten seiner tief gläubigen Frau Emma zu zeigen. «Sie saß vor dem Papierstapel, wies auf unklare Stellen hin, hinterließ vielsagende Anmerkungen an den Rändern und machte deutlich, womit sie nicht einverstanden war. ‹Eine sehr gewagte Vermutung/E.D.› kritzelte sie wider seine Behauptung, dass das menschliche Auge ‹durch stufenweise Selektion geringfügiger, aber in jedem Fall nützlicher Abwandlungen erlangt worden sein *könnte.*› Darwin schwächte daraufhin diese Stelle noch weiter ab. Dennoch ließ ihn die These der allmählichen Entwicklung eines so komplizierten, in sich vollkommenen Organs wie des Auges fortan Blut und Wasser schwitzen.» (319 f.)

Das Auge kehrt in Darwins Werk und auch allgemein in evolutionsbiologischen Stellungnahmen häufig wieder, obwohl es als Beispiel nicht zur Begründung einer Theorie direkter Nerventätigkeit taugt, sondern im Gegenteil die tiefe Rätselhaftigkeit der Evolution und ihrer Verläufe deutlich macht. Als Darwin in *Der Ausdruck der Gemütsbewegungen bei dem Menschen und bei den Tieren* auf den Fall der Iriskontraktion zu sprechen kam, fiel seine Erklärung anhand der natürlichen Zuchtwahl unerwartet flüchtig und fadenscheinig aus. Die seltsame Logik ererbter Gewohnheiten wirkte da mit einem Mal plausibler, das Prinzip der direkten Nerventätigkeit eher abwegig. Eben dieses Beispiel der Regenbogenhaut macht, liest man es in anderen Zusammenhängen, sogar jede Vorstellung direkten, uneingeschränkten und selbstverständlichen neurophysischen Handelns verdächtig. Die Sinnfälligkeit von Darwins eiliger Bekräftigung des direkten Nervenhandelns contra Lamarck leidet unter der originellen Vorstellung von Nerventätigkeit, die er an anderer Stelle ins Spiel bringt und anhand des geköpften Frosches und seines Handelns mit überwältigender Überzeugungskraft darlegt.

Erröten

Das letzte Kapitel von *Der Ausdruck der Gemütsbewegungen bei dem Menschen und bei den Tieren* widmet sich einer der seltsamsten Erfindungen des menschlichen Körpers: dem Erröten. Nachdem Darwin zuerst völkerkundliche Belege für die Allgemeinheit des Errötens unter den Menschen angeführt hat, wendet er sich dessen Ursachen zu. Er bemerkt, dass sich beim Erröten die Kapillaren im Gesicht weiten und es zu einem Blutstau kommt. In heutigen neurophysiologischen Begriffen erklärt, untersteht das Erröten dem vegetativen Nervensystem. Die glatten Muskeln rund um die Gesichtskapillaren entspannen sich durch Einwirken des Sympathikus und ermöglichen dadurch eine gesteigerte Blutzufuhr ins Gesicht (Curtis und Barnes 1989, 759 f.).

Auf den ersten Blick wirkt das Erröten wie ein einfaches körperliches Geschehen und erscheint in seiner Unwillkürlichkeit vielleicht dem Zittern ähnlich. Wie ich oben gezeigt habe, sind derartige vermeintlich direkte Nerventätigkeiten stets komplexer beschaffen, und so ist es auch beim Erröten. Darwin erklärt seine Entstehung auf zweierlei Art: «Wir können … ein Erröten durch keine physikalischen Mittel, d. h. durch keine Einwirkung auf den Körper verursachen. Es ist der Geist, welcher affiziert sein muß.» (1877, 285 f.) Man kann uns durch Kitzeln der Haut zum Lachen bringen, zum Weinen aus Furcht durch die Androhung von Schmerz und Gewalt, in Rage durch einen Schlag, aber eben durch keinerlei körperliches Geschehen unmittelbar zum Rotwerden. Was die Kapillaren dazu bringt, sich auszudehnen und so die Gesichtshaut mit Blut zu füllen, ist kein «physikalisches Mittel», sondern eine psychische Tätigkeit. Die Ursachen des Errötens müssen im Geist gesucht und gefunden werden. Der zweite Teil von Darwins Argumentation ergibt sich unmittelbar daraus: Eigentlich ist es nicht mein eigener Geist, der die Kapillaren in meinem Gesicht dazu bringt, sich mit Blut zu füllen. Nur das, was ein anderer Mensch mir gegenüber im Sinn hat, kann diese Wirkung erzielen. «Es nicht der einfache Akt, über unsere eigene Erscheinung nachzudenken, sondern der Gedanke, was Andere von uns denken, welcher ein Erröten hervorruft.» (301). Erröten ist ein zwischenmenschliches Geschehen. Insbesondere ist es das Aufmerken anderer auf uns (vor allem auf unser Gesicht oder entblösste Teile unseres Körpers), das uns erröten lässt. Ein Krankenbericht über eine Frau in einer Irrenanstalt veranschaulicht, was diese Aufmerksamkeit unter Umständen auslösen kann:

> Am Morgen nach ihrer Ankunft in der Anstalt besuchte sie Dr. Browne zusammen mit beiden Assistenten, während sie im Bette lag. Im Augenblicke, als er sich ihr näherte, errötete sie tief über ihre Wangen und Schläfen und das Erröten breitete sich schnell bis zu den Ohren aus. Sie war sehr erregt und zitterte leicht. Dr. Browne band nun den Kragen ihres Hemdes auf, um den Zustand ihrer Lungen zu untersuchen, und dabei ergoss sich ein glänzendes Erröten auf ihren Busen, sich in einer

> bogenförmigen Linie über das obere Drittel jeder Brust und abwärts zwischen die Brüste bis nahe an den schwertförmigen Fortsatz des Brustbeins erstreckend. Es ist dieser Fall deshalb von Interesse, weil sich hiernach das Erröten nicht eher so weit hinab erstreckte, als bis es dadurch intensiv wurde, dass ihre Aufmerksamkeit auf diesen Teil ihres Körpers gelenkt wurde. (287).

Das Erröten ist ein Ereignis, bei dem die blosse Natur von Muskeln, Nerven und Blut nicht vom Denken und Handeln eines anderen Menschen zu trennen ist. Als solches veranschaulicht es einen Aspekt der ineinander verstrickten Wechselwirkung zwischen Körpernatur und Psyche besonders gut: Die erste tut nichts ohne die zweite. Auch Tätigkeiten, die von reflexhaften (vegetativen) Systemen gesteuert werden, werden in das psychische Handeln einbezogen und von ihm verstärkt. Während uns die Phänomenologie des Errötens einigermassen vertraut ist, lassen sich die neurophysischen Mechanismen, die dabei am Werk sind, weniger leicht benennen. Weil konventionelle neurophysiologische Formulierungen uns glauben machen, dass das Nervensystem autonom funktioniert, erschliesst sich uns nicht ohne Weiteres, wie und warum Nerven, Blutgefässe und Muskeln so hochempfindlich für Gedanken und Handlungen und so sehr von ihnen in Beschlag genommen werden können. Wie sind die Haaräderchen in

Gesicht und Hals, in den Ohren und Brüsten, über dem Brustbein der Patientin anatomisch, physisch und biochemisch beschaffen, sodass sie so quälend feinfühlig für den Arzt, seine Assistenten und deren Untersuchungsroutinen sein können? In den vorangegangenen Abschnitten habe ich behauptet, dass Darwins Anwendung der Lamarck'schen Lehren uns beim Herstellen eines Bezugsrahmens für dieses unheimliche Geschehen helfen kann. Indem es die Verbindung der Körpernatur mit den Fährnissen anderer materieller (psychischer, kultureller, geologischer) Systeme aufrechterhält, ermöglicht uns Darwins Werk, ein umfassenderes Verständnis von der Natur des neurophysischen Geschehens zu entwickeln.

Sogar die Erblichkeit des Errötens lässt sich für ein grösseres Spektrum von Einflüssen öffnen. Auch hier erweist sich eine Anekdote als Darwins aufschlussreichster Kommentar:

> Die Neigung, zu erröten, wird vererbt. Dr. Burgess teilt den Fall einer Familie mit, bestehend aus dem Vater, der Mutter und zehn Kindern, welche sämtlich ohne Ausnahme bis zu einem äußerst peinlichen Grade zu erröten geneigt waren. Die Kinder wuchsen heran, «und einige von ihnen wurden auf Reisen geschickt, um diese krankhafte Empfindlichkeit zu überwinden; es half aber alles nicht das Geringste». Selbst Eigentümlichkeiten beim Erröten scheinen vererbt zu

> werden. Als Sir James Paget das Rückgrat eines jungen Mädchens untersuchte, fiel ihm die eigentümliche Art des Errötens bei ihr auf; es erschien zuerst ein großer roter Fleck auf der einen Wange, dann kamen andere Flecken verschiedentlich über das Gesicht und den Hals zerstreut. Er fragte dann später die Mutter, ob ihre Tochter immer in dieser eigentümlichen Weise errötet wäre, erhielt zur Antwort: «Ja, sie ist nach mir geraten.» Und nun bemerkte Sir J. Paget, dass er durch das Stellen dieser Frage die Mutter zu erröten veranlasst habe; sie zeigte dabei dieselben Eigentümlichkeiten wie ihre Tochter. (286).

Diese Anekdote lässt vermuten, dass die Erblichkeit des Errötens mehr als eine Weitergabe auf molekularer Ebene umfasst. Ebenso ist sie mehr als eine gesellschaftlich konstruierte Routine. Die physische Sympathie zwischen Mutter, Tochter und Arzt hält sich nicht an die gewohnten Unterscheidungen zwischen Vererbung und Entwicklung, Willkür und Reflex, Veranlagung und kulturell geprägtes Handeln. Zu behaupten, dieses Handeln sei körperlich vererbt, verschweigt einen Teil der Geschichte. Ohne Zweifel ist diese Erscheinung einer genetischen Weitergabe im üblichen wissenschaftlichen Sinn geschuldet. Ebenso fraglos hat sie mit der Gefühlskultur des viktorianischen Englands zu tun. Eine überzeugendere Erklärung muss aber zeigen können, wie diese beiden Gebiete (der biogenetische und der psychokulturelle) sich materiell überlagern. Beide Errötungsanekdoten bei Darwin deuten darauf hin, dass die seltsame Art, in der psychische oder neurophysische Tätigkeit hier zum Ausdruck kommt, kein beiläufiges Geschehen ist, von dem das Körpersubstrat wahlweise erfasst wird oder auch nicht. Sie hat nichts Kontingentes oder Zufälliges an sich. Sondern psychokulturelle Strömungen spielen in die Mikrostrukturen sämtlicher neurophysischer Ereignisse hinein, und seien diese noch so reflexhaft.

Darwin behauptet, das Erröten sei eine Gemütsreaktion, die so nur bei Menschen auftrete. Das Amphibiengesicht glüht nicht vor peinlicher Befangenheit. Das Nervensystem der Amphibien weist jedoch eine Improvisationsgabe an der Peripherie auf, die grosse Ähnlichkeiten mit dem nervlichen Mechanismus des Errötens hat. Sowohl der Frosch als auch die Mutter bringen die psychophysische Komplexität des Körpersubstrats zum Ausdruck. Beide zeigen, dass die direkte Nerventätigkeit stets in äusserst enger Sympathiebeziehung zu anderen Organen und sogar Körpern und anderen Systemen steht. Wenngleich sich im *Ausdruck der Gemütsbewegungen bei dem Menschen und bei den Tieren* kaum mehr als Ahnungen einer Theorie des Gemüts finden, werden wir dafür mit einem Modell entschädigt, das ein ergiebiges, sympathisches und psychisches Band zwischen den Gliedmassen des Froschs und dem Gesicht einer Mutter knüpft. Dieses Band zwischen Mutter und Frosch, Gemüt und Nervensubstanz ist einer der wertvollsten Beiträge von *Der Ausdruck der Gemütsbewegungen bei dem Menschen und bei den Tieren*, und er beweist auch, was Darwins Werk für kritische Denkansätze in der Neurologie leisten kann.

KAPITEL 4—ENDNOTEN

• 1 Ein Beispiel: «Der sexuelle ‹Trieb› beim Menschentier ist… ursprünglich gelöst von dem, was ansonsten seine natürliche Grundlage bilden könnte… Lacan machte stets Freuds terminologische Unterscheidung geltend, derzufolge der Trieb sich vom Instinkt genau insofern unterscheidet, als die Sexualität beim Menschen intrinsisch an die Repräsentation gebunden ist. Die Bindung des Triebs an die Repräsentation ist das, was menschliche Sexualität von der natürlichen Instinktfunktion abhebt—nicht nur in gelegentlich ‹perversen› Einzelfällen, sondern konstitutiv.» (Shepherdson 2000, 86 f.)

• 2 Eine medizinische Fakultät in Edinburgh. Darwin freundete sich dort mit einem seiner Professoren an: dem radikalen Lamarckianer Robert Grant. Darwin verbrachte seine Freizeit mit ihm beim Sammeln und Bestimmen wirbelloser Meerestiere. Von Grant wurde Darwin in die wissenschaftlichen und philosophischen Zirkel Edinburghs eingeführt, und seither übte Grants Lamarckismus (im Guten wie im Schlechten) grossen Einfluss auf Darwin aus (Desmond und Moore 1991, 34–39). Siehe als Beispiele für Darwins Veröffentlichungen zu Korallen, Rankenfusskrebsen und Würmern: *The Structure and Distribution of Coral Reefs* (1842), *A Monograph on the Subclass Cirripedia* (1851–54), *The Formation of Vegetable Mould, through the Action of Worms, with Observations on Their Habits* (1881). Rebecca Stotts (2003) bekannte Schilderung der acht Jahre, die Darwin mit dem Sezieren von Rankfüssern verbrachte, bevor er *Die Entstehung der Arten* schrieb, hat uns die Bedeutung dieser einfachen Geschöpfe für Darwins Denken nahegebracht. Vorbereitende Überlegungen zum Nutzen von Darwins Erforschung der Krebse für den Feminismus in E. A. Wilson (2002).

• 3 Ein neuerer Versuch, für die Plausibilität des Lamarckismus in den heutigen Wissenschaften einzutreten, findet sich bei Steele, Lindley und Blanden (1998).

• 4 Lamarcks Theorie der Evolution ist komplexer als ein Mechanismus der Vererbung erworbener Eigenschaften. Für Lamarck war die Evolution von zwei Faktoren bestimmt: (1) einer angeborenen Tendenz zur Ausbildung höherer und komplexerer Strukturen (Progressionismus) und (2) der Vererbung erworbener Merkmale. Hinzu kam die angeborene Fähigkeit zur Entwicklung als wichtigste Triebkraft der Evolution. Die Vererbung erworbener Eigenschaften umfasste wiederum zwei Arten von Modifikationen: (1) Änderungen aufgrund direkter Einwirkung der Umwelt (die also keinen Anpassungsaufwand aufseiten des Lebewesens erforderten) und (2) Änderungen infolge vermehrten oder verminderten Gebrauchs von Körperteilen, wobei wenig genutzte Organe und Körperteile mit der Zeit verkümmern oder ganz verschwinden, übernutzte dagegen stärker und grösser werden. Des Weiteren behauptete Lamarck in einem Manöver, das Mendel schon vorwegnimmt, dass diese ontogenetischen Veränderungen nur dann an den Nachwuchs weitergegeben werden, wenn zwei ähnlich modifizierte Exemplare sich paaren (jedoch verloren gehen, wenn ein Elternteil davon nicht betroffen ist). Elliot (1914) bietet eine umfassende Lamarck-treue Einführung in dessen Theorie der Evolution.

• 5 Diesen Aspekt der Darwin'schen Evolution erörtere ich eingehend in Kapitel 5.

• 6 *The Expression of the Emotions in Man and Animals* ist keine Schilderung der Emotionen als solcher, sondern eine Erklärung ihrer instinktiven körperlichen Manifestationen. Darwin zufolge verursachen Emotionen körperliche Reaktionen. Erst 1884 und 1885 veröffentlichten Lange bzw. James die später so genannte James-Lange-Hypothese, die dieses Ursache-Wirkungs-Verhältnis umkehrte: «Körperliche Veränderungen folgen unmittelbar auf die Wahrnehmung der aufregenden Tatsache,... und unser Empfinden ebendieser Veränderungen im Moment ihres Stattfindens ist das Gefühl.... Wir sind traurig, weil wir weinen, und zornig, weil wir zuschlagen. Wir haben Angst, weil wir zittern... Ohne die körperlichen Verfassungen, die auf die Wahrnehmung folgen, wären diese der Form nach rein kognitiv, blass und farblos und ermangelten jeglicher Gemütswärme. Wir könnten dann den Bären sehen und zum Schluss kommen, dass es besser ist, wegzurennen, oder die Beleidigung entgegennehmen und es für richtig halten, zuzuschlagen, doch wir könnten keine eigentliche Furcht oder Wut fühlen.» (James 1890, 449 f.). Mich interessiert hier nicht so sehr eine Theorie der Emotion als solche, sondern vielmehr die Frage, wie Darwins Theorie des Gemütsausdrucks neurophysische Sachverhalte verständlich macht.

EMOTIONALE EIDECHSEN: DIE ENTSTEHUNG DER ARTEN UND DAS REPTILIENHIRN

Ein Mann sitzt auf der Veranda seines Hauses. Oliver Sacks kommt ihn besuchen. Sacks hält sich in Guam auf, um eine Nervenkrankheit zu untersuchen, die es so praktisch nur auf der Insel gibt. Lytico-Bodig ist eine Krankheit, die in zwei Formen auftritt: Lytico als fortschreitende Lähmung, ähnlich einer Erkrankung der Motoneuronen; Bodig als Parkinson-ähnliches Leiden. Der Mann, den Sacks besuchen will, ist «vom Bodig mittlerweile fast versteinert». (Sacks 1997, 188). Wie so viele andere Betroffene auf Guam kann er sich kaum noch rühren und hat ein «blickloses Starren» ausgebildet.

Sacks ging es in seinen Erzählungen immer auch darum, neurologische Störungen nicht ausschliesslich als Verluste, Mängel oder Behinderungen aufzufassen. Oft sind solche Leiden auch von psychischen Fähigkeiten oder besonderen Verhaltensweisen gekennzeichnet, die zuvor von der normalen Nerventätigkeit unterbunden waren. So erzeugt der Verlust des Farbensehens in Menschen

Trauer und Verwirrung, befördert aber zugleich die künstlerische Produktivität; die Hemmung menschlicher Gefühlsregungen isoliert eine Frau vom emotionalen Kontakt zu anderen Menschen, doch zugleich entwickelt sie intensives Mitgefühl für Tiere (Sacks 1995). Und so sieht Sacks auf dieser Veranda in Guam auch mehr als nur den Verlust spontaner Bewegung: Er sieht einen Mann, dessen Dasein einer völlig anderen Ordnung gehorcht. Auch das Starren des Mannes ist für Sacks kein ins Leere laufender Blick, «sondern eine fast schmerzliche Aufmerksamkeit und Wehmut… [Er sass] starr, unverwandt, regungslos wie eine Schildkröte auf seiner Veranda… ein verzückter Zuschauer» (1997, 188).

Den evolutionären Vorläufern des reptilienartigen Verhaltens bei diesem Mann geht Sacks in einer ausführlichen Anmerkung nach: «Manchmal heißt es (die Formulierung geht auf Charcot zurück), Parkinson-Patienten hätten einen ‹Reptilienblick›. Das ist nicht nur eine pittoreske (oder pejorative) Metapher; bei der Parkinsonschen Krankheit ist zuweilen der normale Zugang zu den motorischen Funktionen beeinträchtigt, denen Säugetiere ihre fein abgestimmte Bewegungsflexibilität verdanken. Das führt zu einem Wechsel zwischen extremer Unbeweglichkeit und plötzlichen, eruptiven Bewegungen, die in der Tat an einige Reptilien erinnern.» (Sacks 1997, 292).

Auch in diesem Fall interessiert sich Sacks weniger für die von Bodig bewirkten Einschränkungen als für das Reptilienverhalten, das sie zum Vorschein bringen. Sein Thema ist nicht vorrangig, wie die Behinderung der Beweglichkeit Funktionen der Säugetiere beeinträchtigt, sondern wie die Nervenkrankheit eine Art von Bewegungskoordination durch eine andere ersetzt: durch ruckartige Reptilienbewegungen, wo zuvor differenzierte, fein abgestufte Beweglichkeit war. In der Anmerkung verbreitert sich Sacks über diesen Bezug zwischen Reptilien- und Säugetierfunktionen. Womöglich sind reptilienartige Wesenszüge beim Menschen eine Wiederkehr von etwas, das phylogenetisch unterdrückt worden ist: «Parkinson selbst war nicht nur Arzt, sondern auch Paläontologe, und hat 1804 das Buch *Organic Remains of a Former World* veröffentlicht, eines der wegweisenden paläontologischen Werke. Ich frage mich, ob er nicht das Parkinsonsche Syndrom zum Teil als einen Atavismus verstanden hat, als eine Regression, eine krankheitsbedingte Rückkehr zu einer ursprünglichen, ‹vorsintflutlichen› Funktionsweise, die in die früheste stammesgeschichtliche Vergangenheit zurückreicht.» (292).

Nun würde man vielleicht erwarten, dass Sacks sich an diesem Punkt Freuds Schilderungen des Unbewussten als einer die im archäologischen Sinn verschütteten, vorsintflutlichen Funktionsweisen beim Menschen erklärenden Schicht zuwendet.[1] Stattdessen greift er auf ältere Autoren wie Charcot und Parkinson und auf vergangene Zeitalter zurück, um die Neurobiologie des Menschen als paläontologisches Gebilde zu beschreiben. Nach Sacks lässt sich das Gehirn des Menschen nicht allein als ein angehäufter (aufgeschichteter) Kulturbestand begreifen. Es ist ebenso das Ergebnis eines biologischen (urzeitlichen) Bestandes. Das Hirngewebe des Menschen ist nicht nur eine Folge von Jahrtausenden menschlicher Erfahrung, sondern auch riesiger Zeiträume der Entwicklung von Wirbeltieren und besonders der Gehirne von Fischen, Primaten, Reptilien und Vögeln.

Der reptilische Charakter

In darwinistischen und neodarwinistischen Evolutionsmodellen erscheinen Reptilienmerkmale beim Menschen als Reste von Gemeinsamkeiten aus einer weit entlegenen Vergangenheit. Das Reptilienhafte an Menschen ist demnach ein Überbleibsel vergangener, heute ausgestorbener Körperformen (z. B. der Stammreptilien, von denen sich rezente Kriechtiere, Vögel und höhere Säugetiere ableiten; siehe Abb. 5). Sacks' Überlegungen stimmen überein mit heute gängigen Vorstellungen der Evolution als eines Systems von Verzweigungen: Zeitgenössische Theorien der Artenentstehung beschreiben diese nicht mehr als eine Stufenleiter des Fortschritts, auf der sich eine Gattung von Organismen in direkter und linearer Folge aus der vorigen entwickelt (erst Fische, dann Reptilien, dann Vögel), sondern als Verästelung ausgehend von einer gemeinsamen

Stammesgeschichte der Reptilien

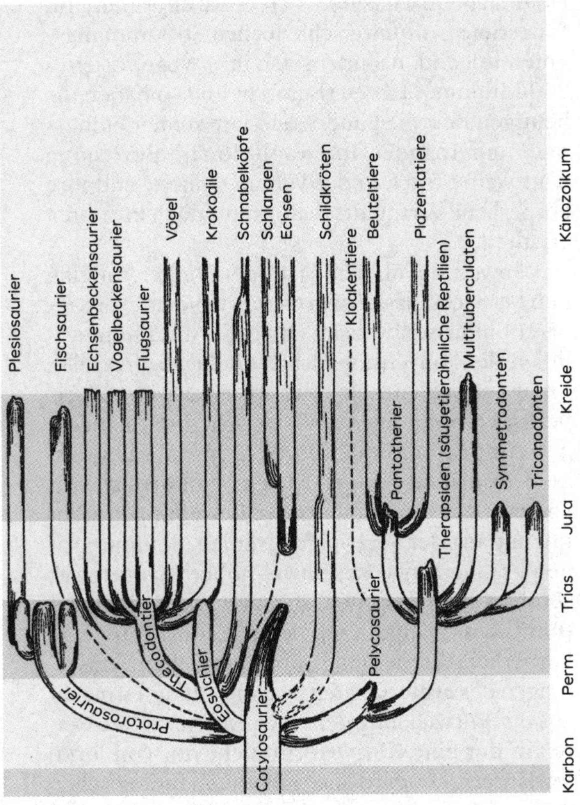

[5] Philogenetischer Baum der Reptilien

Wurzel, aus der sich alle möglichen Arten bildeten. Demnach entwickelten sich etwa Reptilien und Säugetiere ganz unterschiedlichen Abstammungslinien folgend, nachdem sich ihre Wege vor etwa 230 Millionen Jahren trennten, und so haben die heutigen Reptilien und Säugetiere keinen Einfluss mehr aufeinander. Ihre evolutionäre Beziehung liegt weit zurück in der Vergangenheit, und ihre körperliche Verwandtschaft ist nur noch in Spuren erhalten.[2]

Soweit die übliche Sicht der Dinge. Auffällig nun bei Sacks, dass er von diesem Schema evolutionärer Einflüsse abweicht. Ohne die Abstammungslinien der konventionellen Modelle ausdrücklich infrage zu stellen, hält Sacks an wirksamen körperlichen Verbindungen auch zwischen seit Langem getrennt verlaufenden Entwicklungslinien fest. Sein Reptilien-Säuger-Patient verkörpert, mit anderen Worten, evolutionäre Beziehungen nicht nur entlang der Verzweigungslinien (Stammreptilien – säugerartige Reptilien – höhere Säugetiere), sondern auch zwischen längst verzweigten Linien (Reptilien – Säugetiere). Letztere Relation – eine körperliche Verbindung, die quer zu allen Verästelungen des evolutionären Systems verläuft – macht aus der Entwicklung der Arten eine vernetzte Reihe, in der eine Körperform nicht nur von ihren Vorläufern, sondern auch aus einem biologischen Austausch zwischen verschiedenen Gattungen und Arten in der Gegenwart hervorgebracht wird.[3] Am Ende seiner Anmerkung zum Bodig-Patienten weist Sacks auf noch eine andere Querverbindung in der Neurobiologie des Menschen hin:

> Ob es sich beim Parkinsonismus tatsächlich [um einen Atavismus] handelt, ist sicherlich strittig, ganz gewiss aber kommt es bei postenzephalitischen Syndromen hin und wieder zu Regressionen auf oder Manifestationen von Verhaltensweisen primitiver Art. Insbesondere gilt das für ein seltenes Leiden – Branchialmyoklonus[4] –, das durch Läsionen des Hirnstamms entsteht. Dabei verfallen Gaumensegel in rhythmische Bewegungen der Mittelohr- und bestimmter Nackenmuskeln – ein seltsames und unverständliches Muster, bis man erkennt, dass es sich um die Rudimente der Kiemenbögen und die dazugehörige Muskulatur handelt. Der Branchialmyoklonus ist also die Kiemenbewegung beim Menschen, womit einmal mehr bewiesen ist, dass wir noch immer unserer aquatischen Vorfahren, unsere Vorgänge im Prozess der Evolution, in uns tragen. (1997, 292).

Das Reptilienverhalten bei Sacks' Bodig-Patienten zeigt, dass eine der wichtigsten Verzweigungen in der Stammlinie der Wirbeltiere (in Kalt- und Warmblüter) auch noch in den hoch spezialisierten Nervenstrukturen des Menschen zugegen und wirksam ist: Fische, Reptilien und Säugetiere sind neurobiologisch gleichaltrig. Während Phyla und

Gattungen und Arten sich voneinander entfernten, trugen sie weiter die Spuren ihrer Urformen in sich und bewahrten in jedem Individuum die Fähigkeit, nicht nur den eigenen Vorfahren, sondern auch ihren Vettern aus anderen Arten und Gattungen (anderen Nachfahren der Stammreptilien) nachzugeraten. Sacks' Verknüpfungen (Reptilien-Säugetiere-Paläontologie-Mensch-Hirnstamm-Kiemen) betonen das Näheverhältnis zwischen entfernt verwandten Arten ungeachtet direkter Abstammungslinien; und ebendieses enge, sich vermischende und kreuzende Bündel von Beziehungen zwischen Lebewesen ist (wie ich gleich erklären werde) eine mustergültige Darwin'sche Auffassung. Mit seinem Beispiel des Branchialmyoklonus weist Sacks darauf hin, dass die Entwicklungsgeschichte nicht nur von der Vergangenheit aus wirkt, sondern auch die seit Langem bestehenden Verzweigungen in unterschiedliche Gattungen und Arten überbrücken kann.

Für Sacks ist das Auftreten reptilienhafter Eigenheiten bei seinem Patienten kein Rückfall in einen vor- oder untermenschlichen Zustand. Diese Auffassung von Bodig würde voraussetzen, dass der Mensch in erster Linie oder gar ausschliesslich ein Säugetier ist. Stattdessen geht Sacks der Frage nach, inwieweit der Mensch aus einer Blutsverwandtschaft von gegenwärtigen Merkmalen der Säugetiere, Reptilien und Fische entsteht. Er betrachtet einen Atavismus als Aufschluss einer bestehenden, nicht nur einer uralten Linie. Wenn wir unsere Fischahnen noch in uns tragen, dann nicht nur als Fracht von Relikten – als inerte, tote Last, auf die wir in Krankheits- oder Schockzuständen mitunter reduziert sind. Wenn sich in unserem Hals noch Reste von Kiemen befinden, lässt das auf eine fischartige Natur des Menschen überhaupt schliessen.

Sacks' Arbeit beeindruckt nicht allein wegen seiner Fähigkeit, neurologische Störungen in einer Weise zu verstehen, die diese nicht auf Verfallserscheinungen reduziert, sondern auch, weil sie vorführt, wie verschiedene Weisen der Verkörperung (reptilische, säugetierische, neurologische, emotionale, verhaltensbezogene, kulturelle) einander durchdringen, nebeneinander bestehen oder sich gelegentlich abspalten. Dieser Ansatz macht Sacks' Werk lehrreich für Feministinnen, die an der Neurobiologie der Verkörperung interessiert sind. Bislang haben sich Feministinnen und Kulturtheoretiker gleichermassen reserviert gezeigt, was biologische Theorien des Gemüts angeht; einschlägige neurologische Theorien schienen ihnen zu schlicht, evolutionäre zu sehr einem phylogenetischen Determinismus verhaftet. Dieses Kapitel geht der Frage nach, welche Art von Evolutionstheorien eine gute Grundlage für kluge Theorien der Affektverkörperung bilden könnten, die sowohl feministischen als auch neurowissenschaftlichen Ansprüchen genügen.

Dass wir dringend neue Begriffsrahmen und Modelle für die Affekte brauchen, wird gegenwärtig in den Kultur- und Neurowissenschaften gleichermassen empfunden. Trotz der doch sehr unterschiedlichen Methoden auf diesen beiden Gebieten suchen beide nach Affekttheorien mit einem entstehungsgeschichtlichen Fundament. Was die Kulturwissenschaften angeht, denke ich hierbei an das aufkommende Interesse an der Affekttheorie von Silvan Tomkins (1962–1991), die ein Darwin'sches Modell des Gemüts wiederbelebt; Evolutionstheorien waren auch entscheidend für die Hinwendung zu einer Neurobiologie des Gemüts (Damasio 1994, 1999; LeDoux 1996; Panksepp 1998). Die Konfluenz neurologischer, evolutionsgeschichtlicher und psychologischer Daten machen sich auch innovative Ansätze zum Denken der Gefühle in den Geisteswissenschaften allmählich zunutze. Sedgwick und Frank (1995) kamen mit ihrer Kritik an den antibiologischen Überzeugungen vieler Modelle aus dem Umfeld der Geisteswissenschaften in dieser Hinsicht zur rechten Zeit. Wenn feministische, queere und andere kritische Ansätze sich künftig behaupten wollen, so die beiden, dann müssen sie in der Lage sein, sich ernsthafter und weniger unglaubwürdig mit wissenschaftlichen Theorien auseinanderzusetzen. Sedgwick und Frank betonen in diesem Zusammenhang besonders die Notwendigkeit der Befassung mit Theorien, die kulturkritischen Doktrinen von Körpernatur und Subjektheit widersprechen. Gefordert ist mehr als das Beschaffen wissenschaftlicher Daten, die vorgefasste feministische Überzeugungen bestätigen – nämlich der Versuch, wissenschaftliche Daten zur Erneuerung und Neuordnung feministischer Theorien der Verkörperung zu nutzen. Sacks' Modell der ineinandergreifenden Säuger- und Reptilienverkörperungen bei seinem Bodig-Patienten war mein Ausgangspunkt für eine solche konzeptuelle Erweiterung.

Meine Behauptung in diesem Kapitel lautet, dass entstehungsgeschichtliche und neurologische Auffassungen des Gemüts für feministische Theorien der Affektivität und Verkörperung von grossem Nutzen sein könnten. Ich diskutiere hier nicht den gegenwärtigen Stand neurowissenschaftlicher Erforschung der Gefühle, was damit zu tun hat, dass ich wissenschaftliche Daten nicht für die endgültige Wahrheit über das Wesen der Gefühle halte. Doch finden sich in dieser wissenschaftlichen Forschung konzeptuelle Neuerungen (selbst dort, wo sie empirisch überholt ist), mit deren Hilfe Feministinnen überzeugendere Modelle der Verkörperung und der Emotionen erstellen könnten. Daher ist der Schwerpunkt dieses Kapitels auch ein konzeptueller: Unter Verwendung von Sacks und Darwin sowie populärwissenschaftlicher Texte der Neurologen Paul MacLean und Joseph LeDoux erörtere ich, wie allzu schlichte Unterscheidungen zwischen Emotion und Kognition, Hirn und Körper, Tier und Mensch aus neurologischer Sicht zu überdenken wären. Diese neurobiologische Forschung hat sich mit Gender-Fragen nicht befasst;

ich behaupte dennoch, dass ihr frischer Zugang zur Psychobiologie der Affekte einen nützlichen Rahmen für Feministinnen darstellt, die sich mit neurowissenschaftlichen Daten befassen wollen.

Der Reptilkomplex

Seit den 1950er-Jahren entwickelte der Neurobiologe Paul MacLean ein Modell des menschlichen Gehirns, das direkt auf entstehungsgeschichtlichen Grundsätzen beruht und reptilischen Strukturen und Funktionen eine bedeutende Rolle im Geschehen zuweist. MacLeans Modell des «dreieinigen Gehirns» hat die empirische und theoretische Erforschung des Gehirns sehr weitgehend geprägt, insbesondere was die Neurologie der Gefühle angeht. MacLean vertrat die Auffassung eines «limbischen Systems» im menschlichen Gehirn, das Gefühlsreaktionen steuere. Diese Vorstellung eines klar umrissenen Gefühlssystems im Gehirn wird von Neurophysiologen, die Gemütsregungen erforschen, heute in der Regel verworfen. Dennoch ist das dreieinige Gehirn aus mehreren Gründen immer noch ein vielversprechender Ansatz. Erstens gelang es ihm, die allgemeine und wissenschaftliche Vorstellung von Emotionen in Beschlag zu nehmen. Immer noch klingt in der Populär- und Fachliteratur häufig die Vorstellung eines separaten, tief verborgenen Gemütshirns nach. Zweitens wird dieses Gemütshirn oft mit dem reptilischen Gehirn verwechselt, obwohl MacLean selbst klar zwischen limbischen (emotionalen) und reptilischen Ausprägungen unterschied. Eine Darlegung der Thesen zum dreieinigen Gehirn ist daher immer noch von einigem Wert. Drittens wird MacLeans Modell zwar häufig als allzu schlicht und neurobiologisch überholt verworfen, doch in den Details (wie die verschiedenen Teile des Systems zusammenpassen) ist es durchdachter, als viele meinen. In diesem Abschnitt stelle ich das Modell in seinen Grundzügen dar und argumentiere, dass es ungeachtet seiner Mängel versucht, auf nutzbringende Art und Weise entwicklungsgeschichtliche Beziehungen innerhalb des Gehirns zu denken.

MacLeans Modell unterteilt das Vorderhirn des Menschen[5] in drei Bereiche: reptilisch, paläomammalisch (das limbische System) und neomammalisch (siehe Abb. 6). Jeder Teil dieses dreieinigen Gebildes lässt sich, wie MacLean (1990) schreibt, weiter nach funktionalen, biochemischen und anatomischen Gesichtspunkten differenzieren. Im Vorderhirn gibt es «drei evolutionäre Grundformen, die auf eine Abstammungsbeziehung zu Reptilien, frühen Säugetieren und rezenten Säugetieren hinweisen … Die drei neuronalen Einheiten, die sich in Chemie und Struktur grundlegend unterscheiden und in einem entwicklungsgeschichtlichen Sinn unzählige Generationen voneinander entfernt sind, bilden eine Hierarchie von drei Gehirnen in einem: ein dreieiniges Gehirn. Allein aufgrund dieser Merkmale liegt die Vermutung nahe, dass psychische Funktionen und

Verhaltensfunktionen vom Zusammenspiel dreier ganz unterschiedlicher mentaler Verfassungen abhängen … [Jede entwicklungsgeschichtliche Formation hat] ihre ganz eigene Intelligenz, ihre eigene Subjektivität, ihr eigenes Zeit- und Raumempfinden sowie ihr eigenes Gedächtnis, ihre eigenen motorischen und anderen Funktionen.» (8 f.)

Die dreieinige Struktur sieht folgendermassen aus: Im Hirnstamm befindet sich ein Bündel von Ganglienstrukturen, die MacLean «protoreptilisches Gehirn», auch «R-Komplex» oder den «reptilischen Komplex« nannte. Traditionell wurde von diesen Teilen des Hirns angenommen, dass sie an einfachen Körperbewegungen und einigen sehr rudimentären Verhaltensformen beteiligt sind. Auf Basis seiner Forschung an Eidechsen und anderen Reptilien versah MacLean das protoreptilische Gehirn mit einem grösseren Funktionsumfang, darunter «Kampf um Macht, Festhalten an Routinen, ‹Nachahmung›, das sich Halten an Präzedenzfälle und Täuschung» (16). Ich vermute, dass Sacks sich bei seinen Überlegungen zum Bodig-Patienten von diesem Profil leiten liess. Indem MacLean solche differenzierteren Verhaltensformen dem reptilischen Komplex zuwies, hebelte er zugleich die klassische reduktionistische Vorstellung aus, dass die entwicklungsgeschichtlich älteren Teile des Hirns nur die rudimentären Handlungen steuern. «Sage nie höher und niedriger», kritzelte Darwin in sein Exemplar von Robert Chambers' *Vestiges of the Natural History of Creation*. Sacks greift

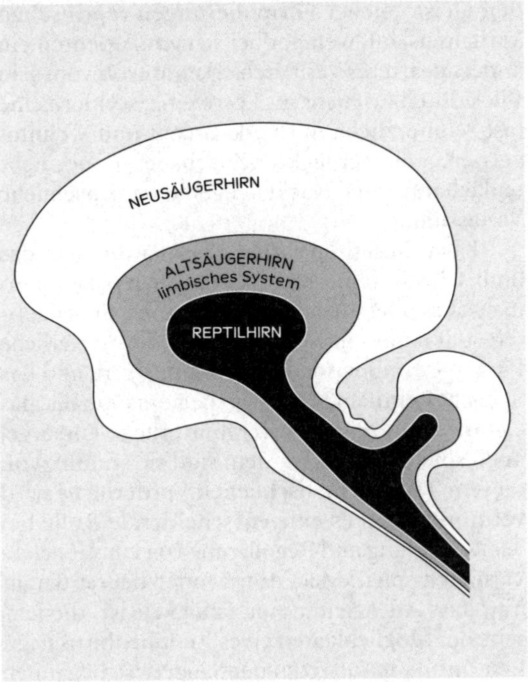

[6] Schematische Darstellung des dreieinigen Gehirns.

den Geist solcher Formulierungen reptilischen Verhaltens auf, wenn er bei seinem Patienten ein anders geartetes Verhalten erkennt («obwohl sein Blick durchaus nicht ins Leere ging, sondern eine fast schmerzliche Aufmerksamkeit und Wehmut verriet… ein verzückter Zuschauer») und nicht einfach nur einen Rückfall in eine unmenschliche Verfassung.

Über dieser reptilischen Formation liegt das limbische System, von MacLean auch paläomammalisches oder Altsäugerhirn genannt. Er behauptete, das limbische System steuere die mütterliche Fürsorge, audiovisuelle Kommunikation und das Spielen. Reptilien, denen ein paläomammalisches Gehirn fehlt, zeigen weder mütterliche Fürsorge, noch spielen sie. Ausserdem sind sie stumm. Von diesem Teil des menschlichen Vorderhirns wird vermutet, dass es eine entscheidende Rolle bei der Ausbildung und Regulierung von emotionalem Verhalten spielt. MacLeans Modell deutet darauf hin, dass Affektivität eine Fähigkeit ist, die jenseits der Möglichkeiten eines Reptilienhirns liegt. Erst mit dem Auftreten der Säugetiere begannen Leidenschaften und Sympathien das Verhalten von Tieren anzutreiben und zu beseelen. Diesen Unterschied kennen wir auch von der umgangssprachlichen Unterscheidung zwischen Kalt- und Warmblütern.[6]

Ganz oben in der dreieinigen Hierarchie befindet sich das neomammalische oder Neusäugerhirn, das die oberen Kortexflächen umfasst. Dieser Teil hat sich in der rezenten Entwicklungsgeschichte der Primaten ausserordentlich rasch vergrössert.

MacLean legt grossen Wert darauf, dass das dreieinige Gehirn keine konventionelle evolutionäre Struktur sei. «Es lohnt vielleicht den Hinweis, … dass einige Forscher das dreieinige Konzept insofern missverstehen, als sie ihm die Behauptung einer sukzessiven Schichtung der drei wichtigsten neuralen Gebilde ähnlich der Überlagerung von Gesteinsschichten unterstellen.» (1990, 9). Tatsächlich fasst die renommierte Neurowissenschaftlerin Susan Greenfield aus Cambridge (2000) die funktionalen Aspekte des dreieinigen Gehirns in genau solchen Begriffen zusammen: «MacLean gewann die neuartige Einsicht, dass nicht nur der Hirnstamm vom limbischen System unter Kontrolle gehalten, sondern das limbische System wiederum vom Kortex unterdrückt wird.» (5). Greenfield betrachtet das dreieinige Modell nicht einfach als anatomische Schichtung, sondern als eine funktionale, in der kortikale (kognitive) Abläufe den Gemütsausdruck steuern. Sie benennt MacLean sogar ausdrücklich als einen der Urheber einer bedenklichen Tendenz in der neurowissenschaftlichen Forschung, Kognition und Emotion voneinander zu trennen: «Weil diese Vorstellung einer Hierarchie im Gehirn unmittelbar eingängig ist und weil auch die Anatomie des Gehirns dem Anschein nach dieser klaren und strengen Abstufung von Fähigkeiten entspricht, akzeptieren Wissenschaftler und Laien gleichermassen seit

Jahrzehnten den Grundsatz, dass Gemüt und logisches Denken – die so genannten kognitiven Prozesse – sich auseinanderhalten lassen.» (5).

In Wirklichkeit ist MacLeans Modell vorsichtiger, als Greenfield zu verstehen gibt. MacLean wirbt dafür, das Gehirn als eine Reihe von komplexen Beziehungen zwischen drei neuralen Gebilden zu verstehen. Seine These, dass jede entstehungsgeschichtliche Formation im Hirn «ihre ganz eigene Intelligenz, ihre eigene Subjektheit, ihr eigenes Empfinden für Zeit und Raum und ihre eigenen Gedächtnis-, Bewegungs- und anderen Funktionen hat» (1990, 9), geht erkennbar über eine konventionelle hierarchische Gliederung hinaus. Jeder Teil des dreieinigen Aufbaus hat seine ihm eigene Disposition, und diese Dispositionen sind nicht in funktionale Hierarchien gegliedert (in denen die höheren Teile die niedrigen beherrschen). Das Dreieinigkeitsmodell vertritt weder eine starre hierarchische Gliederung (Kognition über Gemüt; Säuger über Reptilien), noch verteilt es diese Elemente zu einer ungeordneten Assoziation (in der wir keinen Unterschied zwischen Kognition und Gefühlsreaktion mehr erkennen können). Interessant an MacLeans Modell ist, dass es ihm gelingt, mithilfe einer konventionellen Abstufung («Drei Hirne in einem») die Beziehungen dieser neuronalen Gebilde untereinander zu verflechten, zu falten oder zu retikulieren. Dabei ist Unterdrückung nur eines, und nicht das wichtigste, der möglichen Verhältnisse zwischen diesen Gebilden. Andauernd findet ein Austausch innerhalb der dreieinigen Struktur statt: MacLean betrachtet die Komponenten als «ineinandergreifende» und einander funktional ergänzende Systeme. Sie wirken «einigermassen unabhängig voneinander» (9), aber nicht, wie von manchen behauptet, als autonome Einheiten.

Vor allem MacLeans empirische Forschung belegt mit grosser Sorgfalt, wie man das Reptilienhirn und seinen Bezug zu den anderen beiden Hirnteilen besser verstehen könnte. MacLean hat äusserst umfangreiche vergleichende neurobiologische Forschung zu ausgestorbenen und heutigen Reptilienarten angestellt, die in ihrer Gesamtheit das Bild einer vielschichtigen Verwandtschaft zwischen den Anlagen von Reptilien und Säugern vermittelt. Beispielsweise hat er auf dem Gebiet der Paläobiologie die Therapsiden untersucht: ausgestorbene, säugerähnliche Reptilien, die Vorläufer der Dinosaurier waren und heute für die eigentliche entstehungsgeschichtliche Verbindung zwischen Stammreptilien und rezenten Beuteltieren sowie höheren (Plazenta-) Säugetieren gehalten werden. Die Skelette dieser Tiere (und insbesondere ihre Schädel) ähnelten denen von Säugetieren, und es gibt einige Hinweise darauf, dass sie sich womöglich auch ähnlich wie Säugetiere verhielten (z. B. mütterliche Fürsorge). MacLean versteht die Therapsiden nicht als das fehlende Glied zwischen Reptilien und Säugetieren (womit sie nur konventionelle

Vorstellungen von Abstammungslinien oder Zwischenformen verkörpern würden), sondern eher als eine Art Stein von Rosette der Biologie, der die heutigen Verwandtschaftsbeziehungen unter den Wirbeltieren überhaupt erst verständlich macht. Ähnlich wie Sacks' Beispiel des Bodig-Patienten mit seinem Branchialmyoklonus verraten MacLeans Therapsiden die umfassenden, konstitutiven Wechselwirkungen der Formen und Funktionen innerhalb der Arten sowie zwischen den Gattungen. Dabei kommt es nun darauf an, dass diese Wechselwirkungen nicht einfach nur hierarchisch oder suppressiv ablaufen, sondern häufig von den massgeblichen Abstammungslinien abweichen.

Eines der gravierendsten Probleme, das Feministinnen (seit Darwins Zeiten und bis in die Gegenwart) mit der Evolutionstheorie haben, ist ihr konventioneller hierarchischer Aufbau: Die niedrigeren, einfacheren Arten bilden darin das Fundament, auf dem sich die höheren und kultivierteren erheben. Sobald man die Entwicklungsgeschichte in solche Begriffe fasst, ergeben sich sämtliche umstrittenen Schlussfolgerungen, die an die Evolutionstheorie geknüpft wurden (Rassismus, Sexismus, phylogenetischer Determinismus, Sozialdarwinismus) daraus wie von selbst, weshalb Evolutionstheorien samt und sonders für den Feminismus ungeniessbar wurden. Ich versuche hier jedoch zu zeigen, dass Sacks und MacLean ein anderes Bild entwicklungsgeschichtlicher Verläufe zeichnen. Ohne die Hierarchie ganz zu verwerfen (da sie nach wie vor ein leistungsfähiges Begriffsinstrument ist), bringen sie die Beziehungen zwischen den Zweigen der Evolution stärker zur Geltung. Beider Versuch, hierarchische und kreuz und quer verlaufende Wirkungen auszutarieren, verdrängt die Hierarchie aus dem Zentrum entwicklungsgeschichtlicher Deutungen. Die Modelle der Verwandtschaft zwischen Höherem und Niedrigerem von Sacks und MacLean sind Dekonstruktionen im eigentlichen Sinn des Wortes: Sie brechen, beugen und dehnen hierarchische Beziehungen, ohne sie damit zerstören zu wollen und ohne der Sehnsucht nach einem Denkraum nachzugeben, der sie ganz hinter sich lässt. Wie MacLean darum rang, einerseits einen dreieinigen Aufbau zu umreissen, andererseits dessen drei Teile auf viele kreuz und quer verlaufende Arten zu verknüpfen, scheint mir umso lehrreicher für Feministinnen, je mehr diese sich für eventuell nutzbare konzeptuelle Beiträge aus den Biowissenschaften interessieren. Um diesen hier anhand von Sacks und MacLean aufgegriffenen Begriffsrahmen der Differenzierung und Verwandtschaftlichkeit zu entfalten, und bevor ich zum Problem des Affekts in den gegenwärtigen Neurowissenschaften übergehe, will ich einen Umweg über Darwins *Entstehung der Arten* und seine Versuche mit Würmern gehen.

Über die Entstehung der Arten durch natürliche Zuchtwahl enthält eine herausragende Beschreibung der Differenzierung von Formen. Nirgendwo in der Natur, so Darwin, finde sich eine vorherbestimmte Identität der Form oder Funktion – sondern nur Mutation, Unbeständigkeit und wechselseitige Verbundenheit. Die *Entstehung der Arten* befasst sich nicht mit biologischer Herkunft im gewöhnlichen heutigen Sinn (d. h. mit dem Ursprung des Lebens, dem Übergang von anorganischen zu organischen Molekülbausteinen). Vielmehr geht es in dem Buch, wie der Titel schon sagt, um die Differenzierung (Artenbildung) der Lebewesen: Wie kommt es, dass sich Geschöpfe voneinander unterscheiden? Und wie verhalten sich die unterschiedlichen Körperformen zueinander?

Die kanonischen Texte von Gillian Beer (1996*a*, 1996*b*, 2000) über Darwin bieten eine überzeugende und erhellende Beschreibung der Differenzierung in Darwins Evolutionstheorie. Obwohl ihre Lesart von Darwins Schriften nicht ausdrücklich feministisch ist, schafft sie Rahmenbedingungen dafür, die Evolutionstheorie für einen neuen Zugang zu wichtigen politischen Fragen wie Verkörperung, Intersubjektivität und menschliche Kultur zu nutzen. Differenzierung steht im Mittelpunkt dieses anderen Ansatzes: «Mit dieser Betonung der geringfügigen Unterschiede und

Abweichungen anstelle einer Angleichung an den Muttertypus hat Darwin den konventionellen Anschauungsweisen vielleicht am meisten zugemutet. Nicht die Norm, sondern die Abweichung von ihr erweist sich bei ihm als die eigentlich treibende Kraft.» (1996, xxi.). Beer sieht das Neue an den Entwicklungsgeschichten seit Darwin darin, dass es nicht mehr nur um Abstammungslinien geht: «Die Evolutionstheorie schuf ein System, das sich nicht auf einfache mathematische Eleganz zurückführen liess. Verschwenderischer Überfluss ist ein notwendiger Bestandteil ihrer Erklärungen. Selektion ist entscheidend, doch sie beruht auf unmässiger Fruchtbarkeit, auf einer ‹Fruchtbarkeit ohne Zweck und Zahl.›» (2000, 12 f.). Ähnlich hebt Elizabeth Grosz (1999) den Nutzen von Darwins Werk für zeitgenössische feministische Anliegen hervor: «Dieses Werk ist in keiner Weise ‹feministisch›, doch als profunde und komplexe Beschreibung des organischen Werdens der Materie, der Strategien der Bewahrung und Fortpflanzung solchen Werdens ungeachtet der Hindernisse und Schwierigkeiten, die das Leben ihm bereitet, ist es von einigem unmittelbaren Interesse für die feministische Theorie oder sollte es wenigstens sein.» (42). Dieser Abschnitt unternimmt eine diesbezügliche Auslegung von Darwins Interesse an der Vermehrung und Artenbildung.

Im Zuge seiner Forschungen zur Entstehung der Arten (wie eine Art sich aus einer anderen entwickelt und selbst andere hervorbringt) beginnt

Darwin, die übliche Abgrenzung der Arten als durch Unfruchtbarkeit getrennte Gattungen infrage zu stellen (Arten sind im Gegensatz zu Ab- und Unterarten definiert durch die Unmöglichkeit von Kreuzungen untereinander). Immer wieder zeigt er in der *Entstehung*, dass manche Abarten bzw. Varietäten sich nicht kreuzen können, manche Arten dagegen schon: «Es läßt sich daraus dartun, daß weder Fruchtbarkeit noch Unfruchtbarkeit einen scharfen Unterschied zwischen Arten und Varietäten liefert.» (Darwin 1876, 329). Es geht ihm nicht darum, eine falsche Klassifizierung oder einen Irrtum mit Bezug auf einzelne Gruppen aufzuzeigen; sein Argument lautet, dass es grundsätzlich nicht möglich sei, Gruppen von Lebewesen nach dem Kriterium der Fruchtbarkeit oder Unfruchtbarkeit voneinander zu trennen. Im Zuge dessen verwirft er die konventionelle Vorstellung, dass eine biologische Einheit (Art) sich anhand der Sexualität und Fruchtbarkeit bilden lässt. Fortpflanzung und Fruchtbarkeit werden zu einem umfassenderen Geschehen, denn Darwins System ist eines der verallgemeinerten Fruchtbarkeit: Die differenzierende Affinität der Lebensmaterie (Organismus mit Organismus, Organ mit Organ) ist Grundlage und Antrieb zur Entstehung neuer Arten. Was hier stattfindet, ist keine gutmütige, ökologische Interaktivität oder direkte Abstammung, bei der Lebewesen nur mit ihresgleichen zusammenleben und sich vermehren. Die Welt nach Darwin ist bestimmt durch ein wüstes Hin und Her, einen aktiven Tauschhandel zwischen Arten, zwischen Königreichen, zwischen organischen und anorganischen Formen, zwischen Lebewesen und Geologie und Kultur und Psyche. In Darwins System berührt und vermehrt sich alles mit allem – so, «daß die Struktur eines jeden organischen Gebildes auf die wesentlichste aber oft verborgene Weise zu der aller andern organischen Wesen in Beziehung steht, mit welchen es in Konkurrenz um Nahrung oder Wohnung kommt, oder vor welchen es zu fliehen hat, oder von welchen es lebt» (98).

Dieses System der produktiven Differenzierung ist nirgendwo überzeugender beschrieben als in Darwins letztem Buch über die Ackererde und die Tätigkeit der Würmer. Die vielleicht erstaunlichste Behauptung des Buchs findet sich schon auf den ersten Seiten: «Ich wurde hierdurch zu der Folgerung geführt, daß die ganze Ackererde über das ganze Land hin schon viele Male durch die Verdauungskanäle der Würmer gegangen ist und noch viele Male durchgehen wird.» (Darwin 1882, 3). Fruchtbar wird Boden also erst, nachdem er von Tierkörpern verdaut und ausgeschieden worden ist. Mit dieser schlichten Beobachtung stellte Darwin die bis dahin vorausgesetzte Beziehung zwischen Tier- und Pflanzenreich, Organischem und Anorganischem, Menschenwelt und Würmerwelt auf den Kopf. Die erste dieser Vertauschungen bringt er mit einem Wortspiel auf den Punkt: Obwohl die Erde hauptsächlich aus Pflanzenresten und anorganischer Materie besteht, schlägt er «Tiererde» als treffendere Bezeichnung dafür vor.

Ausgehend von der Einsicht in die tierische Natur des Bodens entwirft Darwin eine üppige natürliche Welt des Gebens und Nehmens. Was er da beobachtet hat, ist viel mehr als nur der Durchgang von Pflanzenmaterial durch ein Tier, nämlich ein umfassendes und komplexes Verdauungssystem: Alles wird gefressen, verschlungen, einverleibt und ausgeschieden. So ist auch die Verdauung des Wurms kein in sich geschlossenes biologisches System. Denn Würmer fressen, wie er durch seine unzähligen Versuche mit Wurmkulturen in seinem Arbeitszimmer herausfand, auch Fleisch und Fett und Zucker und Karton und Lakritze und sogar einander. («Sie sind Kannibalen; denn als die zwei Hälften eines toten Wurmes in zwei von den Töpfen gelegt wurden, wurden dieselben in die Wurmlöcher gezogen und benagt.» [20]). Ausserdem setzte die Verdauung ein, lange bevor der Wurm seine Nahrung eigentlich in sich aufnahm: Blätter wurden mit Verdauungssekreten benetzt und aufgeweicht. Das hatte zur Folge, dass sie bereits teilweise verdaut waren, noch bevor sie in den Darmkanal aufgenommen wurden – ein Vorgang, den Darwin als «außerhalb des Magens stattfindende Verdauung» (24) bezeichnet. Eine andere Besonderheit der Wurmverdauung ist, dass die Tiere Erde sowohl zu Nahrungszwecken als auch zum Graben in sich aufnehmen. Ihre Ausscheidungen werden an den Mündungen der Löcher aufgeworfen, nachdem sie entweder Nahrung verdaut oder ihre Löcher gebaut haben. Der Humus geht also abwechselnd als organische und anorganische Substanz durch den Verdauungskanal des Wurms. Darwin widmet sich nicht der Frage, wie dieser verschiedentliche Umgang mit dem Boden genau stattfindet, als sei ihm von vornherein klar, dass die Unterscheidung zwischen biologisch und mineralisch laufend Abwägungssache ist.

Am Ende hat sogar der Mensch seinen Auftritt in dieser Welt der Würmer. Im letzten Absatz des Buchs betrachtet Darwin die Schönheit einer glatten Rasenfläche und entsinnt sich der Geringfügigkeit menschlicher Mühen bei der Entstehung des Humus: «Der Pflug ist eine der allerältesten und wertvollsten Erfindungen des Menschen; aber schon lange, ehe er existierte, wurde das Land durch Regenwürmer regelmäßig gepflügt und wird fortdauernd noch immer gepflügt.» (177).[7] Mit einer Geste, die für einen grossen Teil seines Werks charakteristisch ist, errichtet Darwin eine Hierarchie und lässt sie zugleich in sich zusammenfallen: Mensch vor Wurm; Wurm vor Mensch; Pflanzliches in Tieren; Tierisches im Pflanzlichen; erst Einverleibung, dann Verdauung; erst Verdauung, dann Einverleibung. Überall in dem Buch betont er die überragende Bedeutung der Regenwürmer auf der Erde: «Man kann wohl bezweifeln, ob es noch viele andere Tiere gibt, welche eine so bedeutungsvolle Rolle in der Geschichte der Erde gespielt haben, wie diese niedrig organisierten Geschöpfe.» (177 f.)

«In der für ihn typischen Bescheidenheit», schreibt Adam Phillips, «bringt Darwin hier traditionelle Hierarchien durcheinander – nicht indem er die Menschen zurechtstutzt wie ein überheblicher Gott, sondern indem er ihnen ihren angemessenen Platz in diesem Geschehen zuweist» (1999, 50).

Aus ebendiesen Gründen (das intuitive Durcheinanderbringen traditioneller Beziehungen; die intuitive Anbindung verschiedener verkörperter Modalitäten; das Achten auf Kreuz-und-quer-Verläufe) sind Sacks und MacLean Darwinianer der treuesten Sorte. In einem Theorieumfeld, in dem neodarwinistische Stellungnahmen bestimmen, was unter dem Namen Darwin gesagt werden darf, ist immer schwerer auszumachen, wie entwicklungsgeschichtliche Argumente politisch, methodisch oder konzeptuell von Nutzen für den Feminismus sein könnten (Angier 1999). Die Evolutionspsychologie ist eine ausnehmend toxische antifeministische, queerfeindliche Form neodarwinistischer Theorie. Ihr Erfolg lässt sich zum grossen Teil darauf zurückführen, dass sie in Wissenschaft und Populärwissenschaft andere Deutungen der Evolution ausblendet oder unverständlich macht. Von dieser starken Tendenz des Neodarwinismus zu überkommenen politischen Vorstellungen hebt sich die evolutionsbiologische Arbeit von feministischen Primatologinnen (z. B. Haraway 1989; Hrdy 1981, 2000; Morgan 1997) ab. Mit ihrer Aufmerksamkeit für empirische Details ist es diesen Feministinnen gelungen, ein tragfähiges Bündnis zwischen Feminismus und Primatenforschung aufzubauen – ein Bündnis, das sich weder feministischen Klischees andient noch vor wissenschaftlicher Autorität kuscht und stattdessen ein Wissensgebiet aufbaut, das sich gleichermassen in feministischen wie in wissenschaftlichen Begriffen erschliesst. Ich selbst will den Nutzen der Evolution in noch eine andere Richtung treiben. In Paul MacLean und Oliver Sacks finden wir Neurowissenschaftler, denen es gelungen ist, entstehungsgeschichtliche Argumente auf eine Art geltend zu machen, die nicht nur konventionellen neodarwinistischen Erwartungshaltungen zuwiderläuft, sondern auch das Spektrum kritischer Betrachtung über die Säugetiere hinaus erweitert. Hinzu kommt, dass beide in ihren Modellen die Differenzierung und Verknüpfung verschiedener Materialitäten priorisieren. Insofern geben sie dem Feminismus wertvolle Hilfsmittel an die Hand, um sich eingehender mit biologischen oder geologischen oder neurologischen oder physikalischen Modellen der Welt zu befassen.

Emotionale Eidechsen

Obwohl das Gemüt in der Wissenschaft des ausgehenden 19. Jahrhunderts eine grosse Rolle spielte (Darwin, James) und einige der bedeutendsten Psychologen dieser Jahrzehnte ausgebildete Neurologen waren (Freud, Hughlings-Jackson), wandte sich die Neurologie im 20. Jahrhundert von der Erforschung der Gefühle ab. Antonio Damasio bemerkt in seiner Rezension des Buchs *Emotional Brain* von Joseph LeDoux (1996), mit dem eine erneute Hinwendung der Neurowissenschaften zu den Gefühlen begann, dass «wir vielleicht nie erfahren werden, warum die Wissenschaft dem Gemüt fast hundert Jahre lang die kalte Schulter zeigte» (1997, 117). Ohne Zweifel könnte der Feminismus Damasio mit ein paar Arbeitshypothesen versorgen: Eine mögliche Erklärung wäre die jahrzehntelange Vorliebe in der wissenschaftlichen Forschung für kognitives, rationales und bewusstes Geschehen sowie die entsprechende Abneigung gegenüber emotionalen oder körperlichen Verfassungen. Damasio selbst stolpert über eine solche Hypothese, wenn er sagt, der Körper sei «wahrscheinlich das Hauptproblem in der Neurobiologie des Gemüts» (117).

Bis in die 1980er-Jahre hätte sich kaum jemand vorstellen können, dass im folgenden Jahrzehnt eine bemerkenswerte Hinwendung des neurowissenschaftlichen Forschungsinteresses zur Emotion stattfinden sollte. Damasios Buch *Descartes' Irrtum* (1994, 2014) vermittelte diese Kehrtwende einer grösseren Leserschaft. Damasios wichtigstes Anliegen dabei war, sein Publikum anhand von neurowissenschaftlichen Daten auf den entscheidenden Stellenwert der Gefühle für unsere Vernunft hinzuweisen. «Die Vernunft [ist] möglicherweise nicht so rein, wie die meisten von uns denken oder wünschen … Gefühle und Empfindungen [sind] vielleicht keine Eindringlinge im Reich der Vernunft, sondern, zu unserem Nach- *und* Vorteil, in ihre Netze verflochten.» (2014, 2). Dass das wiederauflebende Interesse am Gemüt auch kulturell zur rechten Zeit kam, bestätigte sich mit der begeisterten Reaktion auf Daniel Golemans (1996) Bestseller *Emotionale Intelligenz*. Auch das Buch *Emotional Brain* von LeDoux erschloss ähnliche Fragen der Emotion und Neurologie einem Laienpublikum. Seine Forschung verortet den Affekt in den Grenzen der Evolution (insbesondere, weil das die Emotionen des Menschen mit denen der Tiere verbindet). Deshalb konzentriere ich mich im Folgenden auf LeDoux.[8]

LeDoux' Herangehen an die Neurologie der Emotion ist ohne Zweifel reduktiv: «Ich betrachte Emotionen als biologische Funktionen des Nervensystems … Die Hirnsysteme, die emotionales Verhalten steuern, sind auf vielen Ebenen der Entwicklungsgeschichte in hohem Mass bewahrt.» (1996, 12, 17). Nach LeDoux besteht eine phylogenetische Verbindung zwischen den nervlich-emotionalen Strukturen bei Menschen und niederen Tieren. Beispielsweise sagt er, es habe von den Stammreptilien zu den Säugetieren kaum Veränderungen gegeben, was das Verhalten und die Physiologie der Furcht angeht. Entgegen MacLeans Unterscheidung zwischen dem Reptilischen und Emotionalen meint LeDoux, wir seien «in mancher Hinsicht emotionale Eidechsen» (174). Bei flüchtiger Betrachtung erscheint LeDoux' Arbeit vielleicht unvereinbar mit kritischen Anliegen oder diesen sogar entgegengesetzt. Emotionalität in die Nähe des Reptilienhaften zu bringen, könnte eine ganze Kaskade problematischer Vorstellungen auslösen: Emotion, Natur, Frau, Primitive. Ich hoffe, dass wir in diesem Kapitel nun weit genug fortgeschritten sind, um die Möglichkeit einer anderen Deutung des Reptilismus mit Bezug auf die Gefühle zuzulassen. Doch möchte ich in diesem letzten Abschnitt den Blick auf etwas anderes lenken. Mich interessiert die von LeDoux vertretene Theorie des differenzierten Affekts und die darin enthaltene Kritik des Kognitionsprimats, ebenso die Art und Weise, in der er beides in ein Schema differenzierter Nervenbahnen für die Affekte einarbeitet. Diese Aspekte von LeDoux' Herangehen an Nervensystem, Evolution und Affekt könnten von einigem Interesse für eine weiter ausgreifende theoretische Debatte über das Verhältnis von Soma und Psyche sein. Ich bin der Auffassung (Sedgwick und Frank 1995 folgend), dass dieses differenziale Herangehen an die Affekte nicht nur einen Paradigmenwechsel innerhalb der zeitgenössischen kritischen Theoriebildung darstellt, sondern darüber hinaus durch genaue Auseinandersetzung mit biologischen und evolutionsgeschichtlichen Daten erschlossen werden will.

Hierzu ein wenig Hintergrundinformation: Wissenschaftliche Theorien des Gemüts seit Darwin lassen sich grob in zwei Lager teilen. Darwin

(1872) nahm an, dass es beim Menschen eine kleine Zahl unterscheidbarer, elementarer Gemütsregungen gebe (z. B. Furcht, Scham, Freude, Zorn). Diese seien mittlerweile phylogenetisch veranlagt, einige von ihnen auch «direktes Ergebnis der Entstehung des Nervensystems» (66). Das wurde seither eine kategorische Theorie der Emotionen genannt, in der Unterschiede etwa zwischen Furcht, Scham, Freude und Zorn als Funktionen begrenzter bio-evolutionärer Möglichkeiten beschrieben werden. Obwohl Darwin in wissenschaftlichen Texten zum Gemüt ausführlich zitiert wurde und wird, basiert die meiste wissenschaftliche (insbesondere psychologische) Emotionsforschung im 20. Jahrhundert auf einem ganz anderen Modell. Dieses ist an der Kognition ausgerichtet, und eines der besten Beispiele dafür ist der kanonische Entwurf von Schacter und Singer (1962). Deren Modell unterstellt, dass Gemüt und Affekt eine Funktion von Erregung und kognitivem Erfassen sei: Geraten wir in einen Zustand körperlicher Erregung, so benennen wir diesen «Furcht» oder «Scham» oder «Freude» oder «Zorn» ausgehend von körperlichen Reizen und Hinweisen aus dem sozialen Umfeld. In diesem Modell übt die Kognition «eine Steuerungsfunktion aus» (380); unterschiedliche Gemütszustände sind das Ergebnis entsprechender kognitiver Einschätzung des Erregungszustands.[9]

Demgegenüber machen Sedgwick und Frank (1995) die biophänomenologische Unmittelbarkeit der Affekte geltend und führen brillant die

Unsinnigkeit eines Modells vor, das den Umweg über deren Bewertung durch kognitive Mechanismen geht: «Fragen wir uns also: Wie lange brauchen wir, nachdem wir nachts von (a) einem unvermittelten Geräusch oder (b) von sexueller Erregung geweckt worden sind, um die ‹aktuelle Lage der Dinge› kognitiv zu ‹analysieren› und klar genug ‹einzuschätzen›, um unserer Emotion das passende Quale zuzuweisen? Oder anders gefragt: Welche Zeitverzögerung tritt auf zwischen dem Moment des aus dem Schlaf gerissen Werdens und dem (‹darauffolgenden›) Moment, in dem wir beurteilen können, ob wir ein Liebeswallen oder einen Schrecken empfinden?» (19).

Auch LeDoux kritisiert in seinem Buch von 1996 kognitivistische Zugänge zum Gemüt scharf: «Mein Wunsch, das Gemüt vor dem Gefressenwerden durch das Kognitionsmonster zu bewahren, entspringt meinem Wissen um seine Organisation im Gehirn.» (68 f.). «Kognitionsmonster» ist selbst in einem populärwissenschaftlichen Buch eine ungewöhnlich scharfe und für einen Neurologen auch ungewöhnlich umgangssprachliche Wendung; sie lässt den Grad der Leidenschaft erkennen, der diese fortlaufende theoretische und empirische Debatte über das Wesen der Gefühle und ihren Bezug zu anderen psychischen und körperlichen Systemen inzwischen prägt.[10] LeDoux geht es darum, Emotionen als psychische Ereignisse geltend zu machen, die man nicht auf kognitive Mechanismen abwälzen kann. Für meine Zwecke vielversprechend daran ist, dass er sein Eintreten für die Spezifizität der Emotionen auf neurologische und entwicklungsgeschichtliche Theorien gründet. Dies ermöglichst es ihm, (1) Emotionen von Kognitionen zu unterscheiden und (2) ein Schema für die verschiedenen Verbindungen zwischen emotionalen und kognitiven Systemen bereitzustellen. Es entsteht hier also aus der akribischen Aufmerksamkeit für biologische Details eine umfassendere Theorie des Affekts. Anstatt die neurobiologische und entwicklungsgeschichtliche Forschung als alten Granit zu betrachten, an dem sich der Feminismus die Zähne ausbeissen muss, könnte gerade diese Wissenschaft innovative Begrifflichkeiten für das Verständnis der Emotionen hervorbringen.

Die von LeDoux erörterten neurowissenschaftlichen Daten legen unter anderem die Vermutung nahe, dass Emotion im Gehirn anders verarbeitet wird als offenkundig kognitivere Aufgaben, dass die erste psychische Reaktion auf einen Reiz eher eine Gemütsregung als ein Wissensakt oder ein Urteil ist,[11] dass emotionale Systeme mit Körperempfindungen enger verbunden sind als kognitive und dass auch Erinnerungen an emotional bedeutsame Reize anders verarbeitet werden als kognitive Reize. LeDoux behauptet zusammengefasst, dass es kaum neurologische Belege für die These gibt, die Emotion sei der Kognition untergeordnet, während jede Menge Daten für die Vorstellung sprechen, dass verschiedenartige

Emotionen im Gehirn auch auf verschiedene Weisen verarbeitet werden.

Aus diesen Gründen steht LeDoux auch MacLeans Konzept des limbischen Systems als affektvermittelnder Instanz im Gehirn kritisch gegenüber. Seiner Auffassung nach gibt es kein einzelnes Nervensystem, das (anatomisch oder funktional) die Aufsicht über alles Gemütserleben führt. Wenn Emotionen – neurologisch und phänomenologisch – in Kategorien unterteilt werden, so liegt seiner Ansicht nach die Vermutung nahe, dass es nicht ein einziges emotionales bzw. limbisches System im Gehirn gibt, sondern viele (Jaak Panksepp, 1998, schlägt beispielsweise sieben neuro-emotionale Systeme vor: Suche, Wut, Furcht, Panik, Lust, Fürsorge, Spiel). Theorien von ineinandergreifenden Nervenmodulen und -systemen haben inzwischen konventionelle Auffassungen verdrängt, nach denen Funktionen voneinander getrennt und an bestimmten Stellen verankert sind. Das Gehirn stellt man sich als «eine Ansammlung von Systemen – manchmal Module genannt – vor, deren jedes eine ihm eigene Funktion übernimmt» (LeDoux 1996, 105). Die traditionelle Vorstellung, derzufolge psychische Fähigkeiten auf bestimmte Bereiche des Gehirns beschränkt sind (Emotion dort unten, Kognition hier oben), hat kaum noch Anhänger. Wesentlich an Theorien der Gehirnfunktion für eine kritische Herangehensweise ist nunmehr, wie derartige Module sich untereinander verbinden, miteinander verschmelzen oder auseinanderstreben. LeDoux betrachtet verschiedene Emotionen nicht als verschiedene Ausgabeleistungen eines einzigen Systems, sondern als durch spezifischen entwicklungsgeschichtlichen Anpassungsdruck geformte und dementsprechend spezifisch ausfallende Nervenmodule: «Es stimmt, dass die Evolution bisweilen umfassend wirken und beispielsweise die Vergrößerung des gesamten Gehirns zufolge haben kann, aber in der Regel finden Anpassungen der Evolution auf der Ebene einzelner Module statt.» (105).

Eine derartige neurobiologische Darstellung des Gehirns bietet Feministinnen die Möglichkeit, sich viel produktiver mit Daten der Neurologie und der Evolutionsbiologie zu befassen. Die Modulthese begreift emotionale und kognitive Welten als eine Reihe untereinander verbundener Systeme. Das hat mehrere wichtige Konsequenzen. So bringt es nicht nur Bewegung in die Ontologie der Emotion (Verstärkt Furcht die Wut? Falls ja, unter welchen Umständen? Wann folgt auf Freude Scham und wann Furcht? Welche Arten von Personen oder Gruppen neigen zu Zorn?), sondern es gestattet auch vielfältige Kommunikation und Verbindungen zwischen Emotionen und Kognitionen.[12] Bisweilen können Kognitionen (Ideologien, Glaubenssysteme, Leugnungen, Verkennungen) auf die Unterdrückung bestimmter Gefühle hinwirken, aber die möglichen Verschmelzungen und Aufspaltungen und partiellen Verbindungen zwischen Emotionen und Kognitionen sind umfangreicher als das. In dem Masse, wie Modularität und Konnektivität das Begriffsfeld der Neurowissenschaften mehr und mehr prägen, gewinnen auch Argumente für das Wuchern der Affekte, für eine Vielfalt der Form und für das, was Beer eine «Fruchtbarkeit ohne Zweck und Zahl» nennt, die Oberhand gegenüber der Vorliebe für strenge Grenzziehungen zwischen Organismen, Organen und Psychen.

In den ersten Abschnitten dieses Kapitels habe ich einigermassen ausführlich dargelegt, wie derartige Systeme der wechselseitigen Verbundenheit in Form von Modellen des Reptilienhirns, des Reptilienverhaltens und der Ökologie des Regenwurms entworfen wurden. Ich habe gezeigt, wie Sacks, MacLean und Darwin aufmerksam Verwandtschaftssysteme – Paläontologie / Pathologie; Fisch / Eidechse / Säugetier; kortikal / subkortikal / limbisch; Wurm / Mensch – analysiert haben. LeDoux' Modell der Emotionen als neuroevolutionären Modulen schlägt in dieselbe Kerbe. Seine Bezeichnung «emotionale Eidechsen» könnte einfach nur Ausdruck einer primitivistischen Psychologie sein (in bestimmten Fällen finden wir uns auf reflexhaftes, urgeschichtliches Verhalten reduziert), doch hier und da deutet LeDoux an, dass ihm ein komplexeres Bezugssystem von Alt und Neu, Emotion und Kortex, Reptil und Säugetier vorschwebt. Beispielsweise behauptet MacLeans Modell, dass das limbische System aus phylogenetisch alter Hirnrinde besteht, wie sie sich auch bei Fischen, Amphibien, Reptilien und Vögeln findet (daher die Bezeichnung «Altsäuger»). Die niederen Wirbeltiere haben darin nur alten Kortex, Säugetiere dagegen alten und neuen. Demgegenüber macht LeDoux geltend, dass diese Unterscheidung keineswegs so eindeutig sei: «Sogenannte primitive Geschöpfe verfügen tatsächlich über Bereiche, die den strukturellen und funktionalen Kriterien des Neokortex entsprechen. Diese Hirnrindenbereiche fanden sich nicht genau dort, wo sie bei den Säugern sitzen, und so blieb zunächst verborgen, dass es sich um die entsprechenden Strukturen handelt. Seit das herausgefunden und diese Verwirrung beseitigt wurde, kann man nicht mehr sagen, dass einige Teile des Säugerkortex älter sind als andere Teile. Und wenn sich die Unterscheidung zwischen altem und neuem Kortex als unhaltbar erweist, wird damit auch unser gesamtes Verständnis von der Entwicklung des Säugergehirns auf den Kopf gestellt.» (1996, 100).

In diesem Kapitel habe ich die rückläufigen und die kreuz und quer verlaufenden Einflusslinien in Modellen der Evolution betont. Die von entwicklungsgeschichtlichen Kräften gebildeten Organe, Organismen, Gruppen und Ökosysteme sind nicht einfach eine Folge hierarchischer Organisation und direkter Abstammung. Körperformen sind das Ergebnis eines umfangreichen Austauschs zwischen Gruppen, und die Körper sind nicht nur

Ausgeburten dieser Überfülle divergenter Evolutionsbeziehungen, sondern gestalten diese auch weiterhin mit.

Einigen Forscherinnen ist es gelungen, Facetten der Evolutionstheorie sehr effektiv für theoretische und politische Zwecke einzusetzen (etwa den feministischen Primatologinnen). Meine These in diesem Buch ist, dass die Evolutionstheorie noch für einiges andere nutzbar zu machen wäre. Nicht nur könnte der Feminismus die Evolution auf den Kopf stellen (Morgan 1997), sondern die feministische Theorie könnte sich auch von Modellen der Evolution auf neues begriffliches Terrain führen lassen. Theorien der Affekte, die Berücksichtigung neurobiologischer und evolutionsbiologischer Details einfordern, sind nur ein Beispiel für dieses neue Einwirken von Psyche und Soma auf feministische Theorien.

KAPITEL 5 — ENDNOTEN

• 1 Sacks' Interesse an Freud wurde mit seinem ersten Buch deutlich (1970), in dem er gelegentlich Freud'sche Interpretationen neurologischer Daten anbietet. Später (1998b) schrieb er über Freuds frühe neurologische Texte, und auch in Interviews bekundete er enge Vertrautheit mit dem Werk Freuds (http://www.oliversacks.com).

• 2 In diesem Sinn nähert sich Sacks hier einer Haltung, die Darwins berühmter letzter Satz in der *Entstehung der Arten* kennzeichnet: «Es ist wahrlich eine großartige Ansicht, daß der Schöpfer den Keim alles Lebens, das uns umgibt, nur wenigen oder nur einer einzigen Form eingehaucht hat, und daß, während unser Planet den strengsten Gesetzen der Schwerkraft folgend sich im Kreise schwingt, aus so einfachem Anfange sich eine endlose Reihe der schönsten und wundervollsten Formen entwickelt hat und noch immer entwickelt.»

• 3 Um das in genauen theoretischen Begriffen zu sagen: Systeme der Evolution nähern sich der Bewegung der *différance* an. Diese *différance* wird gewöhnlich als ein Mechanismus der Bedeutungsstiftung betrachtet. Sie ist ebenso ein biologischer Mechanismus. Die Identität einer jeden biologischen Entität (Lebewesen, Organ, Zelle) findet sich in der Bewegung der

Relationalität – zwischen Menschen, innerhalb von Menschen mit der Zeit, innerhalb von Gruppen, zwischen Organismen und ihrer Umgebung, zwischen Körperteilen, über Zellmembranen hinweg. Darwin hat das mit Bezug auf Körperteile (z. B. das Auge) und ganze Gruppen (Arten) behauptet: «[Die Natur] kann auf jedes innere Organ, auf jede Schattierung einer konstitutionellen Verschiedenheit, auf die ganze Maschinerie des Lebens wirken.» (1876, 104). Aus Darwins Text und seinen frühen Notizheften geht hervor, dass er unter allen Aspekten der Lamarck'schen Evolution den Progressionismus am entschiedensten ablehnte, nämlich «die zunehmende Komplexität der Ordnung, die zu einer regelmäßigen Steigerung tendiert» (Lamarck 1808, 107). Darwin zufolge entstand das Wesen jedes Organismus und der Natur selbst aus einem System biologischer Unterschiede (nicht durch die Selbstentfaltung eines linearen Fortschrittsplans). Die Vorstellung, dass Identität aus Relationalität entsteht, ist der Mechanismus, den Derrida unter dem Namen *différance* anwendet. Ich erlaube mir einige Freiheit im Umgang mit Derridas berühmter Anwendung Saussure'scher Linguistik und behaupte, dass «[eine biologische Entität] nie an sich gegenwärtig ist, in hinreichender Präsenz, die nur auf sich selbst verwiese. [Jede biologische Entität] ist [ihrem] Gesetz nach in eine Kette oder in ein System eingeschrieben, worin [sie] durch das systematische Spiel von Differenzen auf … die anderen … verweist. … In [der Biologie], im System [der Biologie], gibt es nur Differenzen.» (Derrida 1988, 40). Anhand von Sacks' Anmerkung will ich zeigen, dass auch er die menschliche Neurobiologie als ein Spiel biologischer Differenzen nicht nur innerhalb von Gattungen über lange Zeiträume des Evolutionsgeschehens, sondern auch zwischen den Gattungen der Säugetiere und Reptilien in der Gegenwart begreift.

• 4 Myoklonus ist die Bezeichnung für plötzliche, kurze, unwillkürliche Bewegungen der Muskeln. Myoklonus tritt oft als Symptom von Erkrankungen des Nervensystems wie Multiple Sklerose, Parkinson, Alzheimer und Creutzfeld-Jakob auf. Alltägliche Beispiele dafür sind Schluckauf und Zuckungen oder das Aufschrecken, das manche Menschen beim Einschlafen erleben. Branchialmyoklonus bezeichnet rhythmisches Zucken der Muskeln in Gesicht, Gaumen und oder Rachen.

• 5 Das Vorderhirn oder Prosenzephalon ist «die vorderste der drei Ausdehnungen des embryonischen Hirns bei Wirbeltieren». (Thain und Hickman 1996, 241). Thalamus und Hypothalamus (Dienzephalon) und die Hirnhälften (Telenzephalon) entstehen aus dieser embryonischen Anlage. In Begriffen der Evolution handelt es sich um die jüngsten Komponenten des Säugerhirns. MacLeans Dreieinigkeitsmodell bezieht sich nur auf dieses Vorderhirn. Der Bau des Hirnstamms (d. h. bei Wirbeltieren Mittelhirn, Pons und Medulla oblongata), die vermutlich mit dem Sehen und Hören, mit Reflexhandlung und Atmung, mit Herz- und Gefässfunktionen sowie mit der Selbstwahrnehmung zu tun haben, sind nicht direkt Teil dieses Modells. MacLean zufolge ist das Vorderhirn der Wirbeltiere entscheidend für spontanes, gerichtetes Verhalten und für den Forscherdrang. Experimente im 19. Jahrhundert zeigten erstmals, welche Folgen es im Einzelnen hatte, bei Wirbeltieren das Vorderhirn zu entfernen. Das vielleicht erstaunlichste davon war das Beispiel des Frosches. Der Neurologe David Ferrier (1886) wurde Zeuge der Enthauptung eines Frosches durch Goltz: «Seiner beiden Gehirnhälften beraubt, behält der Frosch dennoch seine normale Haltung bei … Legt man ihn auf den Rücken, so dreht er sich sofort auf die Vorderseite, um wieder auf den Füssen zu landen. Setzt man ihn auf ein Brett, und kippt man das Brett zu einer Seite, so vollführt das Tier die richtigen Bewegungen, um seinen Schwerpunkt auf seiner Unterlage zu verlagern. Kneift man ihn in den Fuss, so hüpft er weg. Wirft man ihn ins Wasser, so schwimmt er, bis er den Rand des Gefässes erreicht, dann klettert er hoch und setzt sich still hin. Streicht man ihm sanft über den Rücken, so quakt er laut…. Bislang gibt es keinen Unterschied im Verhalten zwischen diesem Frosch und einem anderen im Vollbesitz seiner Fähigkeiten. Und doch zeigt sich ein erstaunlicher Unterschied. Der hirnlose Frosch bleibt still an Ort und Stelle sitzen, wenn man ihn nicht durch irgendeinen peripheren Reiz dabei stört. Er verwandelt sich in eine Mumie … mitten im Überfluss verhungert er.» (109 f.)

• 6 Dieser Unterschied im Gemütscharakter äussert sich auch in einem solchen der Gesichtsstruktur: Fischen, Amphibien und Reptilien fehlt die Beweglichkeit im Gesicht, die als Träger emotionalen Ausdrucks notwendig ist. Laut einigen Theoretikern des Gemüts verhindert dieser Mangel an Beweglichkeit im Gesicht nicht nur den Ausdruck von Gefühlen, sondern schon ihre Erzeugung. So beschreiben Silvan Tomkins (1962–1991) und Paul Ekman (1990) die Aufgabe des Gesichts in der Hervorbringung von Emotionen. Ohne ein bestimmtes Mass an Komplexität in der Gesichtsmuskulatur ist ein Gefühlsleben (und seine Entsprechungen bei den Säugern: Sozialverhalten, Spielen, mütterliche Fürsorge) nicht möglich.

• 7 E. O. Wilsons erstes Buch (1971) stellt einen ähnlichen Anspruch für Ameisen und verdrängt die Würmer von dem Platz, den Darwin ihnen zugewiesen hat: «Tatsächlich sind Ameisen so zahlreich, dass sie in den Tropen die Regenwürmer als wichtigste Erdbeweger ersetzen…. Die neuere Forschung hat ergeben, dass sie auch in den Wäldern kühlerer Klimate beinahe so wichtig sind wie Würmer.» (1) Wilsons eigene Arbeit, zunächst unter dem Titel der Soziobiologie (1975), wurde bald ebenso bedeutend wie Darwins Werk (und überschattet dieses sogar oft) in zeitgenössischen Debatten zur Evolutionstheorie.

• 8 Damasios Arbeit (1994, 1999) zur Neurologie der Emotion hat ein grösseres Publikum erreicht als die von LeDoux. Allerdings scheint Damasio auch mehr an Vernunft und Bewusstsein orientiert als LeDoux, was am Ende das psychologische Potenzial von Damasios Werk eher mindert. Auch seine Theorie des Affekts und des Selbst ist psychologisch weder so umfassend noch so überzeugend wie andere, ähnliche Ansätze in Untersuchungen zur kindlichen Entwicklung und Bindung (z. B. Beebe und Lachmann 1988; Fonagy 2000; Schore 1999; Stern 1985; Trevarthen 1998). Ich habe mich hier für LeDoux'

Arbeit entschieden, weil mir scheint, dass sie die Frage differenzierter Affekte brauchbarer thematisiert als die von Damasio. Damit behaupte ich nicht, dass LeDoux' Werk repräsentativ für die zeitgenössische neurobiologische Erforschung der Emotionen ist; auf diesem Gebiet konkurrieren mehrere verschiedene konzeptuelle Ausrichtungen. Eine Analyse, wie diese Forscher im Einzelnen Evolutionstheorien für die Zwecke einer Neurobiologie der Emotion in Anschlag bringen, würde eine eigene Untersuchung erfordern. Ich will hier einfach Lesern, die mit der Disziplin nicht vertraut sind, Zugänge zu diesem Material eröffnen.

• 9 Power und Dalgleish (1997) nennen die Studie von Schacter und Singer (1962) «eines der zehn besten klassischen psychologischen Experimente» (79). Schacter und Singer injizierten 184 Probanden entweder Adrenalin oder eine Placebo-Salzlösung. Die Adrenalininjektion regte den Sympathikus an: Die Probanden erlebten das als Herzklopfen, Zittrigkeit, Hitzewallungen und schnellen Atem. Schacter und Singer fanden heraus, dass derselbe körperliche Erregungszustand in Abhängigkeit von kognitiven Hinweisen als unterschiedliche Gemütszustände erfahren wurde: «Angesichts einer körperlichen Erregung, die sich ein Mensch nicht auf Anhieb erklären kann, wird er diese Verfassung einordnen und seine Gefühle je nach den Verständnishinweisen deuten, die ihm zur Verfügung stehen. Insoweit kognitive Faktoren wirkmächtige Determinanten emotionaler Zustände sind, sollte man damit rechnen, dass exakt derselbe Zustand körperlicher Erregung ‹Freude› oder ‹Wut› oder ‹Eifersucht› oder nach irgendeiner anderen von vielen möglichen Gefühlslagen benannt wird, je nachdem, wie sich die Situation kognitiv gestaltet.» (398). Seit den 1960er-Jahren sind solche Theorien der Bedeutungsstiftung sehr einflussreich geworden («Die Bewertungstheorie hat anscheinend zurzeit keine ernsthaften Rivalen.» [Scherer 1999, 654]), und sie sind in ihrem Herangehen ausgefeilter geworden (sodass die Unterscheidung zwischen darwinistischen bzw. kategorischen Theorien und zeitgenössischen Bewertungstheorien heute einer sorgfältigen Abgrenzung bedarf). Scherer (1999) bietet einen Überblick der «appraisal theory», Scherer (1993) beschreibt das Verhältnis zwischen Letzterer und den neurowissenschaftlichen Theorien der Emotion.

• 10 Siehe z. B. die hitzige Debatte in der konventionellen psychologischen Literatur der 1980er-Jahre über das Verhältnis zwischen Kognition und Affekt (Lazarus 1982, 1984; Zajonc 1980, 1984). Robert Zajonc bestritt darin Richard Lazarus' Behauptung, die Affekte seien «postkognitiv» (d. h. entstehen erst, nachdem grundlegende kognitive Verarbeitung wie Merkmalserkennung vollzogen ist). Zajonc zufolge beruhten Affektreaktionen nicht auf kognitiven Prozessen; sie seien primäre, möglicherweise präkognitive Ereignisse: «Es ist durchaus möglich, dass das allererste Reaktionsstadium eines Organismus auf Reize und das allererste Element des Abrufs affektiv sind.» (1980, 154).

• 11 LeDoux vertritt eine Theorie grundlegender Primäremotionen, doch er integriert in die

Affekte auch einen Abrufmechanismus. «Auf neuraler Ebene können wir uns jede Emotionseinheit als Zusammensetzung aus einem Satz Input, einem Abrufmechanismus und einem Satz Output vorstellen. Der Abrufmechanismus ist von der Evolution so programmiert, dass er bestimmte Informationen oder Auslöserreize erkennt, die für die Funktion des Netzes relevant sind.» (1996, 127). Meiner Ansicht nach führt jeder Versuch, einen Abrufmechanismus in das Wesen der Affekte mit einzubauen, zur Wiedereinführung eines Mechanismus kognitiver Verarbeitung. Abruf ist ein vermittelnder Prozess des Erkennens auf niedrigem Niveau; wird er in das Begriffsfeld eingebracht, so untergräbt dies jeden Anspruch eines Primats der Emotionen (die angeboren wären und direkt von bestimmten Reizen ausgelöst würden). In dieser Hinsicht gibt LeDoux wieder dem «kognitiven Monster» einen Platz im Zentrum seiner Affektbeschreibung. Seine Affekttheorie wäre konzeptuell überzeugender, wenn sie sich weniger auf heimliche kognitive Mechanismen stützen würde und mehr Vertrauen in biologische Mechanismen hätte.

• 12 Eine frühe und noch zu wenig gewürdigte Argumentation für die Bedeutung von Schnittstellen zwischen Emotion und Kognition findet sich bei Robert Abelson (1961): «Anscheinend ist nirgendwo… die Untersuchung einer Kognition vorgesehen, die sich mit affektgeladenen Objekten befasst—einer ‹warmen Kognition› im Gegensatz zu der ‹kalten Kognition› der Problemlösung.» (277).

• Abelson, Robert. 1963. Computer simulation of «hot» cognition. In *Computer simulation of personality: Frontier of psychological theory*, hg. von Silvan S. Tomkins und Samuel Messick. New York: Wiley.
• Alexander, Franz. 1934. The influence of psychologic factors upon gastro-intestinal disturbances: A symposium. 1. General principles, objectives, and preliminary results. *Psychoanalytic Quarterly* 3: 501–539.
• Allen, Laura, Melissa Hines, James Shryne und Roger Gorski. 1989. Two sexually dimorphic cell groups in the human brain. *Journal of Neuroscience* 9: 497–506.
• American Psychiatric Association. 1994. *Diagnostic and statistical manual of mental disorders*. 4. Aufl. Washington, D.C.: American Psychiatric Association.
• Angier, Natalie. 1999. *Woman: An intimate geography*. London: Virago.
• Appenzeller, Otto, und Emilio Oribe. 1997. *The autonomic nervous system: An introduction to basic and clinical concepts*. 5. Aufl. Amsterdam: Elsevier.
• Appignanesi, Lisa, und John Forrester. 1992. *Freud's women*. New York: Basic Books.
• Bacon, Catherine. 1934. Typical personality trends and conflicts in cases of gastric disturbance. *Psychoanalytic Quarterly* 3: 540–557.
• Bailey, Michael, und Richard Pillard. 1991. A genetic study of male sexual orientation. *Archives of General Psychiatry* 48: 1089–1096.
• Barinaga, Marsha. 1991. Is homosexuality biological? *Science* 253: 956–957.
• Barke, Megan, Rebecca Fribush und Peter N. Stearns. 2000. Nervous breakdown in 20th-century American culture. *Journal of Social History* 33(3): 565–584.
• Bayliss, William, und Ernest Starling. 1899. The movements and innervation of the small intestine. *Journal of Physiology* 24: 99–143.
• Beard, George. 1895. *Sexual neurasthenia: Its hygiene, causes, symptoms and treatment*. New York: E. B. Trent.
• Beebe, Beatrice, and Frank Lachmann. 1988. Mother-infant influence and precursors of psychic structure. In *Frontiers in self psychology*, hg. von Arnold Goldberg. New York: Analytic Press.
• Beer, Gillian. 1996a. Introduction. In Charles Darwin, *The origin of species*, hg. von Gillian Beer. Oxford: Oxford University Press.
• 1996b. *Open fields: Science in cultural encounter*. Oxford: Oxford University Press.
• 2000. *Darwin's plots: Evolutionary narrative in Darwin, George Eliot and nineteenth century fiction*, 2nd ed. Cambridge, England: Cambridge University Press. (Orig. veröffentl. 1983.)
• Bemporad, Jules, und David Herzog, Hg. 1989. *Psychoanalysis and eating disorders*. New York: Guilford.
• Bernfeld, Siegfried. 1949. Freud's scientific beginnings. *American Imago* 6: 163–196.
• 1951. Sigmund Freud, M.D., 1882–1885. *International Journal of Psychoanalysis* 32: 204–217.
• Bernheimer, Charles, und Claire Kahane, Hg. 1990. *In Dora's case:*

Freud—hysteria—feminism. New York: Columbia University Press.
• Bilder, Robert, und Frank LeFever, Hg. 1998. *Neuroscience of the mind on the centennial of Freud's «Project for a scientific psychology.»* (*Annals of the New York Academy of Sciences* 843). New York: New York Academy of Sciences.
• Bowlby, John. 1947. *Forty-four juvenile thieves: Their characters and home-life*. London: Bailliere.
• 1980. *Attachment and loss*, vol. 3: *Loss: Sadness and depression*. London: Hogarth.
• Bowler, Peter. 1992. Lamarckism. In *Keywords in evolutionary biology*, hg. von Evelyn Fox Keller und Elisabeth A. Lloyd. Cambridge, Mass.: Harvard University Press.
• Breuer, Joseph, and Sigmund Freud. 1895. Studies on hysteria. In *The standard edition of the complete psychological works of Sigmund Freud*, vol. 2, hg. von James Strachey. London: Hogarth, 1955.
• Byne, William. 1995. Science and belief: Psychobiological research on sexual orientation. In *Sex, cells, and same-sex desire: The biology of sexual preference*, hg. von John De Cecco und David Allen Parker. New York: Haworth.
• Byne, William, Mitchell Lasco, Eileen Kemether, Akbar Shinwair, Mark Edgar, Susan Morgello, Liesl Jones und Stuart Tobet. 2000. The interstitial nuclei of the human anterior hypothalamus: An investigation of sexual variation in volume and cell size, number and density. *Brain Research* 856: 254–258.
• Cilliers, Paul. 1998. *Complexity and postmodernism: Understanding complex systems*. London: Routledge.
• Clarke, Edwin, und L. S. Jacyna. 1987. *Nineteenth century origins of neuroscientific concepts*. Berkeley: University of California Press.
• Copjec, Joan. 1987. Flavit et dissipati sunt. In *October: The first decade, 1976–1986*, hg. von Annette Michelson, Rosalind Krauss, Douglas Krimp und Joan Copjec. Cambridge, Mass.: MIT Press.
• Curtis, Helena, und N. Sue Barnes. 1989. *Biology*, 5. Aufl. New York: Worth.
• Damasio, Antonio. 1997. Thinking and feeling. *Scientific American* June: 117–118.
• 1999. *The feeling of what happens: Body and emotion in the making of consciousness*. New York: Harcourt Brace.
• 2014. *Descartes' Irrtum*, übers. von Hainer Kober. München: Ullstein.
Darwin, Charles. 1842. The structure and distribution of coral reefs. In *The works of Charles Darwin*, vol. 7. New York: NYU Press, 1987.
• 1851–1854. A monograph on the sub-class Cirripedia. Volume 1: The Lepadidae. In *The works of Charles Darwin*, vol. 11. New York: NYU Press.
• 1859. *The origin of species*. Oxford: Oxford University Press, 1996.
• 1863. *Die Entstehung der Arten im Thier- und Pflanzenreich durch natürliche Züchtung, oder Erhaltung der vervollkommneten Rassen im Kampfe um's Daseyn*, übers. v. H. G. Bronn. 2. verb. und sehr verm. Aufl. Stuttgart: Schweizerbart.
• 1871. *The descent of man and Selection in relation to sex*. Princeton: Princeton University Press, 1981.
• 1872. *The Expression of the Emotions in Man and Animals*. Chicago: University of Chicago Press, 1965.

◉ 1882. *Die Bildung der Ackererde durch die Thätigkeit der Würmer*, Stuttgart: Schweizerbart.

◉ 1987. *Charles Darwin's notebooks, 1836–1844: Geology, transmutation of species, metaphysical enquiries*, hg. von Paul H. Barrett, Peter J. Gautrey, Sandra Herbert, David Kohn und Sydney Smith. Cambridge, England: Cambridge University Press.

• David-Ménard, Monique. 1989. *Hysteria from Freud to Lacan: Body and language in psychoanalysis*, übers. von Catherine Porter. Ithaca: Cornell University Press.

• Dawkins, Richard. 1986. *The blind watchmaker*. Harlow, England: Longman.

• De Cecco, John, und David Allen Parker. 1995. The biology of homosexuality: Sexual orientation or sexual preference? In *Sex, cells, and same-sex desire: The biology of sexual preference*, hg. von John De Cecco und David Allen Parker. New York: Haworth.

• Dennett, Daniel. 1995. *Darwin's dangerous idea: Evolution and the meanings of life*. Harmondsworth, England: Penguin.

• Derrida, Jacques. 1972. *Die Schrift und die Differenz*, übers. von Rodolphe Gasché und Ulrich Köppen. Suhrkamp, Frankfurt am Main.

◉ 1978. Freud and the scene of writing. In *Writing and difference*, übers. von Alan Bass. Chicago: University of Chicago Press.

◉ 1982. Différance. In *Margins of philosophy*, übers. von Alan Bass. Chicago: University of Chicago Press.

◉ 1995. *Archive fever: A Freudian impression*, übers. von Eric Prenowitz. Chicago: University of Chicago Press.

◉ 1997. *Dem Archiv verschrieben*: *eine Freudsche Impression*, übers. von Hans-Dieter Gondek und Hans Naumann. Berlin: Brinkmann und Bose.

• Desmond, Adrian, und James Moore. 1991. *Darwin*. Harmondsworth, England: Penguin.

• Deutscher, Penelope. 1997. *Yielding gender: Feminism, deconstruction and the history of philosophy*. London: Routledge.

• Didi-Huberman, Georges. 1982. *Invention of hysteria: Charcot and the photographic iconography of the Salpêtrière*, übers. von Alisa Hartz. Cambridge, Mass.: MIT Press, 2003.

• Doyle, Richard. 2003. *Wetwares: Experiments in post vital living*. Minneapolis: University of Minnesota Press.

• Drossman, Douglas. 1999. The functional gastrointestinal disorders and the Rome II process. *Gut* 45 (supplement II): II1–II5.

• Drossman, Douglas, F. H. Creed, K. W. Olden, J. Svedlund, B. B. Toner und W. E. Whithead. 1999. Psychosocial aspects of the functional gastrointestinal disorders. *Gut* 45 (supplement II): II25–II30.

• Edelman, Gerald. 1992. *Bright air, brilliant fire*. Harmondsworth, England: Penguin.

• Ekman, Paul. 1990. Voluntary facial action generates emotion-specific autonomic nervous system activity. *Psychophysiology* 27: 363–383.

• Elfenbein, Debra, ed. 1995. *Living with Prozac and other selective serotonin reuptake inhibitors*

• (ssris): Personal accounts of life on antidepressants. San Francisco: Harper.

• Elliot, Hugh. 1914. Introduction. In Jean Baptiste Lamarck, *Zoological philosophy*, übers. von Hugh Elliot. London: Macmillan.

• Ellis, Lee, und Linda Ebertz, Hg. 1997. *Sexual orientation: Toward biological understanding.* Westport, Conn.: Praeger.
• Fausto-Sterling, Anne. 1992. *Myths of gender: Biological theories about men and women.* Überarb. Aufl. New York: Basic Books.
• 2000. *Sexing the body: Gender politics and the construction of sexuality.* New York: Basic Books.
• Ferrier, David. 1886. *The functions of the brain.* 2. Aufl. London: Smith, Elder.
• Fonagy, Peter. 2000. *Attachment theory and psychoanalysis.* New York: Other Press.
• Fortun, Michael. 2003. *To speculate—on genomics.* Occasional paper, School for Social Science, Institute for Advanced Study. http://www.ss.ias.edu/home/papers.html.
• Freud, Sigmund. 1878. Über Spinalganglien und Rückenmark des Petromyzon. *Sitzungsberichte der Akademie der Wissenschaften Wien (Mathematisch-Naturwissenschaftliche Klasse)* 3(78): 81–167.
• 1886. Observation of a severe case of hemi-anaesthesia in a hysterical male. In *The standard edition of the complete psychological works of Sigmund Freud,* vol. 1, hg. von James Strachey. London: Hogarth, 1966.
• 1891. *On aphasia,* translated by E. Stengel. New York: International Universities Press.
• 1893. Manuskript B, Ätiologie der Neurosen. In *Aus den Anfängen der Psychoanalyse: Briefe an Wilhelm Fliess,* hg. von Marie Bonaparte, Anna Freud und Ernst Kris. London: Imago, 1950
• 1894a. Draft F: Collection III. In *The standard edition of the complete psychological works of Sigmund Freud,* vol. 1, hg. von James Strachey. London: Hogarth, 1966.
• 1894b. The neuro-psychoses of defence. In *The standard edition of the complete psychological works of Sigmund Freud,* vol. 3, hg. von James Strachey. London: Hogarth, 1962.
• 1895a. Draft G: Melancholia. In *The standard edition of the complete psychological works of Sigmund Freud,* vol. 1, hg. von James Strachey. London: Hogarth, 1966.
• 1895b. On the grounds for detaching a particular syndrome from neurasthenia under the description «anxiety neurosis.» In *The standard edition of the complete psychological works of Sigmund Freud,* vol. 3, hg. von James Strachey. London: Hogarth, 1962.
• 1905. Fragment of an analysis of a case of hysteria. In *The standard edition of the complete psychological works of Sigmund Freud,* vol. 7, hg. von James Strachey. London: Hogarth, 1953.
• 1912. A discussion on masturbation. In *The standard edition of the complete psychological works of Sigmund Freud,* vol. 12, hg. von James Strachey. London: Hogarth, 1958.
• 1916. Introductory lectures on psycho-analysis (Lecture 24: The common neurotic state). In *The standard edition of the complete psychological works of Sigmund Freud,* vol. 16, hg. von James Strachey. London: Hogarth, 1963.
• 1918. From the history of an infantile neurosis. In *The standard edition of the complete psychological works of Sigmund Freud,* vol. 17, hg. von James Strachey. London: Hogarth, 1955.
• 1925a. An autobiographical study. In *The standard edition of the complete psychological works of Sigmund Freud,* vol. 20, hg. von James Strachey. London: Hogarth, 1959.

• 1925b. A note upon the «mystic writing pad.» In *The standard edition of the complete psychological works of Sigmund Freud*, vol. 19, hg. von James Strachey. London: Hogarth, 1961.
• 1925c. The resistances to psychoanalysis. In *The standard edition of the complete psychological works of Sigmund Freud*, vol. 19, hg. von James Strachey. London: Hogarth, 1961.
• Freud, Sigmund, und Karl Abraham. 1965. *Sigmund Freud, Karl Abraham, Briefe 1907–1926*, Frankfurt am Main: Fischer.
• Furness, John Barton. 2000. Types of neurons in the enteric nervous system. *Journal of the Autonomic Nervous System* 81: 87–96.
• Furness, John Barton, and Marcello Costa. 1987. *The enteric nervous system*. Edinburgh: Churchill Livingstone.
• Gallagher, John. 1991. Hypothalamus study and coverage of it attract many barbs. *Advocate*, October 8 (no. 587): 14–15.
• Gallop, Jane. 1982. *The daughter's seduction: Feminism and psychoanalysis*. Ithaca: Cornell University Press.
• Garber, Marjorie. 1995. *Vice versa: Bisexuality and the eroticism of everyday life*. New York: Simon and Schuster.
• Gardiner, Judith Kegan. 1995. Can Ms. Prozac talk back? Feminism, drugs, and social constructionism. *Feminist Studies* 21: 501–517.
• Gariepy, Cheryl. 2001. Intestinal motility disorders and the development of the enteric nervous system. *Pediatric Research* 49(5): 605–613.
• Geerardyn, Filip. 1997. *Freud's project: The roots of psychoanalysis*, translated by Philippe Vandendaele. London: Rebus.
• Gershon, Michael, D. 1998. *The second brain*. New York: Harper-Perennial.
• 1999. The enteric nervous system: A second brain. *Hospital Practice* July 15: 31–52.
• Gessen, Masha, und David McGowan. 1992. Raiders of the gay gene. *Advocate* March 24 (no. 599): 60–62.
• Goleman, Daniel. 1995. *Emotional intelligence*. New York: Bantam.
• Goodall, Jane. 1996. General adaptation syndrome: Hypochondrias of the fin de siècle. In *Aesthesia and the economy of the senses*, hg. von Helen Grace. Kingswood, Australia: PAD.
• Gordo-López, Angel, und Richard Cleminson. 1999. Queer science/queer psychology: A biosocial inoculation project. *Theory and Psychology* 9(2): 282–288.
• Gorski, Roger, J. H. Gordon, J. E. Shryne und A. M. Southam. 1978. Evidence for a morphological sex difference within the medial preoptic area of the rat brain. *Brain Research* 148: 333–346.
• Gosling, Francis. 1987. *Before Freud: Neurasthenia and the American medical community 1870–1910*. Urbana: University of Illinois Press.
• Goyal, Raj, und Ikuo Hirano. 1996. Mechanisms of disease: The enteric nervous system. *New England Journal of Medicine* 334(17): 1106–1115.
• Greenfield, Susan. 2000. *The private life of the brain*. Harmondsworth, England: Penguin.
• Griggers, Camilla. 1997. *Becoming-woman*. Minneapolis: University of Minnesota Press.

• Grosz, Elizabeth. 1989. *Sexual subversions: Three French feminists.* Sydney: Allen and Unwin.
• 1999. Darwin and feminism: Preliminary investigations for a possible alliance. *Australian Feminist Studies* 14(29): 31–45.
• Guttmann, Giselher, und Inge Scholz-Strasser, Hg. 1999. *Freud and the neurosciences: From brain research to the unconscious.* Vienna: Austrian Academy of Sciences.
• Halley, Janet. 1994. Sexual orientation and the politics of biology: A critique of the argument from immutability. *Stanford Law Review* 46: 503–568.
• Hamer, Dean, Stella Hu, Victoria Magnuson, Nan Hu und Angela Pattatuci. 1993. A linkage between dna markers on the X chromosome and male sexual orientation. *Science* 261: 321–327.
• Haraway, Donna. 1989. *Primate visions.* New York: Routledge.
• Hegarty, Peter. 1997. Materializing the hypothalamus: A performative account of the «gay brain.» *Feminism and Psychology* 7(3): 355–372.
• Hewitt, John P., Michael R. Fraser und Leslie Beth Berger. 2000. Is it me or is it Prozac? Antidepressants and the construction of the self. In *Pathology and the postmodern: Mental illness as discourse and experience,* hg. von Dwight Fee. London: Sage.
• Hofman, Michel, und Dick Swaab. 1989. The sexually dimorphic nucleus of the preoptic area in the human brain: A comparative morphometric study. *Journal of Anatomy* 164: 55–72.
• Hrdy, Sarah. 1981. *The woman that never evolved.* Cambridge, Mass.: Harvard University Press.
• 2000. *Mother nature: Natural selection and the female of the species.* London: Vintage.
• Hunter, Diane. 1985. Hysteria, psychoanalysis, and feminism: The case of Anna O. In *The (m)other tongue: Essays in feminist psychoanalytic interpretation,* hg. von Shirley Nelson Garner, Claire Kahane, and Madelon Sprengnether. Ithaca: Cornell University Press.
• Irigaray, Luce. 1985. *Speculum of the other woman,* übers. von Gillian Gill. Ithaca: Cornell University Press.
• James, William. 1890. *Principles of psychology,* vol. 2. London: Dover.
• Jones, J., J. Boorman, P. Cann, A. Forbes, J. Gomborone, K. Heaton, P. Hungin, D. Kumar, G. Libby, R. Spiller, N. Read, D. Silk und P. Whorwell. 2000. British Society of Gastroenterology guidelines for the management of the irritable bowel syndrome. *Gut* 47 (supplement II): II1–II19.
• Kaplan-Solms, Karen, und Mark Solms. 2000. *Clinical studies in neuropsychoanalysis: Introduction to a depth neuropsychology.* London: Karnac.
• Kim, Doe-Young, und Michael Camilleri. 2000. Serotonin: A mediator of brain-gut connection. *American Journal of Gastroenterology* 95(10): 2698–2709.
• Kirby, Vicki. 1997. *Telling flesh: The substance of the corporeal.* New York: Routledge.
• Kramer, Peter. 1993. *Listening to Prozac.* New York: Penguin.
• 1997a. Afterword. In *Listening to Prozac.* New York: Penguin.
• 1997b. *Should you leave?* New York: Scribner.
• Lamarck, Jean Baptiste. 1920, *Zoologische Philosophie,* Leipzig:

Akadem. Verl.-Ges. (Orig. veröff. 1809).
• Lane, Christopher. 1994. Philosophy of the unconscious: Vacillating on the scene of writing in Freud's «Project.» *Prose Studies* 17(2): 98–129.
• Langley, John. 1921. *Autonomic nervous system*. Cambridge, England: Heffer.
• Laplanche, Jean, und Jean-Bertrand Pontalis. 1972. *Das Vokabular der Psychoanalyse,* Frankfurt am Main: Suhrkamp.
• Lazarus, R. 1982. Thoughts on the relation between cognition and emotion. *American Psychologist* 37(9): 1019–1024.
• 1984. On the primacy of cognition. *American Psychologist* 39(2): 124–129.
• LeDoux, Joseph. 1996. *Emotional brain: The mysterious underpinnings of emotional life.* New York: Simon and Schuster.
• LeVay, Simon. 1991. A difference in hypothalamic structure between heterosexual and homosexual men. *Science* 253: 1034–1037.
• 1993. *The sexual brain*. Cambridge, Mass: MIT Press.
• 1996. *Queer science: The use and abuse of research into homosexuality*. Cambridge, Mass.: MIT Press.
• 1997. *Albrick's gold*. London: Hodder Headline.
• LeVay, Simon, und Dean Hamer. 1994. Evidence for a biological influence in male homosexuality. *Scientific American* 270: 44–49.
• Levey, Harry. 1934. Oral trends and oral conflicts in a case of duodenal ulcer. *Psychoanalytic Quarterly* 3: 574–582.
• Levine, Maurice. 1934. Pregenital trends in a case of chronic diarrhoea and vomiting. *Psychoanalytic Quarterly* 3: 583–588.
• Lorenz, Konrad. 1965. Introduction. In Charles Darwin, *The Expression of the Emotions in Man and Animals*. Chicago: University of Chicago Press.
• Lundgren, O. 2000. Sympathetic input into the enteric nervous system. *Gut* 47 (supplement IV): IV33–IV35.
• MacLean, Paul. 1990. *The triune brain: Role in paleocerebral functions.* New York: Plenum. Maddox, John. 1991. Is homosexuality hard-wired? *Nature* 353(6339): 13.
• Martin, Paul. 1997. *The sickening mind: Brain, behavior, immunity and disease.* London: Harper Collins.
• Masserman, Jules. 1941. Psychodynamisms in anorexia nervosa and neurotic vomiting. *Psychoanalytic Quarterly* 10: 211–242.
• Metzl, Jonathan. 2001. Prozac and the pharmacokinetics of narrative form. *Signs: Journal of Women in Culture and Society* 27(2): 347–380.
• Miller, Laurence. 1991. *Freud's brain: Neuropsychodynamic foundations of psychoanalysis.* New York: Guilford.
• Miller, S. 2000. Control of peripheral sympathetic prevertebral ganglion neurones by colonic mechanosensory afferents. *Gut* 47 (supplement IV): IV28–IV29.
• Mitchell, Stephen, und Lewis Aron, Hg. 1999. *Relational psychoanalysis: The emergence of a tradition.* New York: Analytic Press.
• Morgan, Elaine. 1997. *The descent of woman.* Überarb. Aufl. London: Souvenir Press. (Orig. veröffentl. 1972.)
• Murphy, Timothy. 1997. *Gay science: The ethics of sexual orientation research.* New York: Columbia University Press.
• Nierenberg, Ona. 1998. A hunger for science: Psychoanalysis and the «gay gene.» *differences: A Journal of Feminist Cultural Studies*

10(1): 209–242.
• Panksepp, Jaak. 1998. *Affective neuroscience: The foundations of human and animal emotions.* New York: Oxford University Press.
• Phillips, Adam. 1999. *Darwin's worms.* London: Faber and Faber.
• Power, Mick, und Tim Dalgleish. 1997. *Cognition and emotion: From order to disorder*. Hove, England: Psychology Press.
• Powley, T. L. 2000. Vagal input to the enteric nervous system. *Gut* 47 (supplement IV): IV30– IV32.
Pribram, Karl H., und Merton M. Gill. 1976. *Freud's «Project» reassessed.* London: Hutchinson. Rahman, Qazi, and Ken Silber.
• 2000. Sexual orientation and the sleep-wake cycle: A preliminary investigation. *Archives of Sexual Behavior* 29(2): 127–134.
• Rahman, Qazi, und Glenn Wilson. 2003. Born gay? The psychobiology of human sexual orientation. *Personality and Individual Differences* 34(8): 1337–1382.
• Ramachandran , V. S., und Sandra Blakeslee. 1998. *Phantoms in the brain.* New York: William Morrow.
• Rosario, Vernon. 1997. Homosexual bio-histories: Genetic nostalgias and the quest for paternity. In *Science and homosexualities,* hg. von Vernon Rosario. New York: Routledge.
• Rudin, Norah. 1997. *Dictionary of modern biology.* Hauppauge, N.Y.: Baron's.
• Sacks, Oliver. 1991. *Migraine.* Überarb. Aufl. Sydney: Picador. (Orig. veröffentl. 1970.)
• 1995. *An anthropologist on Mars.* Sydney: Picador.
• 1997. *Die Insel der Farbenblinden,* übers. von Hainer Kober. Reinbek bei Hamburg: Rowohlt.
• 1998a. Origins of genius: Freud's early years. *DoubleTake* 4(4): 119–126.
• 1998b. The other road: Freud as neurologist. In *Freud: Conflict and culture,* hg. von Michael S. Roth. New York: Knopf.
• Schacter, Stanley, und Jerome Singer. 1962. Cognitive, social, and physiological determinants of emotional state. *Psychological Review* 69: 379–399.
• Scherer, Klaus. 1993. Neuroscience projections to current debates in emotion psychology. *Cognition and Emotion* 7(1): 1–41.
• 1999. Appraisal theory. In *Handbook of cognition and emotion,* hg. von Tim Dalgleish und Mick Power. Chichester, England: Wiley.
• Schore, Alan. 1999. *Affect regulation and the origin of the self: The neurobiology of emotional development*. Hillsdale, N.J.: Lawrence Erlbaum.
• Sedgwick, Eve Kosofsky. 1990. *Epistemology of the closet.* Berkeley: University of California Press.
• 1993. Queer and now. In *Tendencies.* Durham, N.C.: Duke University Press.
• Sedgwick, Eve Kosofsky, und Adam Frank. 1995. Shame in the cybernetic fold: Reading Silvan Tomkins. In *Shame and its sisters: A Silvan Tomkins reader,* hg. von Eve Kosofsky Sedgwick und Adam Frank. Durham, N.C.: Duke University Press.
• Shepherdson, Charles. 2000. *Vital signs: Nature, culture, psychoanalysis.* New York: Routledge.
• Showalter, Elaine. 1985. *The female malady: Women, madness, and English culture (1830–1980).* New York: Pantheon.
• 1997. *Hystories: Hysterical epidemics and modern media.* New

York: Columbia University Press.
• Slater, Lauren. 1998. *Prozac diary*. New York: Random House.
• Slimp, Jefferson, Benjamin Hart und Robert Goy. 1978. Heterosexual, autosexual and social behavior of adult male rhesus monkeys with medial preoptic-anterior hypothalamus lesions. *Brain Research* 142: 105–122.
• Solms, Mark, und Michael Saling, Hg. und übers. 1990. *A moment of transition: Two neuroscientific articles by Sigmund Freud*. London: Karnac.
• Solomon, Andrew. 1998. Anatomy of melancholy. *New Yorker* January 12: 46–61.
• 2001. *The noonday demon: An atlas of depression*. New York: Simon and Schuster.
• Steele, Edward, Robyn Lindley und Robert Blanden. 1998. *Lamarck's signature: How retrogenes are changing Darwin's natural selection paradigm*. Sydney: Allen and Unwin.
• Stein, Edward. 1993. Evidence for queer genes: An interview with Richard Pillard. *GLQ: A Journal of Lesbian and Gay Studies* 1(1): 93–110.
• 1999. *The mismeasure of desire: The science, theory and ethics of sexual orientation*. Oxford: Oxford University Press.
• Stern, Daniel. 1985. *The interpersonal world of the infant*. New York: Basic Books. Stott, Rebecca. 2003. *Darwin and the barnacle*. London: Faber and Faber.
• Suppe, Frederick. 1994. Explaining homosexuality: Philosophical issues, and who cares anyhow? *Journal of Homosexuality* 27(3/4): 223–268.
• Swaab, Dick, Wilson Chung, Frank Kruijver, Michel Hofman und Tatjana Ishunina. 2001. Structural and functional sex differences in the human hypothalamus. *Hormones and Behavior* 40: 93–98.
• Swaab, Dick, und E. Fliers. 1985. A sexually dimorphic nucleus in the human brain. *Science* 228: 1112–1115.
• Swaab, Dick, L. Gooren und Michel Hofman. 1992. The human hypothalamus in relation to gender and sexual orientation. *Progress in Brain Research* 93: 205–219.
• Swaab, Dick, und Michel Hofman. 1995. Sexual differentiation of the human hypothalamus in relation to gender and sexual orientation. *Trends in Neuroscience* 18(6): 264–270.
• Swaab, Dick, Jiang-Ning Zhou, Mariann Fodor und Michel Hofman. 1997. Sexual differentiation of the human hypothalamus: Differences according to sex, sexual orientation, and transsexuality. In *Sexual orientation: Toward biological understanding*, hg. von Lee Ellis und Linda Ebertz. Westport, Conn.: Praeger.
• Talley, Nicholas. 2001. Serotonergic neuroenteric modulators. *Lancet* 358: 2061–2068.
• Terry, Jennifer. 2000. «Unnatural acts» in nature: The scientific fascination with queer animals. *GLQ: A Journal of Lesbian and Gay Studies* 6(2): 151–193.
• Thain, Michael, und Michael Hickman. 1996. *Dictionary of biology*. Harmondsworth, England: Penguin.
• Tomkins, Silvan S. 1962–1991. *Affect, imagery, consciousness*. Vols. 1–4. New York: Springer.
• Trevarthen, Colwyn. 1998. The concept and foundations of infant intersubjectivity. In *Intersubjective communication and*

emotion in early ontogeny, hg. von Stein Braten. Cambridge, England: Cambridge University Press.
• Walton, Jean. 2002. Female peristalsis. *differences: A Journal of Feminist Cultural Studies* 13(2): 57–89.
• Wilhelmsen, Ingvard. 2000. Brain-gut axis as an example of the bio-psycho-social model. *Gut* 47 (supplement IV): IV5–IV7.
• Wilson, Edward O. 1971. *The insect societies*. Cambridge, Mass.: Belknap Press of Harvard University Press.
• 1975. *Sociobiology: The new synthesis*. Cambridge, Mass.: Belknap Press of Harvard University Press.
• Wilson, Elizabeth A. 1996. Projects for a scientific psychology: Freud, Derrida and connectionist theories of cognition. *differences: A Journal of Feminist Cultural Studies* 8(3): 21–52.
• 1998. *Neural geographies: Feminism and the microstructure of cognition*. New York: Routledge.
• 2002. Biologically inspired feminism: Response to Helen Keane and Marsha Rosengarten, «On the Biology of Sexed Subjects.» *Australian Feminist Studies* 17(39): 283–285.
• Wilson, George. 1934. Typical personality trends and conflicts in cases of spastic colitis. *Psychoanalytic Quarterly* 3: 558–573.
• Woods, Jackie, D. H. Alpers und P. L. R. Andrews. 1999. Fundamentals of neurogastroenterology. *Gut* 45 (supplement II): II6–II16.
• Wurtzel, Elizabeth. 1995. *Prozac nation: Young and depressed in America*. New York: Riverhead. Zajonc, Robert. 1980. Feeling and thinking: Preferences need no inferences. *American Psychologist* 35(2): 151–175.
• 1984. On the primacy of affect. *American Psychologist* 39(2): 117–123.
• Zajonc, Robert. 1980. Feeling and thinking: Preferences need no inferences. *American Psychologist* 35(2): 151–175.
• 1984. On the primacy of affect. *American Psychologist* 39(2): 117–123.
• Zita, Jacqueline N. 1998. *Body talk: Philosophical reflections on sex and gender*. New York: Columbia University Press.

ABBILDUNGSVERZEICHNIS

DANKSAGUNGEN

Dieses Buch wurde unter der Ägide eines Australian Research Council Postdoctoral Fellowship am Research Institute for Humanities and Social Sciences (RIHSS) der Universität Sydney geschrieben. Mein Dank geht an Paul Patton, Margaret Harris, Rowanne Couch und Melissa McMahon für ihre Unterstützung meiner Arbeit am RIHSS. Dieses war und ist ein vorbildliches Forschungsumfeld und ein Ort zum Arbeiten, an dem man sich wirklich wohlfühlen kann.

In Sydney habe ich nach wie vor grossartige Schwestern und Brüder im Geiste, insbesondere Helen Keane, Vicki Kirby, Elizabeth McMahon, Robert Reynolds und Vanessa Smith. Peta Allen Shera hat wunderbare Recherchearbeit für mich geleistet. Während des Schreibens an diesem Buch war ich Mitglied der Silvan Tomkins Research Group in Sydney und habe in Gesellschaft von Maria Angel, Susan Best, Anna Gibbs, Melissa Hardie, Doris McIlwain und Gillian Straker eine Menge gelernt. Isobel Pegrum war mir eine grossartige Freundin, und Jeanette Martin hat all das Schöne noch schöner gemacht.

In den Vereinigten Staaten und in England bin ich Karen Barad, Penelope Deutscher, Richard Doyle, Anne Fausto-Sterling, Michael Fortun, Mariam Fraser, Marsha Rosengarten, Susan Squier und Elizabeth Weed dankbar, die meine Arbeit wertschätzten und mich an ihren Arbeitsplätzen und oft genug auch bei sich zu Hause freundlich aufgenommen haben. Sie haben meine geistige Welt bereichert und auch emotional unterfüttert. Grosse Teile der Inhalte dieses Buchs wurden auf den jährlichen Tagungen der Society for Literature and Science probegefahren. Die SLS war mir über viele Jahre ein bedeutender Quell intellektueller Anregung; grossen Dank schulde ich meinen Kolleginnen und Freundinnen an der SLS für ihre offenen Arme. Reynolds Smith bei der Duke University Press hat mir als Lektor jede Menge Aufmerksamkeit zukommen lassen. Seine Beharrlichkeit und sein Sinn für Humor haben dem Buch eine Klarheit verliehen, die ich von alleine nicht zustande gebracht hätte.

Frühere Versionen einiger Kapitel sind zuvor im Druck erschienen. Die Einleitung wurde zuerst unter dem Titel «Somatic Compliance – Feminism, Biology and Science» in den *Australian Feminist Studies*, Jg. 14 (29), S. 7–18, veröffentlicht; die überarbeitete Fassung erscheint hier mit freundlicher Genehmigung der Zeitschrift. Kapitel 1 wurde zuerst als «Melancholic Biology: Prozac, Freud, and Neurological Determinism» in *Configurations*, 7, S. 404–419, abgedruckt; die überarbeitete Fassung erscheint mit Genehmigung der Johns Hopkins University Press. Kapitel 3 erschien zuerst als «Neurological Preference: LeVay's Study of Sexual Orientation» in *SubStance*, 91, 29 (1), S. 23–38; die vorliegende Fassung erscheint mit Genehmigung der University of Wisconsin Press.

Kapitel 4 erschien zuerst als «Darwin's Nervous System: Investigating Critical and Physiological Psychologies» in *Australian Psychologist*, 36 (1), S. 62–69; die vorliegende Überarbeitung erscheint mit Genehmigung der Australian Psychologist Society.